W0227052

Volker Keßling

Die Bestattung eines Herings

VERLAG ՅՏ

Volker Keßling

Die Bestattung eines Herings

Leben und Schreiben
in drei deutschen Staaten

Zum 30. Jahrestag der Deutschen Einheit

.

Impressum

© Volker Keßling, Admannshagen-Bargeshagen 2019
Textbearbeitung/Vertrieb: BS-Verlag-Rostock Angelika Bruhn
www.bs-verlag-rostock.de
Herstellung: dbusiness GmbH Berlin

ISBN 978-3-86785-460-3

Inhalt

Erster Teil

Kindheit im Nachkriegsdeutschland

1939-1949

Geerbte Worte, Hintergrundbilder

Die „Ahnentafel" (Nazipflichtübung) berichtete, dass ein Vorfahre unserer Sippe auf der „Feste Rotenburg" eines unnatürlichen Todes gestorben sei. Das soll 1536 gewesen sein?! Etwa ein Kohlhaas-Flipper?

Altvordere mütterlicherseits besaßen tiefer im Thüringischen eine Ziegelei, die Pleite ging. Meine Großmutter erklärte: An der Misere trage ihre Mutter Schuld, da sie Wein trank und Bücher las. Meine Mutter, von ihrem Vater Teufelchen genannt, trank auch mal ein Glas Wein. Sie liebte Hermann Hesse, vor allem seine Lyrik. Goethe mochte sie nicht, den hoch bezahlten Diener des Herzogs. Schiller schon eher. Aber auch Knut Hamsun, den aber vor allem unseres Vaters Neigung wegen.

Onkel August machte das Beste aus dem Übel mit der Ziegelei. Er verschwand mit der Konkursmasse nach Amerika, tauchte unter in der neuen Welt und ward nie mehr gesehen. In einem Karton fand ich ein Menschenleben später gebräunte Fotos. Eines zeigte Onkel August mit Söhnen und Reitpferden in Italien. Zur Sippe passten Reitpferde und Italienurlaub, denn ein K. meinte immer, etwas Besseres zu sein! Onkel August schaffte, so hieß es, als einziger tatsächlich fragwürdigen Erfolg.

Onkel Hans dagegen erbot sich, mit dem Jagdgewehr das keßlingsche Hausschwein zu erschießen, weil eben mal Schlachten in Notzeiten verboten war. Er schoss daneben und die ganze Stadt hörte: Die K's schlachten schwarz.

Mein Vater versuchte sich in den Zwanzigern des zwanzigsten Jahrhunderts mit dem Kauf eines LKW und mit einem Dampfpflug. Das ist so ein Ding, mit dem man Pflüge über Felder ziehen konnte ohne große Verfestigung der Krume. Er plante nach Afrika zu gehen und eine Farm zu übernehmen, etwa 50 Kilometer nahe

Windhuk (Namibia). Auf allgemeinen Rat reisten meine Erzeuger nicht nach Afrika, denn, so erfuhr Vater „dort fressen die Termiten früher oder später alles". Die angebotene Farm sei ohnehin eine Ruine. Es blieb bei einer Idee. Bekannt ist: Die Idee ist das, was nicht genügt. Ich wäre gern in Afrika geboren worden.

Als studierter Bauer verwaltete Vater schließlich im Auftrag vermögender Konzerne heruntergekommene Gutshäuser. Die Flecken sind in Erinnerung geblieben, denn überall, wo ein Gutshof auf Vordermann zu bringen war, gebar meine Mutter ein Kind. Zwölf Töchter und Söhne in kaum unterbrochener Folge. An den Geburtsurkunden wäre die Route im Mansfelder, Eislebener und Merseburger Gebiet nachzuzeichnen. Fruchtbares Land.

Auf dem IG-Farben Gutshof nahe Merseburg arbeitete Kurti. Der geistig behinderte Junge schaffte in Stall und Scheune. Eine meiner Schwestern weinte, wenn sie zur Schule kutschiert werden sollte und schrie: „Ich will werden wie Kurti!" Der Junge hätte in der folgenden Zeit keine Zukunft gefunden. Er starb an einer „Lungenentzündung" im Krankenhaus. Meine Schwester schrieb dazu in Erinnerungen „wie üblich". Wusste sie vom Mord?

Unser Erstgeborener, Peter, erlitt eine Hirnhautentzündung und verstarb 1936. Auch er, hätte er ein Kurti werden können?

Ich, der zwölfte und letzte der Kinderschar, erschien. Als ich endlich im Licht war, schrieb man 1939 und mein Vater starb. An meinen nationalsozialistischen Vater erinnere ich mich nicht, denn er wurde sehr eilig, nur ein halbes Jahr, nachdem ich eben angekommen war, zu Rauch. Eine Vorschrift gebot, TBC-Kranke seien nach dem Tod einzuäschern.

Meine Mutter, in Sorge um Ansteckung, übergab H., ihrer ältesten Tochter, uns kleine Jungs. Fortan galt Distanz zur Mutter. Diese blieb ein Leben lang. Ich erinnere mich nicht, von meiner Mutter körperliche Nähe empfangen zu haben. Nähe mal zwölf ist vielleicht auch zu viel verlangt. Umarmen, Küsschen geben – ich erinnere mich nicht.

Nun, elf obdachlose Sozialhilfeempfänger fanden Quartier bei den Tanten auf unserem Familienhof. Für mich spannende Zeit neuer Worte: Gefährliches Klo am Rande des Misthaufens, Ställe, Scheune.

Wir Kinder erkundeten den Hof, sprangen in der Scheune auf Strohhaufen, suchten „versteckte" Hühnereier, bewunderten, ängstlich auf Abstand bedacht, nebenan den Schmied, der heiße Eisen auf qualmende Pferdehufe schlug. Am Abend hörte ich einen Knecht auf dem Hof zum schrillen Schrei der Mauersegler Sehnsuchtsmelodien mit dem Akkordeon klagen.

Zwei große Brüder „zogen" in den Krieg. Mir blieb unklar, wohin sie gingen und warum. Ich erinnere mich kaum an ihr Gesicht, ihre Gestalt. Mich verwirrte das Wort Krieg, denn auf dem Klavier stand ein Notenheft mit dem Wort Grieg. G oder K? Dieser Widerspruch zeigte mir, dass Worte geschrieben werden können, wie man es eben mal hört. Irgendwann später schrieb ich in der Schule zum Beispiel ‚Beischbiel'. Das überforderte meine Lehrer. Sie teilten solche Freiheiten nicht. Ich blieb für immer akustisch verwirrt und meine Leistungen in Rechtschreibung den Lehrern fremd. Jahrzehnte später als Sonderschullehrer sollte ich erkennen, das Übel war vermutlich eine leichte LRS gepaart mit akustischer Differenzierungsschwäche.

Zeit ging hin. Neue bedrohliche Worte: Scharlach oder/und Diphterie. Ich weiß das nicht mehr genau. Alle zogen samt Mutter ins örtliche Krankenhaus. Der einzige, der immer symptomfrei blieb, war ich. Vor Jahren, so erzählte meine Mutter, als sie mit Vater in der Kutsche an einer Fabrikmauer in Mansfeld vorüber fuhr, fragte sie, was er davon halte. An der Mauer stand: „Wer Hitler wählt, wählt den Krieg."

„Das ist kommunistisches Geschmiere", sagte mein Vater mehr standesgemäß als wissend. Nicht erkennend, was für unvorstellbar grausame Dinge in des Wortes Klanghülle steckten und nur Jahre später an den Tag kommen sollten.

Mit dem Ende jeglichen Friedens in Europa endete unsere familiäre Vermehrung. Ich war da, das Unheil begann. Unsere Familie verlor Heim und Gutshaus (das uns nicht gehörte). „Wir" opferten dem Führer zwei Söhne. Der größenwahnsinnige Herr 88 schenkte meiner Mutter ein goldenes Mutterkreuz. Sie wollte das Ding nicht, und ich habe ein solches Kreuz erst in einer Ausstellung 2012 gesehen.

Der „Führer erlaube", so sagte ein Bürgermeister, dass uns ein Haus gebaut wurde. Den Umstand danken wir vor allem unserer Mutter. Sie ging bis zum Regierungspräsidenten. Der sagte: „Frau K., an Ihnen ist ein Advokat verloren gegangen." Die Familie durfte in Kriegszeiten bauen, mit fragwürdiger NS-Hilfe und mit Ziegelsteinen.

„K." stand in der Stadt immerhin für eine Familie aus dem „besseren" Teil des Stadtvolkes! Wer etwas zu bestimmen hatte, kannte den Volksgenossen K.

Vier letzte Jungs, darunter am Ende ich, wurden zu Kriegsmaterial in spe ernannt. „Der Führer" verschenkte Patenschaften. Meine großen Brüder schrieben kleine Feldpostbriefe aus dem Feld, wo später der eine ein Bein und der andere das Leben verlor.

Wieder ein Wort, worüber ich mich lernend wundern konnte: „Feld". Ich kannte Felder hinter dem Haus. Wir gruben auf Getreidefeldern nach Hamstern, stoppelten Kartoffeln und Rüben. Aber keines der Felder war so weit wie die, in denen meine großen Brüder sich ergingen, Italien und Russland. Was treiben sie auf fremden Feldern?

Eine kleine Sprengung war für die felsige Kellergrube unter unserem Haus nötig. „Sprengstoff zu besorgen", wurde oft berichtet, „wäre überaus schwierig gewesen." Das wollte mir nun gar nicht in den Kopf, wo doch deutsche Soldaten rundum in Europa ständig herumsprengten.

Ein bis heute erinnertes Bild? Neben unserer Baustelle stand ein Bauschuppen – und im Schnee rundum jahrmarktbunte Gartenzwerge.

Frühe Worte, wage Erinnerungen 0 bis 6: Krieg

Wir kleine Jungs gingen auf dem Land unseren schmalen Pfad, kaum tangiert vom Unglück rundum in Europa. Als des Bruders Todesnachricht aus Italien kam, erkannte ich im Vorgarten einen Baum, den alle Erwachsenen Trauerweide nannten. Er verdorrte.

Für mich flocht sich eine unsichtbare Beziehung zwischen Tod und verdorrendem Trauerbaum …

Irgendwann noch vor dem bitteren Ende: plötzlich wurde es mitten am Tag vor dem Fenster dunkel und erschütternd laut. Es stieg eine Wolke schwarzen Rauches in den Himmel. Ich stand mit meinem Bruder am Fenster. Wir spielten mit einer Holzeisenbahn, die auf dem Fensterbrett fuhr.

Vor unserem Haus, etwa fünfhundert Meter, stürzte ein Jagdflugzeug in den Kartoffelacker. In den Furchen des Ackers spielten wir oft mit langen Stöcken unsere Kriege. „Peng, peng!"

Am Hang des Weinberges fanden große Jungs zersplittertes Glas. Sie nannten das Plexiglas, zündeten das dicke Glas an und es verbrannte fast spurlos. Nur schwarze Flocken schwebten um uns. Weil hinter unserem Haus die Kanzel des Fliegers zersplittert lag und vor unserem Haus in einem Feld das schnittige Flugzeug zu Bruch ging, redeten große Jungs, der Pilot hätte noch versucht, aus dem Jagdflieger zu springen. Geredet wurde, der Motor des Jagdfliegers läge metertief in der Erde.

Vom Piloten blieben nur ein paar Stücke. Männer erzählten, für diese Reste genüge eine Papiertüte.

Ich wunderte mich sehr, dass ein so großer Mann in eine Tüte vom Konsum passen konnte. Eine Weile noch knallte irgendwelche Munition in den brennenden Überresten. Später fanden wir Kriegssouvenirs, Geschosse von wohl zwei Zentimetern Dicke. Es hieß, das seien Geschosse einer „Bordkanone". Bord-ka-no-ne, das Wort wiederholte ich mit faszinierender Scheu.

Es müssten die Vierziger gewesen sein!

Ich sehe meine Mutter an irgendeinem Tag vor der Gartentür stehen, hastig winkend und rufend. Erwachsene liefen in Keller. Es ertönte eine Sirene und hoch oben am Himmel flogen kleine silbern glitzernde Kreuze, wie eine himmlische christliche Kreuzesinvasion. Fernes Summen in erzitterter Luft. Fliegeralarm!

Ich sah nach oben. Die leuchtenden Kreuzchen schwebten geordnet, ähnlich einer Gänseschar (die hießen bei uns Schneegäken) über den Himmel. Meine Mutter rief, wir sollten eilen. Sie hatte uns zuvor zu Krügers geschickt, eine Zuteilung Apfelsinen holen, ein Netz voll.

Vor Krügers Lebensmittelgeschäft wechselte ich gern die Gehwegseite wegen einer drohenden schwarzen Gestalt auf der Litfaßsäule, Kohlenklau!

Bomben fielen heute nicht, erst später sah ich von der Kellertreppe aus Flugzeuge Bomben abwerfen über unserem Bahnhof. Ich wunderte mich, denn diese Bomben fielen nicht gerade von oben runter wie der Apfel von Herrn Newton, sondern sehr schräg als wollten sie, befreit aus dem Flugzeug, weiter fliegen. Aus einem Versteck auf dem Weinberg beobachteten wir an einem Herbstabend helle „Christbäume" und schwarzen Rauch am Himmel über einer nahen Bergbaustadt.

Eine Bombendetonation erlebten wir ganz in der Nähe. Wir saßen im Luftschutzkeller und spürten die Erde wackeln. Meine Mutter hatte, wie immer, mehrfach durchgezählt, ob auch alle da wären. (Es wurde später einmal berichtet, als des Nachts ein Alarm war, hatte sie mich vergessen. Ich schlief seelenruhig in meinem Gitterbett.)

Wir Kinder besuchten den Bombenkrater in der Nähe auf einem Acker. Ein Trichter, nur ein oder zwei Meter tief.

Ältere Jungs sahen wir mit Carbid und Brauseflaschen Bomben bauen. Carbid reagiert heftig mit Wasser. In Ermangelung von Leitungswasser pinkelten die Großen in die Flasche, steckten ein Stück Carbid dazu, verschlossen die Flasche und wir gingen in Deckung.

Ich lernte Flugzeuge aus Papier zu falten. Die Öffnung für Bomben, unten eingerissen, vergaß ich nicht. (Sogar im Dienst, fünfzig Jahre später, faltete ich Flugzeuge aus Sitzungspapieren. Diese aber ohne Bombenloch.)

Möglich, dass hinter dem „Bombenloch" ein freudsches Seelenloch verborgen liegt – „Kriegstrauma"?

Bekamen wir Kinder Keuchhusten, fuhren alle kleinen Jungs nach Stolberg in den Harz. Wir durften im Zug auf Polstern „turnen" und mit den schaukelnden Lampenschirmen Unfug treiben. In Stolberg erwartete uns eine große Schwester. Sie hatte dort dienstverpflichtet Kriegskram zu bauen.

Neues Wort „Felsen". Blickte ich aus dem Fenster unseres Zimmers, sah ich dort eine feuchte, grünliche Wand aus Moos und Stein hoch über das Haus ragend. Regnete es, rannen kleine Wasserfälle herab.

Mein Bild eines roten Lieferwagens aus Stolberg, der eine Seite aufklappen konnte und Kekse von „Stollwerk"(?) verkaufte, kann ich nicht zeitlich bestimmen. Vor fünfundvierzig unbedingt! Ich erinnere mich vor allem wohl der süßen Kekse wegen.

Als arglose Kinder spielten wir in unseren Schützengräben-Furchen des Kartoffelackers, etwa da, wo das Jagdflugzeug abgestürzt war, unsere Kriege. Ein Mann, der auf dem Gehweg daher kam, rief: „Macht euch aus dem Acker, ihr tretet die Kartoffeln kaputt! Da hinten kommt ein Polizist, der wird euch die Ohren lang ziehen!"

Wirklich, dort kam ein Mann in Uniform. Er war schwer beladen, trug einen Säbel, der fast auf der Erde schleifte und ein langes

Gewehr?! Wir verkrochen uns hinter Kartoffelkraut. Später, als der Hunger uns nach Hause trieb, trafen wir den „Polizisten".

Mein Bruder. Er kam aus dem Feld (wie wir) weit im Osten, wo er zu kämpfen hatte um den verheißenen Erbhof nach glorreichem Sieg. Mit 12 Jahren treuem Dienst für „Führer, Volk und Vaterland" wollte er sich den deutsch befohlenen Hof verdienen, mit zahllosen slawischen „Untermenschen" als „versklavte Hilfskräfte."

Hinter unserer Eingangstür stand sein Gewehr. Das war unerhört groß, größer als ich und schwer. Wir waren fasziniert von dem Schießgerät und spielten daran, bis unser Bruder das Ding im Badezimmer am Badeofen außer Reichweite hoch oben aufhängte. Es muss einmal mit der Metallplatte am Kolben auf den Badewannenrand gestoßen sein, denn dort war noch Jahrzehnte später eine Stelle, an der die Emaille geplatzt und weiße Ölfarbe übergestrichen war.

1945 sah ich den einen Bruder wieder. Er hatte nur noch ein Bein und wir Kinder sahen mit Ehrfurcht den Stumpf am Rest des Oberschenkels. Es sah aus, als hätte jemand einen langen Strumpf abgeschnitten und zusammengenäht. Scheu und sehr vorsichtig durften wir den Stumpf einmal berühren. Bei dieser Erinnerung spüre ich noch heute ein Gefühl weichen, glatten, kühlen Fleisches, Fleisch vom Schlachter, wie das doch beim Menschen gar nicht sein kann!?

Zwei Brüder waren „im Feld", der ohne Bein in Russland, der andere in Italien. Dort liegt er noch heute fast genau in der Mitte des Stiefels. Ein Grab gibt es in Italien nicht, denn unter den amerikanischen Granaten blieb kein menschlicher Körper auffindbar.

Nach einigen Gläsern Rotwein in mancher Abendstunde heute, siebzig Jahre später, suchte ich in italienischen Chaträumen und PC-Kanälen nach einem R. K. Ich werde mein Leben lang aus einem unbekannten Grund sinnlos weiter suchen. Und ich werde ein Leben lang eine Scheu haben, nach Benevento zu fahren. Dort ist nichts von ihm zu finden! Carne tritata.

Ja, ja, ich weiß und kenne den Brief mit der Todesnachricht.

Aber es kann doch nicht ein ganzer Mensch in einer Granatengrube verschwinden! Sähe ich mal einen Grabstein, dann …

Ein Bild des gefallenen Bruders ist nicht in mir. Heute hängt eines in einen Bilderrahmen gesteckt. Ich kenne den jungen Mann nicht. Ähnlichkeit trifft einen anderen meiner Brüder.

Mein Motiv, einige Zeit italienisch zu lernen? Ich lernte „Benevento" heißt „gutes Ereignis" oder heißt es „guter Wind"?!

Wo ist mein Bruder?

Es war 1943 im September. Wir spielten im Garten, als der Briefträger kam. Er reichte uns einen Brief durch den Gartenzaun. Wir rannten mit dem Brief ins Haus. Als wir später hungrig in die Küche kamen, saßen meine Mutter und die großen Schwestern rundum an den Wänden und weinten. Gefallen!

Hingefallen waren wir auch schon oft und dann wieder aufgestanden. Von nun an wurde mir Italien verwandt …

Ich vergaß nie die Namen der Zeit: Mussolini, Duce, Badoglio, Vesuv, Ätna, Stromboli, auch Risorgimento …

Reste, eine „Beute" meines Bruders, lagen später im Glasschrank neben scharfkantigen Granatsplittern aus dem Bein des Russland-Bruders und einem Bildchen vom russischen Kapitän, der nach 45 eine Zeit bei uns wohnte.

Ein kunstvoll gefertigter Dolch mit arabischen Schriftzeichen, eine sehr alte Uhr, Gläser aus Murano, Aschenbecher lavageformt: Stillleben mit Trauer, 39 bis 45.

Meiner Mutter bleichte über Nacht eine weiße Haarsträhne mitten über den Kopf.

In Gedanken ist Rudolf, der Bruder, immer da, mehr als jener ohne Bein! Warum?

Wenn ich die Grenze nach Italien im Urlaub hinter mir habe, suche ich Spuren vom Bruder. Hier sind sie lang gefahren, vergiftete

Phrasen trieben junge Männer, Briefe klangen nach Abenteuerurlaub. R. schrieb, es sei dort so heiß, dass sie auf einer Panzerplatte Spiegelei braten könnten. Spannend für uns Kinder, tolle Geschichten.

Sein Kompanieführer meldete im September 43, sie vermissten sein herzliches Lachen und er wünschte meiner Mutter „Gottes Hilfe". Da war keine Rede vom Opfer für Volk und Vaterland, vom Führer.

Unter meinem Schreibtisch liegt ein Karton mit Feldpostbriefen der Brüder. Briefe zwischen Russland und Italien. Immer wieder sehe ich den Karton. Ich lese einige. Lese auch den, der vom Osten in den Süden ging, als R. schon tot war. Die Briefe zu lesen, ist mir auch nach siebzig Jahren zu nahe. Vorstellbar ist mir nichts, dichter Nebel. Sie waren mit Millionen Kameraden einfach losmarschiert und ließen sich tot schießen. Losgezogen waren sie, wie wir Kinder zum Spiel auf den Weinberg hinter unserem Haus.

Meine älteste Schwester, verlobt mit einem von den Nazis eingesperrten amerikanischen Geschäftsmann, so erzählte jemand später, wurde vom Italienbruder beim Essen „Amiliebchen" genannt, worauf sie ihm den Teller mit selbstgefertigten langen Nudeln über den Kopf schüttete.

Der etwas ältere Herr Schwager „Weißamerikaner" aß gern Erdbeeren mit Milch und Zucker. Mein Bild: Die Schüssel mit gezuckerten Erdbeeren in Milch auf dem Tisch im Wohnzimmer. Wir Kinder wussten, das ist für den Mann im hellen Anzug, den weiß gekleideten Amerikaner. Neben weißen Amerikanern gab es also auch schwarze Amerikaner. Das benannte nicht den Anzug, konnte ich irgendwann später lernen. Für ein deutsches Mädchen aus „besserem Haus" stand nur ein Weißer zur Wahl!

Es hieß, unser Weißer habe Verdauungsprobleme, einer Mangelernährung wegen im Zuchthaus Roter Ochse in Halle. (Dort war für meine Tochter, der ewigen Flipperreden wegen, ein Platz reserviert, das aber erst 1980 ff.)

Erdbeeren als Wiedergutmachung? Briefe dieses Weißamerikaners, so nannten ihn alle, retteten meine Mutter, als sie beim Gang über die grüne Grenze bei Nacht und Nebel von Amis gefangen wurde und zwischen Gaunern und leichten Mädchen im Gefängnis saß.

Und mir erscheint jetzt im Bild „Barbarossa". Ein großer Kerl mit rotem Bart. Er zeigte uns im Weinbergwald spielenden Kindern, wie man mit Steinen einen Ofen bauen kann. Wir brieten Spatzen auf einem Stück Flugzeugblech. Sie schmeckten nicht, denn uns fehlte Salz.

„Barbarossa" sei ein zur Arbeit Verpflichteter aus einem Land irgendwo, erklärte unsere große Schwester.

Er müsste in der Zuckerfabrik arbeiten. Das aber war dann vor 45. Vor oder nach, ist immer die Frage bis heute.

Bei uns im Haus halfen Arbeitsmaiden meiner Mutter, also „vor". Sie kamen aus Holland oder Belgien, wenn ich mich recht erinnere. Mit einem alten Kinderwagen verteilten sie Erde rund um das Haus, wo noch ein felsiger Gartengrund lag und ein Gemüsegarten entstehen sollte.

Sie halfen, uns an- oder auszuziehen, was manchmal auch nur linksherum gelang. Mir blieben derartige Feinheiten restlos gleich.

Gestrickt wurde für Winterstrümpfe, immer wieder verlorene Handschuhe, für den Krieg, samt Sieg im Osten. Uns Kinder interessierte nur das Wollknäuel, denn in dem war ein Bonbon eingewickelt worden. Wir beobachteten die kleiner werdende Kugel wie verspielte Kätzchen.

Auf dem Schreibtisch meines Vaters lag ein fast A4 großes Buch, dunkelrot eingebunden, und eine Sammlung Schallplatten dazu. Englischkurs. Da stand „Pensil" und „Inkpot" neben kleinen Bildchen.

Gelernt hatten wir „vor!", dass Seife aus toten Russen gekocht wird. Wir letzten vier Jungs saßen auf der Sofalehne und sangen:

„Da oben auf dem Berge, da hat es geblitzt, da ist Mister Churchill (oder war das noch Chamberlain?) mit dem Nachttopf lang geflitzt."

Der Berg war hinter unserem Haus. Er hieß Weinberg, obwohl dort nie Wein wuchs. Kirschbäume in Reihen über den Hang.

Ich meinte Churchill (oder den anderen) tatsächlich da oben gesehen zu haben. Über österreichische Soldaten lachten wir, weil es im Kommando hieß „Auf die Radeln hüpft!" und wir wussten: Die Italiener werden nie richtige Soldaten werden.

Meine Schwestern, die ältesten, redeten später kaum über ihre Worte in dieser Zeit. Viel später erzählte mir eine, dass sie und ihre Nächste in den Vierzigern noch in die Nazipartei eintreten wollten. Der Ortsgruppenleiter habe gesagt: „Macht euch nach Hause, dumme Dinger!"

Eine Erinnerung ist mir noch.

Ich habe keine Ahnung, ob es „vor" oder „nach" war. Zu einem Fest zogen geschmückte Wagen in die Stadt und zwischen ihnen ein Erbsbär. Ein Mann war über und über mit trockenem Erbsstroh behangen. Er tanzte. In unzähligen trockenen Schoten raschelten Erbsen. Angst hatte ich ein wenig, hielt mich halb hinter meiner Mutter.

Dann ist da noch das Bild vom Kino im Saal von Fliedners Gaststätte und das Wort „Film". „Quax der Bruchpilot" hieß einer der Filme und „Am Fuße der blauen Berge".

An den blauen Bergen fanden wir am besten, dass ein Farmer eben, als er sich in seinen Planwagen beugte, einen Pfeil der Indianer in den Po bekam.

War das noch vor dem Mai 45? Sicher doch, denn Quax, (Heinz Rühmann) war ein spaßiger deutscher Militärpilot, der bei Mord und Totschlag alltäglich „Frohsinn" verbreiten musste.

Die Amis kommen

Zuerst kamen kriegsmüde Soldaten, suchten Zivilkleidung und gingen als Vogelscheuchen auf der Flucht vor irgendwelchen Fronten. Sie hätten mal bleiben sollen, denn bei uns kamen Amerikaner. Vor den Russen war tiefe Angst im Lande gesät. Mir scheint, diese bösartige Angst beherrscht den „Westen" bis heute.

Ich sehe Amerikaner mit Panzern von einem nahen Dorf her die Straße auf die Stadt zurollen. Es sah aus, als kröchen auf dem Straßendamm dicke Käfer. Eilig gemauerte Hindernisse quer von Haus zu Haus über die Straße zur Innenstadt, nur noch lächerlich. Wörter hörte ich: „Durchhaltewille, Führertreue, Opfer, Heldenmut!" Später sollte ich erkennen: Es handelt sich um Wörter, deren geleerter Sinn nicht zum Ding und schon gar nicht zum Begriff gelangt, die geeignet sind, Tod, Mord und grausamste Verbrechen beliebig zu bemänteln.

Weit im Tal brannte ein Haus, die Abdeckerei. Schüsse waren nicht zu hören.

In der Nacht zuvor eine Detonation. Irgendwelche Dummköpfe zerstörten die Unstrutbrücke. Das hielt keinen Panzer auf.

Meine Mutter schreckte auf, als der donnernde Ton mitten durch die Nacht rollte. Mein Bruder, der ohne Bein, hatte gelernt, Kriegsrumoren zu übersetzten. Er sagte: „Keine Angst, das war nur eine Sprengung."

Blaues Wetter, wir Jungs lugten durch den Gartenzaun in die Ebene und sahen dem Krieg zu.

Die Bilanz: Reste des Krieges lagen hinter dem Friedhof in einer Müllgrube. Dort stand ein sehr kleiner Panzer, in dem wir spielen konnten. In Abfall und glimmender Asche fanden wir Orden.

Soldatenstolz auf bemaltem Blech.

Verworfene, fragwürdige Ehre!

Meines Bruders goldenes Verwundetenabzeichen lag im Dreck, ein Bein in Russland, sein Bruder in Italien.

Auf dem Weinberg, eben da, wo Churchill lang gerannt war, umkreiste ich länger eine Tafel Schokolade. Sie lag im Gras. Vor mir waren unzählige Ameisen von der amerikanischen duftenden Verführung angelockt worden. Am Feldrain liege eine Panzerfaust, hörte ich, und wir sprangen über einen Bach, in dem im klaren Wasser eine Handgranate lag – Mutprobe!

Im Sommer dann waren die Whisky-Wodka-Grenzen festgelegt. Amerikaner zogen gen West und mit ihnen meine Schwester und ihr „Weißamerikaner". Es hieß, das Pärchen wäre noch auf der Fahrt von einem amerikanischen Militärpastor getraut worden.

Später erfuhr ich, dass mein Schwager, da er aus einem NS-Zuchthaus und hinter dem späteren eisernen Vorhang hervor gekommen war, dem paranoiden Mister Hoover vom FBI sehr verdächtig schien. Er wurde einigen Verhören unterzogen. Mitten in NY fiel er um und war tot.

Die Russen kommen

Goebbels giftige Reden hatten Angst gepflanzt und mit Angst erwartete die Straße Russen (wir Kinder nicht). Sie fuhren mit Pferdewagen, wie wir das aus alten Märchenbüchern kannten, kleine Pferdchen, manche mit zottigem Fell, Wagen flach und breit, kleine Kanonen. Das neue Wort im Sommer: Panjewagen.

Nachdem die Amis mit unzähligen Autos, Schokolade und Kaugummi abgezogen waren, erschienen die neuen Sieger doch recht schlicht. Ein „Siegervolk" fragte sich, wie die Russen mit Pferdewagen und gar nicht proper gekleidet, Machorka rauchend den Krieg hatten gewinnen können?

Wir Kinder folgten dem Pferdewagentross. Auf dem Gelände eines ehemaligen Tennisplatzes nahm ihr Trupp Aufstellung. Ein Offizier redete zu den Soldaten in einer Sprache, die wir später recht erfolglos lernen sollten. Der Mann schob beim Reden immer die Mütze über die Augen und zurück auf den Hinterkopf. Das fanden wir lustig.

Offiziere wurden auf Quartierhäuser verteilt als „Gäste". Bei uns erschien ein Hauptmann samt „Burschen". Sie bezogen unten das Wohn- und das Schlafzimmer. Uns blieb neben der oberen Etage unten im Haus nur noch die Küche.

Es hieß, der Hauptmann, die Russen sagten Kapitän, sei Arzt aus der Ukraine. Er sprach ganz ordentlich Deutsch. Seinen „Burschen" nannten wir Mischka. Später galten mir die Worte „Bursche, Diener" verstörend: Ein Offizier mit Diener im Kommunismus, redeten die Großen. Ein Widerspruch, den diejenigen gern ausbauten, die den Krieg verursacht und verloren hatten. Diener gab es beim deutschen Offizier nicht, oder?

Als der Offizier die Zimmer besah, fragte er im Wohnzimmer, wer auf dem Bild über dem Sofa sei und warum Blumen auf dem Revers gesteckt seien, worauf meine Schwester, ehemalige Arbeitsmaidenführerin, recht barsch sagte: „Da ist das Parteiabzeichen drunter."

Es war ein großes Bild meines lange schon verstorbenen Vaters, Volksgenosse seit den Dreißigern schon. Plötzlich flogen eine Angst im Raum und ein kalter Schreck. Der Hauptmann aber sagte: „Nun gutt, ist lange tott."

Unsere eben genannte Nazi-Schwester kommandierte uns vier jüngsten, nur Jungs, täglich mit dem Befehl: „Keßlings antreten! Füße waschen." Im Sommer balancierten wir zur Regentonne über Steine des Vorgartens hinweg und halbwegs sauber zurück. „Essen fassen, ins Bett gehen, aufstehen!", blieben uns Jungs lustige Befehle. Ein Spiel. Ich erinnere mich „trotz des Befehles" auf dem Rücken meiner Schwester die Treppe hinauf ins Bett getragen worden zu sein. Unser Nachtgebet: „Ich bin klein, mein Herz ist rein. Soll niemand drin wohnen als Jesu allein" folgte, dafür kam eigens Mutter nach oben. Das gemeinsame Gebet blieb die einzige Nähe, die ich zur Mutter erinnere.

Im Nachbarhaus quartierte ein russischer Major. Er ging im Sommer gern in Unterhemd und mit Hosenträgern auf die Straße. Jemand wusste, er heiße Ogorodnikow und das soll „Gemüsegarten" heißen. „Nie wäre ein deutscher Major im Unterhemd auf die Straße gegangen!", sagten die Nachbarn.

Vielleicht hatten wir Glück mit den „Feinden". Ich, der Jüngste, erinnere mich heute auf einer blauen Offiziershose, unten sehr lange blanke Stiefel, gesessen zu haben, „Hoppe Reiter" und ich erinnere mich, dass Mischka sagte: „Dawei, dawei, zwei Fass."

Er meinte damit Milchkannen. Wir gingen dann mit ihm zu einer Feldküche. Am Tor mussten wir warten, und Mischka kam mit den Kannen voller Suppe, Fleischklumpen und einem herrlich duftenden schwarzen Brot zurück. Für uns!

Meine Mutter sollte den Herrn Offizier „bekochen". Zutaten organisierte Mischka. Der Herr Dr. und Kapitän hatte wohl „die Nase voll" vom Feldküchenessen. Unser Herr Kapitän, so wurde geredet, sei Jude aus Kiew, also mit durchaus bürgerlichen Umgangsformen. Meine Mutter und er …?

Mancher Russe, scharf auf Bier, griff in die Hosentasche und gab älteren Jungs geknüllte, sehr bunte Geldscheine Alliiertengeldes für eine Kanne Bier, die sie aus einer Kneipe holen sollten. Vielleicht (sicher) durfte der arme Muschkote nicht in die Kneipe hinein gehen?

Sprachhindernisse führten zu ulkigen Irrungen: Ein Deutscher, der einen russischen Kraftfahrer beim Rückwärtsparken behilflich sein wollte, rief erst: Halt! Halt! Da der Fahrer nicht anhielt, rief er: „Du Idiot, halt!" Nun klingt Idiot im Russischen ganz ähnlich dem Wort „du gehst", „tui idjósch".

Der Fahrer trat also auf das Gaspedal und nicht auf die Bremse, und schon hatte sein Auto rückwärtig ein paar Blessuren. (Nicht ausgeschlossen, dass diese Hilfe als Beschädigung militärischen Eigentums der Roten Armee gedeutet wurde!? – Meldung an die Kommandantura „mit Decke".)

Einmal bekam ich eine Ohrfeige von Mischka. Er vertrieb uns aus dem Zimmer, denn aus seiner MPi, die immer hinter einem großen Ohrensessel stand, waren Kugeln herausgefallen. Viele „Kugeln" kullerten über die Dielen und ich wollte ihm flink helfen, diese auf-zusammeln. Das mochte er gar nicht. Geschosse in deutscher Kin-derhand! Er ohrfeigte mich und verwies uns des Zimmers.

Ich höre noch sehr vage, dass es eines Tages einen Höllenlärm von keifenden Frauen in der Küche gab, was bei uns durchaus unüblich war. Meine großen NS-Schwestern und Mutter zankten heftig miteinander. Ging es um den Kapitän? Bleibendes Bild: Im Streit soll unsere Arbeitsmaidenführerin eine Tasse durch das Zimmer geworfen haben. Eine bunte Glasscheibe im Küchenschrank blieb lange Zeit zersplittert.

Jahre noch stand ein Bild des russischen Hauptmanns im Glas-schrank neben Gläsern und Dolch aus Italien und den Granatsplit-tern einer russischen Granate aus dem Bein meines Bruders.

Eines Mephisto würdige deutsche Sammlung, 1945.

Zweiter Teil
Deutsche Demokratische Republik
1949-1990

Verdrängte Worte

Meine großen Geschwister vergaßen Großdeutschland, Reich, Führer, 88, et cetera. Meines Bruders Erbhof blieb russische Erde. Auf feuchten Feldern erlagen ungezählte junge Russen und deutsche Soldaten ihrem Tod. Sie vergingen in der gleichen Erde.

Fünf junge Schwestern, meine, suchten einen neuen Lebensfaden, der alte lag arg verknotet, zerrissen und verbrannt vor ihnen. Kanada, Westdeutschland, Australien standen höher im Kurs. Am Ende entschieden sie sich für die Nachbarschaft nebenan, den Westen. „Unser" Weißamerikaner samt Schwester lebte schon in der amerikanischen Zone. „Nach Drüben machen" entstand – ein leicht sächselnder Begriff.

Meine jüngste Schwester, eine wahre Schönheit, stand oft mit Jungs vor dem Haus im endlosen, heimlichen Getuschel. Wurde meiner Mutter diese Zeit zu lang, brachte sie gelegentlich einen Stuhl vor die Tür, damit das Pärchen ihr Techtelmechtel bequemer genießen konnte.

Für mich begann die Schule. Beginn war auf Anordnung der Russen nicht mehr zu Ostern, sondern im September.

Ich erinnere noch genau: Am Abend vor dem Schulanfang saßen meine großen Schwestern und Mutter am Küchentisch und formten rötliche und weiße Bonbon aus Staubzucker. (Eine Schwester arbeitete im Labor der Zuckerfabrik, und Pfefferminzaroma kam aus der Apotheke, in der eine weitere Schwester arbeitete.)

Am Folgetag fand ich neben dem Ranzen (gebraucht vom älteren Bruder) mit Schiefertafel, Schwamm und Lappen eine Zuckertüte voller Pfefferminzbonbon. Es folgten neun schrecklich unglückliche Jahre ohne brauchbares Ergebnis.

Wir lernten ab Klasse fünf in kyrillischen Buchstaben das Wort Kommandantura zu lesen.

Mein großer Bruder mit nur einem Bein wurde krank und starb. Das Letzte, was er sagte, war: „Mutti, ich wollte noch nicht sterben."

In Erinnerung blieb mir für immer der Geruch vom Absengen und Braten einer Ente. Wenn meine Mutter früher zu ihrem Sohn in ein Lazarett im Osten fuhr, zwischen Marienburg und weiter Richtung West bis Neubrandenburg, nahm sie ihm „etwas Ordentliches zu essen" mit.

Der herrliche Duft blieb uns im Haus. In irgendeinem Ort weit im Osten, erzählte meine Mutter, war ihr ein gutaussehender Herr aufgefallen. Er hieß Goerdeler, Oberbürgermeister von Leipzig. Wie sich später zeigte: Ein NS-Mann mit einem Jota Verstand und Hoffnung. Beteiligt war er am leider unglücklich geplanten und missglückten Attentat auf Hitler. Er sollte der neue Kanzler sein, wenn …

Immer sehr kalt. Wer Glück, also keine Schuhe hatte, brauchte nicht in die Schule zu gehen. Solches Glück war mir nicht beschieden. Ich erbte mehr oder weniger passende Schuhe der Geschwister. Hielten diese nicht mehr lange, sagte meine Mutter: „Alle hatten die Schuhe schon an. Bei dir gehen sie natürlich kaputt!"

Schnee lag lange „fast so hoch wie breit". Wir rutschten, schlitterten und fuhren den Weinberg hinab gegen den Gartenzaun eines Nachbarn, bis der Zaun Brennholz war.

Sogar Wasserleitungen hatten den Krieg verloren. In den heftig riechenden Toiletten taute Eis unter rotem Viehsalz. Frischwasser holten wir winters in einer Kinderbadewanne auf dem Schlitten von einem Hydranten. Um ihn herum quoll Eis, bräunlich gelblich vom Pferdeurin. Ich probierte das Eis. Es schmeckte salzig.

Kohlen avancierten zu „Goldstaub". Wer Kohlen organisieren konnte, war König. „Kohlenklau" lebte wieder auf. Das Plakat vor Krügers Laden hing noch aus der NS-Zeit(?). Unter Kohlestaub im Keller lagen vereinzelt noch Eierkohlen aus Koks, Begriff „Friedensware". Für den Kanonenofen ein Traum. Jemand erfand eine Kohlenpresse für den staubigen Rest.

Die neue Stadtverwaltung verschenkte Bäume, ungefällt und schlank in die Höhe gewachsen, Pappeln, an bedürftige Familien. Wir in unserer Sozialhilfekarriere waren beschenkt. Nun standen einige Frauen und wir kleine Jungs vor dem Baum und blickten ratlos in die Höhe. Was nun? Wir hätten unsere großen Brüder gebraucht oder Mischka. Unsere hilfreichen Russen waren leider schon wieder in ihre Heimat gezogen.

Jemand half gewiss. Ich sehe kein Bild davon, erinnere mich nur noch an das unterste Ende des dicken Baumes, dem Hauklotz für lange Jahre auf unserem Hof.

Bis zum letzten Ästlein fiel uns dann der Baum neben der ehemaligen Arbeitsdienstbaracke, späterer Russenkaserne, nun Flüchtlingsunterkunft, in die Hände und in den Ofen. Ich rieche bis heute Pappelholz, ein heimatlicher Geruch.

Eines Abends kam ein befreundetes Ehepaar, Flüchtlinge aus Königsberg. Es hieß, sie hätten Edelsteine geschluckt, um diese durch die Fährnisse der Zeit zu tragen. Heute kamen sie mit einem irgendwo ergatterten Bückling. Der Fisch leuchtete im Dämmerlicht des Abends. Familie und Gäste standen um den Küchentisch, betrachteten das fluoreszierende Ding und fragten sich, ob man den Fisch noch essen könne? Man entschied sich gegen den Hering und trug ihn unter allgemeiner Anteilnahme zur Bestattung. Meine Mutter nahm ihn samt Zeitungspapier und schritt zum Mülleimer. Alle Augen folgten den letzten traurigen Weg zum Abfall.

„Abhauen, Grenze in Berlin, grüne Grenze, aus der Ostzone abhauen, nach Drüben, Westen" wurden zu Wortbildern der Zeit.

Der Begriff „Westen" verlor seine geographische Dinglichkeit.

Im Städtchen regierte nun eine Kommandantura. Sollte einer sich dort zu melden haben, hieß es: „Mit oder ohne Decke?" Mancher kam nie zurück.

Im September galt in der Schule die Frage: Kommt der Lehrer, die Lehrerin wieder oder kommt nur eine Ansichtskarte aus dem Westen? Auf dem Schulweg trafen wir gelegentlich den echten Baron von Münchhausen mit seinem Handwagen voller Kleingartenertrag. Er wohnte, da er aus seinem Gutsschloss vertrieben war, beim Pastor, seine beiden Töchter gingen mit uns in die „Zentralschule".

Bettler klopften an die Tür. Wir stritten darum, ob wir total grün verschimmeltes Brot bettelnden Flüchtlingskindern geben dürfen.

Es blieb permanent kalt, saukalt. Wer Schuhe hatte, musste in die Schule gehen. In der Klasse erschienen Flüchtlingsmädchen mit dicken Zöpfen. An Flüchtlingsjungen erinnere ich mich nicht. Manchmal trugen die Mädchen über den Zöpfen Turbane. Turbane, das aber hatte keine religiöse Bewandtnis. Sie hatten Läuse und das Haar war mit Petroleum getränkt. Doch, doch, ein Junge fällt mir ein. Er spielte mit uns Fußball auf der Straße. Als eine dicke Kuh vorüber getrieben wurde, rief er: „Oh, Kuh haben Wampa fullafrest."

Allen Fußbällen schien mit der Kapitulation Deutschlands die Luft ausgegangen zu sein. Unser „erfundener" Ball war ein aus alten Strümpfen und Gummiringen (geschnitten aus unbrauchbaren Fahrradschläuchen) geformtes halbwegs rundes Ding.

Wir spielten gerne nahe dem Friedhof auf einer kleinen Wiese hinter einer Hecke.

Kam ein Leichenzug vorüber, hielten wir inne. Mit Ehrfurcht bestaunten wir den stattlichen Leichenwagen. Schwarzsilberne Decken verhüllten Pferde. Die Pferde trugen hohe schwarze Federbüsche auf dem Kopf. Verhüllt stand der Sarg zwischen gedrechselten Säulen. Schwarzes Tuch mit silbernen Fransen bedeckte Sarg und Wagendach.

Jedermann blieb am Straßenrand stehen, zog Hut oder Mütze vom Kopf, solange die nachfolgenden Herren mit Zylinder und die schleierverhüllten Damen vorüber gingen.

Nach Fußball oder sonstigem Zeitvertreib bis in die Dämmerung hinein wartete zuhause ein erstes Care- oder Westpaket. In einem sehe ich gespannt eine große Metallbüchse. Wir standen um den Tisch, als sie geöffnet wurde. Gelbliche Früchte schwammen in einer Brühe, Süßkartoffeln! Bis heute finde ich Süßkartoffeln ekelhaft, denn etwas Leckeres hatte ich in der Büchse erwartet. Heutige Cornedbeefbüchsen in einem Supermarkt (heißt im Osten Kaufhalle) erinnern mich an die Care-Sendungen. Sie sehen noch immer aus wie seinerzeit, haben noch immer die gleiche Form, länglich mit abgerundeten Ecken. Zu öffnen waren sie, indem ein Metallstreifen abgerollt wurde.

Schokolade hielten wir anfangs für Holz, Kohl erschien trocken und gepresst wie ein Ziegelstein, Nussbutter und dicke gesüßte Milch gefielen uns eher.

Brauner Ungeist kroch noch immer beharrlich unter der Hand. Sogar bis zu uns kleinen Kindern waberte da etwas in den Köpfen. Der Russenfilm, „Die Schlacht um Stalingrad", vielleicht angeordnet für alle Schulen, fand unsere entschiedene Missbilligung: „Die machen unsere Soldaten schlecht!", sagten die großen Jungs vor dem Kino stehend in kurzen Hosen und von Leibchen unvollkommen schief gehaltenen langen Strümpfen. Wir stimmten zu.

Heute fragt mein wachsend verzweifelter Verstand. Ist Krieg per se nicht ein urzeitliches Stammesübel, welches auch Regierende heute erkennen und verachten sollten, wenn sie wollten?

Erinnerungen an meine Schulzeit. „Verfluchter Saukrepel", rief mein erster Lehrer gerne, zerrte jemanden aus der Bank und stieß ihn an die Wand. Ein solches Wort hatte ich noch nie gehört! Es sollte meine Schulzeit bestimmen.

Schule hatte begonnen mit diesem Ausdruck. Eine Leidenszeit. Noch nie hatte mich jemand so rabiat angefasst. Das also ist Schule!

Wir Jungs, Leidensgefährten, nahmen rabiates Getöse irgendwann wegen häufiger Wiederholung als Männlichkeitsritual. Es gebar so peu a peu eine Gruppenideologie. Wer von den Jungen nicht einmal an die Wand gestoßen worden war, galt so recht nicht unter uns „Männern". Ich galt in der Gruppe etwas, mit verborgener Angst.

Fortan kratzte ich mit gesenktem Kopf auf der Schiefertafel. Keine Gedanken an ein Wort, eine Ziffer, nur gebeugter Kopf und lauschen auf die Schritte des Herrn Lehrer, der durch die Bankreihen „schlich".

Rache! Das Wort war zu lernen: Wir steckten Pfennige oder Steinchen in die Geige des Herrn. Sie klapperte, wenn er seine Geige unter das Kinn steckte. Beim Herausschütteln dann stürzten wir uns ihm vor seine Füße. Es galt einen der Pfennige zu erhaschen. Die Anzahl der Pfennige, die einer erhaschen konnte, galt als kleiner Heldenorden. In der Pause: „Oh, man, zeig mal her!" In diesem Fach konnte ich mithalten.

Eine legendäre Leistung vollbrachte aber mein Vordermann. Ihm gelang es, einen Federhalter in das Holzbein eines kriegsversehrten Lehrers zu pieken, als dieser bedrohlich vorüberschritt. Der Federhalter wippte beim Gehen dann in Höhe seiner Holzwade.

Dieser Herr Lehrer verschwand in den Sommerferien nach dem Westen. „Westen" war das Wort der Zeit.

Da fuhr jemand nach Berlin, spazierte über die „Grenze" und schickte eine Ansichtskarte. Das aber nur bestenfalls. Kam die Karte aus einem Traumland, redeten die Leute neidvoll.

In heimatlichem Slang hieß es: „Er/sie is rüber gemacht."

Unsere großen Schwestern verschwanden nach und nach. Die älteste mit ihrem „weißamerikanischen" Mann zuerst. Follow me, riefen US-Carepakete.

Es folgten später Westpakete von „Drüben". Mit amerikanischen Zigaretten, duftender Seife oder Pfeffer für die Hausschlachtung war großartig zu handeln.

Alle Wintermonate herrschten saukalt mit meterhohem Schnee. Als Glück galt „Ski-Bretter" zu haben. Mancher findige Kopf bastelte sich „Bretter" aus Fassdauben.

Die Schule blieb mir für alle Jahre eine Zumutung. Vom prügelnden Altlehrer bis zum Kopfnüsse verteilenden Neulehrer schafften es alle, mich in eine beständige Angst zu versetzen. Meine Zensuren pendelten zwischen drei und fünf (eine sechs gab es noch nicht).

Ein schreckliches Bild: Ich stehe an der Tafel und soll etwas schriftlich rechnen. Der Lehrer drängt, drängt und schleicht hinter mir. Ich konnte ihn riechen. Er lauerte …

Dann kann ich nicht mehr an mich halten und meine Blase entlässt Flüssiges bis zum Fußboden vor der Tafel. Hinter mir lachen Kinder. Nur im Märchen reicht ein Dielenritz zum Verschwinden.

Im Sport erreichte ich immer und überall eine eins. Wintermeisterschaften aller Art begleiteten mich und meine alten Bretter. Einziger Trost blieb der Sport zwischen 1950 und 1960. Ich hangelte mich bis zum Armeeprofi beim ASK-Oberhof, Biathlon. Heute heißt der Profi Sportsoldat.

Beim Fußball glänzte ich immer barfuß wie „Tollo", ein indischer Fußballer, von dem eine Zeitung berichtete. „Körperlich hart", ohne Schuhe beherrschten er und ich den Strafraum, bis ich eines Tages einen Tritt gegen das Knie bekam und mein Bein am folgenden Morgen wirklich steif blieb. Wirklich! (Was so recht keiner glauben wollte!) Keine Schule, herrlich! Dafür hätte ich noch das andere Bein hingehalten!

Alle Jahre haftete mir auf der Straße und in der Schule der Name Tollo so fest an, dass Lehrer meine Mutter fragten, wie sie auf diesen Namen gekommen wäre.

Ein Geburtstagsgeschenk ist mir aus der Zeit in Erinnerung geblieben: Eine ganze Rolle Drops allein für mich! Heute denke ich, die Drops spiegelten mir alle Regenbogenfarben und waren wie dicke Ringe.

Zum städtischen Empfang für Waisen- und Halbwaisenkinder bekam ich einen grünen Trecker, bei dem sogar die Vorderräder mit dem Lenkrad bewegt werden konnten!

Inzwischen hatten wir gelernt, dass „Nazi" ein böses Wort ist, und demzufolge tilgten wir gelblich-braune Ameisen als Nazis aus. Wir pinkelten in ihre Nester.

Über den Schulstoff wachte noch immer der „große Bruder", genannte Russe, seinerzeit Sowjetmensch. Offiziere hospitierten im Russischunterricht. Wir begrüßten den Sowjetgenossen lauthals und stehend, als er die Klasse betrat, mit Do swidanija (Auf Wiedersehen). Er nahm das nicht krumm und hörte auch keinen geheimen Wunsch. Er schloss die Tür, kam zurück und erklärte uns, dass wir strawstwuitje (Guten Tag) hätten sagen sollen.

Unser sehr nervöser, blasser Lehrer erschien alle Tage wieder in der Schule. Er brauchte nicht „mit Decke" bei der Kommandantura zu erscheinen. Frei bekam die ganze Schule an einigen Tagen (herrlich!!). Wir zogen in den Wald und sammelten Bucheckern für Öl oder sammelten Flugblätter in russischer Sprache von den Feldern. Über unser Gebiet führte eine „Luftbrücke" für Flugzeuge der

Alliierten. Die russische Zone war unser angeordneter Lebensraum. Flugzeuge von Berlin, nach Berlin, München etc. überquerten den „Osten". Es herrschte kalter Krieg. Geheimdienste und andere Ganoven wie USA und CIA trachteten Unfrieden zu stiften, indem sie Flugblätter abwarfen.

Kartoffelkäfer sammelten wir und es hieß, auch diese Käfer-Gemeinheit sei aus der Luftbrücke auf uns herab gerieselt. Wir jedenfalls „kämpften" gegen „feindliche" Käfer für den Sozialismus. Ob das mit dem Sozialismus so recht vernünftig war, weiß ich nicht, wusste ich nicht, seinerzeit. Da war wohl viel eigenes Ungeschick (und feindliche Käfer) im Spiel. Bis heute assoziiert mir das Bild des Kartoffelkäfers wegen seiner Streifen „Amerika".

An einer Hauswand vom sogenannten 12-Familien-Haus stand meterhoch angemalt, dass wir einen 5-Jahrplan erfüllen werden und dann … Was dann folgen sollte, blieb mir unklar. Es regierte uns Verheißung und das „Sollen", aber wir lebten doch im Sein!

Ich spürte nichts vom verkündeten Segen einer Planerfüllung. Hätten wir etwas mehr Butter, Fleisch oder Leckereien bekommen, dann …

Später lernte ich Brecht kennen. Der schrieb so etwa: „Mach nur einen Plan und sei ein großes Licht, dann mach noch einen zweiten Plan, gehen tun sie beide nicht."

Ein Altlehrer, so berichteten meine Geschwister, der früher auf gestreckte gerade Arme beim 88-Gruß achtete, lief in einer Geschichtsstunde nach einleitenden Anmerkungen rot an und brüllte schließlich, während er den Raum verließ: „Wäre der russische Winter nicht gekommen, hätten wir die Russen ins Eismeer getrieben!"

Mancher NS-Parteigenosse, ihm gewiss ähnlich, kam jetzt in das KZ Buchenwald, aus dem zuvor mit Nummer gekennzeichnet Sozialdemokraten, Kommunisten, Roma, Sinti oder Juden endlich frei gekommen waren.

Im Sommer flüsterte der braune Geist in einer Schlange vor dem Fleischerladen: „Die Zigeunerin trägt eine kurzärmlige Bluse nur, damit wir die eingebrannte Nummer sehen müssen."

An dem warmen Tag trugen alle Frauen Blusen. Deutschnationaler giftiger Kommentar: „Das muss die uns nicht immer unter die Nase halten!"

Hinter Stacheldraht vegetierten nun Siegertypen, vermeintliche junge Wehrwölfe und braune Bonzen, verleumdete Nachbarn ... Zurück kamen nicht alle. Waren die Öfen im Krematorium noch warm? Bilder dieser wechselvollen Tragödie erreichten meine Augen erst viele Jahre später.

Am 17.06.1953 verwirrten Unruhen den Tag. Arbeiter der Fabriken wollten ihre Unzufriedenheit mit den hohen Normen durch die Stadt tragen. Überall Polizei, verboten war ein Zusammenstehen von mehr als zwei Personen. Wir standen demonstrierend zu dritt! (siebente Klasse, Grundschule) an der Bergstraße, neben uns Polizisten.

Mein Bruder war eben bei der Kasernierten Volkspolizei See.

Nach dem Arbeiteraufstand wurden diese Seemänner gefragt, ob sie unter den bestehenden Umständen noch treu dienen könnten? Wer das nicht könne, könnte nach Hause fahren. Ein Freund meines Bruders entschied sich nach Hause zu gehen. Er ging und es geschah ihm nichts Negatives. Er war und blieb Arbeiter in der Fabrik.

Aus dem Alltag

Der rote Ohrensessel, hinter dem des freundlichen Mischkas MPi einst stand, wurde zu einem Sack Kartoffeln. Ihm folgte eine Standuhr. Rudolf hatte nach dem schaukelnden Pendel mit dem Luftgewehr geschossen und immer getroffen, erzählten meine Schwestern.

Ich lernte: Mehl aus Kastanien schmeckt bitter und mit Gips verlängertes Mehl wird hart. Eicheln sollen länger gewässert werden, ehe sie essbar sind. Aus Kaninchenfleisch (eigene Zucht), Majoran und sehr, sehr viel Brot lässt sich eine Leberwurst mischen. Getreide ist en passant mit einer Schere auch am Wegrand zu ernten. Mohn aus reifen raschelnden Kapseln lässt sich gut in einen Beutel unter dem Hemd schütten.

Ein neuer Berufsstand erwuchs aus der allgemeinen Misere. Feldhüter, bewaffnet mit Fahrrädern.

Stoppeln war erlaubt, Reste von Kartoffeln und zerhackten Rüben lagen nicht lange auf abgeerntetem Acker. Mit einem älteren Bruder stoppelte ich Rüben. Uns fiel aus Versehen auch manch glatte Rübe vom Haufen in die Hände. Von weitem sahen wir eine dunkle Gestalt angeradelt kommen, den Feldhüter!

Wir flohen mit dem Handwagen in die Stadt. Lernfähig wie wir waren, rannten wir nicht zu unserem Haus, sondern ganz entgegen gesetzt und versteckten uns in einer Torfahrt. Unsere inzwischen verheiratete Schwester wohnte dort. Nass war es an dem Tag und elend kalt. Wir froren, und unser Schwager gab uns einen Schnaps zum Aufwärmen. Selbstgebrannter aus der Apotheke, in der meine Schwester arbeitete. Ekelhaft. Wir ertrugen mannhaft!

„Mama, wir wollen heiraten", hatte meine Schwester Monate zuvor gebeichtet.

„Aber Kind, ihr habt doch nichts!"

„Wir haben einen Tisch und einen Stuhl für den Anfang." Der kleine Sohn lebte sicher auch schon im Verborgenen.

Zurück zu den Rüben. Diese wurden zu Hause gewaschen, zerrieben, gekocht und der Brei dann ausgepresst. Eine Rübenpresse ging in der Nachbarschaft von Haus zu Haus. Der ausgepresste Saft kam in den Waschkessel, in dem immer die große Wäsche dampfte, und wurde dort viele Stunden eingekocht. Tag und Nacht hatte eine der großen Schwestern mit einem meterlangen Kochlöffel nun am Kessel zu sitzen und zu rühren. Es galt, den richtigen Augenblick am Ende zu finden. Über die Zeit hinaus wurde der schwarze Rübensaft bitter.

Wir vier kleineren Jungs beobachteten den Fortgang im Waschkeller, bis wir endlich naschen durften. Es blieb der Spaß unserer Schwestern, mit schwingendem Kochlöffel zu drohen: „Ich streiche dich im Gesicht braun, dann bist du ein Afrikaner!"

In der Familie kursierte das Wort vom verklebten Kochbuch, das zur Hälfte braun eingefärbt war. Es war meiner Schwester während einer Nachtwache in den Sud gefallen.

Ich besuchte meine Schwestern nie allein im Waschkeller. Mir war erzählt worden, es lebe dort ein grüner Geist im Abfluss. Derselbe Geist lebe auch im Bad, wusste ich, und ging fortan nie aufs Klo, ohne die Tür weit offen zu haben. Zog ich am Wasserlauf, hatte ich die Hose in der Hand und war schon im Flur. Der grüne Geist aus dem Spülkasten hatte keine Chance!

War der Rübensaft zu bitter geraten, durften wir davon essen, wie wir wollten. Wir gingen dann mit einer trockenen Schnitte zur Kellertreppe. Dort standen große Keramikkrüge mit süßem, „unedlem" Rübensaft, der etwas zu lange gekocht war. Wir tauchten Brot ein und schlemmten.

Das neue zu lernende Wort ist „Lebensmittelkarte". Die Karte war gezeichnet mit vielen kleinen Feldern, die angaben, was gekauft werden durfte. Jeder Leidensgenosse bekam eine Lebensmittelkarte mit den kleinen Feldern. Das jeweilige kleine Viereck stand für Butter, Zucker, Mehl …

Der Kaufmann arbeitete mit einer Schere und schnitt die briefmarkenkleinen Stücke ab. Hinter dem Ladentisch bei Krügers sah ich eine Zeitung liegen. Auf die Zeitung wurden die Schnipsel aufgeklebt. Für Kleidung gab es „Punktekarten", die waren in einem anderen Laden einzulösen.

Ich ging irgendwann zu einem Schulwandertag. Das war ja nun eine erträgliche Veranstaltung der Schule. Einen 50-Pfennig-Schein, sehr dunkelblau, und ein Eckchen Marke bekam ich als Zehrung für Brot und Brause.

Noch vor der Schule sollte ich mir ein Brötchen kaufen. Als ich vor dem Bäcker stand, war das winzige Stück „Papierbrötchen" verschwunden. Was nun? Für einen Weg zurück reichte die Zeit nicht. Ohne Marke bekam ich nicht einmal ein paar Krümel. Zum Glück kam eben mein älterer Bruder, zu Hause für unsere Mutter Verwalter aller Marken und des knappen Geldes. Er hatte tatsächlich Ersatz in der Tasche.

Ich war gerettet.

Auf einer Grude, einer gemauerten Heizecke für Kohlestaub in der Küche, lag unser „Nuckelkissen". Manchen Tag, wenn wir Brüder gleichzeitig Schulschluss hatten, rannten wir und riefen: Das „Nuckelkissen" ist besetzt! Unser Kissen hatte mehrfach umgenähte, feste Nähte, damit konnten wir an Fingerkuppen oder in der Innenhand reiben – das war unser Nuckeln!

Was heute überzuckerter Süßkram ist, waren uns seinerzeit die Schaumspeise oder Tütchen Marmeladenpulver für Groschen. Ein Spaß war es, mit dem Mund voller Marmeladenpulver zu lachen. Es flog dann eine Marmeladenwolke umher, die ein Mitspieler mit der Zunge schnell einzusammeln versuchte.

Wir hielten uns zu Hause sieben Hühner, ein Schaf, Lottchen, und eine Gans. Die Gans war ein selbstbewusster Ganter. Gelegentlich marschierte er ein Stück auf den Berg und flog dann über die ganze

Siedlung. Saß meine Mutter im Garten, kam der Ganter gern, setzte sich zu ihr, steckte seinen Kopf unter den Schürzenlatz und schlief leise schnatternd ein.

Unsere sieben Hühner verschwanden eines Nachts. Nur die Köpfe lagen noch im Stall. Eine Blutspur zeigte den Weg in die Nachbarschaft. Dort lebte ein Altkommunist, eben Betriebsdirektor von Russen-Gnaden geworden. Schweigen schien besser, denn die Familie galt als NS-Verfolgte Altkommunisten, mit denen man sich besser nicht anlegte.

Wir lernten nun Türen und Ställe mit Schlössern zu behängen, was bisher nicht üblich war.

Neues Wort „Plisseefalten": Ich erinnere mich roten Stoffes mit einem dunkleren Kreis in der Mitte und an federleichte Fallschirmseide. Das waren erste Materialien für kleinbürgerliche Haute Couture. Stundenlang versuchten meine Schwestern Plisseefalten zu bügeln. Suse nähte Röcke und Kleider meisterhaft, während wir unter der Nähmaschine auf dem Schwungbrett saßen. Im Selbstversuch stach ich mir eine Nadel durch den Finger. Die Maschine ging nicht so, wie ich dachte.

Heute denke ich, der kreisrunde dunkelrote Schatten auf dem Fahnentuch zeigte verborgene Gedanken fast aller, die größer waren als eins fünfzig. Gewollt oder ungewollt trieb sich brauner Ungeist beharrlich in den Hirnwindungen um.

Wieder ein oft gehörtes Wort: „Kirschplantage"

Geld nebenher zu verdienen versuchte ich in den Ferien als Vogel-Verscheucher in einer Kirschplantage. Für fünf Mark die Woche ordentlich Krach machen, Stare verrasseln, Kirschen essen, so viel ich mag! Dunkle „schwarze" Kirschen oder Glaskirschen – die Favoriten. Kernhäufchen zeigten Spuren meiner Wege.

Einmal meldete ich mich auch zur Erbsenernte wie meine Schulfreunde bei einem Gutshof. Es ging sofort und für mich ungewohnt um Geschwindigkeit und Eifer, der mir fremd blieb. Neben
mir ging ein Stück weit ein Aufseher mit hohen, blank geputzten
Stiefeln und einem Stock in der Hand. Aus den Erbsenranken beschlich mich Angst vor dem Aufseher. Neben mir sammelten andere Kinder geduckt und hastig um die Pfennige. Angst trieb mich
vom Acker, mein Korb und Geld blieben auf dem Feld liegen. Ich
floh, denn der Wächter erinnerte mich an Übel, von denen ich nur
ahnen konnte, aber schreckliche Angst hatte.

Gelegentlich kam ein „Jauchefahrer" mit seinem Kesselwagen zu
uns. Wir Kinder staunten ängstlich über sein Gebaren. Er pumpte
etwas Benzin-Luft mit einer Luftpumpe in den Kessel und warf ein
Streichholz hinterher. Es puffte kaum hörbar, Feuer flammte hinter
Glas und die Jauche floss aus der Grube in den Wagen. Zauberei?!

Im Nachbardorf fuhr mit einem Dienstrad ein Ausrufer,
Gemeindediener. Der brachte Neuigkeiten, Befehle einer berufenen
Obrigkeit. Mit einem Horn blies er und rief dann: „Alle Dowak-
bauern, die Dowak (Tabak) anjebauert ham, müssen den
anjebauerten Dowak widder abbauern!"
    Gewiss war Getreide wichtiger, Tabak aber besser bezahlt. Als
überaus gesund gelte heute unser tägliches Frühstück. Es waren durch
die Kaffeemühle gemahlene Getreidekörner und Malzkaffee, Brot
(wenn vorhanden) eingebrockt und gesüßt mit Süßstofftabletten.
    In der Schule gab es sehr große dunkle Brötchen und zum Mit-
tag Suppe. Der Lehrer oder die Lehrerin schickten uns täglich einen
Kübel Suppe holen. Darum bewarb ich gern. Am Lehrertisch
wurde Suppe verteilt, und wir balancierten unsere Teller auf das
Pult neben den eingelassenen Tintenfässchen. Dort war die Bank
halbwegs gerade.

Ich sehe noch heute eine Spur Erbsensuppe auf meinem schrägen Pult.

Apropos Tintenfass. Saß ein Mädchen mit Zöpfen vor Jungen, tauchten diese deren Zöpfe gern in die Tinte. Der Gedanke verlockt mich bis heute. Aber ehrlich, ich wagte das nie!

Gängige Übung blieb unter uns Städtern und den „Landeiern" in der Klasse, Marmeladenschnitten gegen dörfliche Wurstschnitten zu tauschen.

Allein für mich bekam ich sensationell eine Brotscheibe dick mit Butter bestrichen, Butter so dick, dass die Zähne vom Biss zu sehen waren! Mein Trost, nachdem mir von einem rostigen Nagel beim Spielen in einem Hausrohbau (Baustelle betreten verboten!) eine sehr tiefe und große Wunde in den Oberschenkel gerissen war. Unser Doktor musste das Loch mit drei eckigen Metallklammern flicken. „Sei mal tapfer, Junge, bist doch ein Mann!" Es brannte höllisch von der bräunlichen Flüssigkeit, die er darüber strich. Gelbe Bläschen im Fleisch der Wunde sei Fett, erklärte Herr Doktor. Derselbe Herr hatte Jahre später das Vergnügen, mir einen Angelhaken aus der Fingerkuppe zu reißen. Beim Baden war mir der Haken in den Finger geraten. Weder der Bademeister noch ich selber konnten das widerhakende Metall aus dem Finger ziehen.

Herr Doktor meinte, gerissene Wunden heilen besser und riss beherzt den Haken heraus. Es blieb mir kaum Zeit zu schreien „Bleib mal ruhig, sei tapfer Junge!"

Ein Wintertag

Wer keine Bretter unter den Füßen hatte, schlitterte mit Schuhen im Winter den Berg hinab. Mit Igelitschuhen ließ sich herrlich schlittern. Nur: Im Winter brachen sie schnell und im Sommer glitten die Füße auf Schwitznässe. Es war eben nur Ersatz, wie alle ersten Plastikdinge. Bis heute tragen diese für mich den Schein von Chemie, Ersatz, der des Krieges wegen erfunden wurde. Porzellanlichtschalter, das war noch Friedensware!

Von Mai bis Oktober brauchten wir keine Schuhe. Wir gingen barfuß in die Schule. In den Klassenräumen traten wir wegen des Staubes auf geölten Fußboden. Uns brachte eine Schicht Dreck und Öl unter den Füßen bestes Material für zu drehende Kügelchen, die sich gut an die Tafel schnipsen ließen. Sie blieben dort kleben mit einem kleinen Ölfleck.

Den Sommer über lagen wir fast nur im Freibad, probierten auch heimlich mal eine Zigarette, „Casino" oder „Turf", in einem Gebüsch.

Für den „nach drüben gemachten" Lehrer mit Holzbein kam eine Dame. Die weinte immer bei den Liedern: „Ännchen von …" oder „Kommt ein Vogel geflogen …"

Vielleicht wartete sie auf eine Nachricht, wie ich auf eine aus Italien. Es könnte doch sein, dass … Für hunderttausende galt: Es könnte doch sein, dass …

Was Prügelstrafen betraf, waren unsere Lehrer von gelegentlichem Rückfall abgesehen nicht mehr staatlich vereidigte Serientäter. Meine großen Geschwister erzählten manchmal von pädagogischen Scheußlichkeiten ihrer Lehrer damals: „Oh, die ganze Klasse musste „Heil" brüllen und die Arme schön gestreckt halten bis zur Erschöpfung zu Ehren des Führers!"

Seltsames Phänomen: Alle Lehrer und der Rest unserer Erwachsenenwelt litten an einer Amnesie. Bisher übliche, ja gewünscht bis angedrohte Worte verschwanden plötzlich in einem unbewussten Sumpf.

Irgendwo innen im Menschen muss es eine Mistgrube für verdrängte Wörter geben!

45

Giftgrüne Heftchen gab es als Zeugnissammlung. Wer mag auf das Gift gekommen sein? Mein erstes Zeugnis trug ich nach Hause ohne eine Ahnung, was die Tinte auf dem ersten Blatt nun bedeute. In allen Fächern stand eine Drei.

Unterwegs traf ich einen Cousin. Wir nannten ihn Bübchen. Den fragte ich, ob das Zeugnis gut sei und er sagte: „Na ja, geht so." Noch heute könnte ich die Straßenecke zeigen, an der ich Bübchen traf. Dort um die Ecke stand mal eine Mauer über die Straße gezogen. Sie sollte die amerikanischen Panzer aufhalten. Sinnlos oder albern wie eine gesprengte Brücke und andere Durchhaltebauten. Die Brücke über den Fluss blieb längere Zeit wie eingeknickt liegen, nur eingeknickt. Ein Denkmal. Flaches Wasser hielt weder amerikanische Fahrzeuge noch russische Panjewagen auf. Neben der Brücke war ein Steg errichtet, über den gingen wir zur Turnhalle.

Gleich nach der Brücke arbeiteten eine Tankstelle und Autowerkstatt. Hier war mein Italienbruder in einer Lehre als Automechaniker. Nach der Lehre sollte er in einer Nachbarstadt „auf das Technikum".

Amerikanische Granaten zerstückelten ihn, „carne da cannone". Wo ist sein Grab? Bruder Richard, dessen Holzbein neben dem Bett stand, war inzwischen gestorben, beerdigt im Familiengrab. Wir spazierten oft zu der Grabstelle. Es lagen dort schon fünf oder sechs der Sippe. Efeuüberwachsen lagen die Gräber und ich dachte immer: Hier muss das gewesen sein, wo die freche Ziege behauptete, kein Blatt zu bekommen. „Ich sprang nur über Gräbelein ..."

Kaum einmal waren die Verbliebenen der Sippe im Haus zusammen. Wenn aber, dann wurde ein Familienfoto geknipst. Das war ein abenteuerliches Unterfangen. Wie saßen gedrängt auf dem Sofa. Hinter dem Sofa war ein Besenstil gesteckt und an dem ein Tütchen Magnesium mit Reißzwecke geheftet. Der Fotoapparat stand im Dunkel bereit. Eine Zündschnur war gezündet. Alle warteten auf den stinkenden, grellen Blitz. Da saßen dann helle Gesichter, manche schreckverzerrt und über ihnen qualmte noch der Rest vom Tütchen vor leicht angerußter Tapete.

Gerne ging ich mit der Schulklasse zur Turnhalle. Sport, das einzige Fach, in dem ich immer eine Eins erwarten konnte. Ich wäre gewiss nur Jahre zuvor allen Lehrern ein deutscher Zukunftsheld gewesen, denn ich war „schnell wie ein Windhund, hart wie Kruppstahl und zäh wie Leder" und galt, was das Lernen betrifft, als überaus bescheiden. So propagierte der hinkende Goebbels unablässig. Obwohl die hinkende Zeit dahin war, konnte ich ähnliche Gedanken oft hören, riechen, schmecken. Sie klebten in den Geräten der Sporthalle …

Mich hätte dann eine (keine?) uniformierte, deutschnationale Zukunft erwartet wie meine großen Brüder unter der Erde!?

Nein Danke!

Auf dem Weg zur Turnhalle gingen wir an Hallen vorüber. Dort baute eine Firma für kurze Zeit aus Kriegsmaterial Gerätschaften für den Alltag. Milchkannen aus Granatenhülsen, aus Stahlhelmen Schöpfer oder Siebe …

Mit meinen mäßigen Lesekenntnissen erkannte ich den Firmennamen „Reibeisen". Das war mir verständlich aus der Küche, wenn es galt, Meerrettich zu reiben oder Kartoffeln für Thüringer Klöße … Nebenan warb eine Niederlassung von „Ofenglut". So etwas meinte ich erkannt zu haben an manchem Küchenherd.

In der Turnhalle kullerten Rhönräder, beliebtes HJ-Spielzeug. Erinnerung in Eisenrohr.

Sehr schnell war ich beim Stange-Klettern. Oben angekommen, fühlte ich etwas recht angenehm zwischen den Beinen und ein steif werdendes Glied.

47

Ich wurde Pionier und wir bastelten mit größeren Jungs an Segelflugzeugen, die noch in der sogenannten HJ-Baracke halbfertig standen. Wunderwerke sah ich in den rund geschliffenen „Nasen" der Segler. An ihnen durfte ich mit Schleifpapier glätten. Vom Berg aus flog manches stolze deutsche Flugzeug bis tief in die Niederung.

Ein blaues Halstuch bekam ich geschenkt, meine Geschwister hatten schwarze – oder waren das braune mit dem Lederknoten? Wir trafen uns in dem Haus, das bis kürzlich einer Familie gehörte, die meinen Vater beauftragt hatte, Gutshäuser, die sie in der Wirtschaftskrise aufgekauft hatten, zu ordnen.

Meine älteste Schwester, damals oft zu Gast bei dem kinderlosen Ehepaar in der stolzen Villa, trug ihr Leben lang aus dem Haus einen Spleen mit, beinahe irgendwie etwas Besseres zu sein.

In der Zeitung stand, die stattliche Villa am Berg gehöre nun also dem Volk. Schon beim ersten Besuch in der auf behauenen Sandstein gegründeten Villa fiel mir der kalte, von schwarzem Marmor eingerahmte Kamin im Entree auf. Er blieb immer kalt. Noch im Eingang war ein Garderobenraum. Dieser Raum allein für Kleider galt als Beispiel sich persönlich bereichernder Kapitalisten. Man hatte Jacke und Hose nur zu haben und das möglichst Jahrzehnte. Vor der Kaminöffnung stand ein Kopf auf einer kleinen Säule.

Der Kopf sei eine Büste vom Genossen Stalin, erklärten uns die Großen. Die Abbildung stand halb in dem Kamin, als versperrte sie dort einen geheimnisvollen Eingang. Irgendwann bekam die Büste einen schwarzen Trauerflor und ich durfte mit einem Luftgewehr „Gewehr über!" Ehrenwache stehen. Es hieß, der Genosse Weltanführer Stalin sei nun tot.

Gelangweilt kaute ich stehend neben Herrn Stalin an einem Kaugummi aus einem Westpaket. Das löste bei dem jungen Mann von einer FDJ-Aufsicht einen Wutanfall aus. Ich musste den „Ehrenplatz" verlassen. Das Blauhemd beschimpfte mich, obwohl wir uns doch kannten, denn er war der ständig rauchende braunfingrige, mit dem wir in der HJ-Baracke Segelflugzeuge gebastelt hatten.

In gleicher Villa trafen wir uns in den Ferien zu einer „Expedition nationale Befreiungskämpfe". Wir zogen mit LKW, Zelt, Hacke und Spaten im Land herum und suchten nach historischen Orten. Unsere Ziele: Der Bauernkrieg und die Schlacht im Kyffhäusergebirge, Münzers Gefangenenverlies in der Burg Heldrungen. Ich ließ mich in das Burgverlies abseilen mit einer Kerze in der Hand. Zeit meines Lebens blieb ich stolz, der erste gewesen zu sein, der den Eisenring sah, an dem Thomas Münzer angekettet war. Nun ja, gewiss ist das wohl nicht. Sei's drum. Wir zogen zur Burg Wendelstein. Dort versteckten Helden seinerzeit hunderte Pferde vor Napoleons Häschern.

Bis zur Geschichte der Arbeiterklasse und zur Roten Armee, später Dauerthema, schafften wir es damals noch nicht.

Unendlich mehr Fantasie als Realität – spannend für uns „Forscher". Wir begannen ein Büchlein über unsere Expedition zu schreiben. Aber das Vorhaben versiegte dann irgendwie.

Ich lernte schwimmen im Fluss, wo gelegentlich auch ein totes Viech in trüber Brühe geschwommen kam. Nach einem Gewitter floss das Wasser schokoladenbraun. Fünfzehn Grad, Mutprobe. Verboten war, von der Bahnbrücke zu springen. Sie wölbte sich nahe der Badeanstalt über den Fluss. In den dicken Eisenträgern klaffte manches Loch wie geschweißt von Geschossen. Bewunderung und Angst mischten sich beim Anblick solcher „Kriegswunden" (bis heute!).

Irgendwann später erzählte mir meine Mutter, sie habe von dieser Brücke einen Opalring in den Fluss geworfen. Opale brächten Unglück, redete der Volksmund.

Jahrzehnte später erinnerte mich in Berlin eine Gehwegplatte an den verheerenden Krieg. Auf einer flachen Granitplatte war ein

Granateinschlag zu sehen. Zahllose Rillen von Splittern rissen halb sternförmig über den Stein. Diese Platte sollte zur Mahnung erhalten bleiben.

Jährlich ein Ferienlager kostete meine Mutter fünf Mark für vierzehn Tage. Wir brachten ihr Heidekrautsträuße aus dem Harz zurück.

Unser erstes Zelt auf der Nusswiese nannten wir Sternenhimmel. Es hatte zahlreiche Löcher, durch die uns Mond und Sterne in der Nacht leuchteten.

Nachtwache: Mit einem Speer mussten wir in der Nacht rund um die Zelte gehen. Auf Brettern vor der halboffenen „Küche" legten uns für die Nacht freundliche Küchenfrauen Bonbons, roten Himbeeren ähnlich, harte Bonbons.

Bisschen Angst ging mit im Dunkel, denn der nahe Wald war voller unbekannter Laute, Farben, Gerüche. Ein Baumstumpf leuchtete grünlich hell. Von irgendwo rief gar ein Waldkauz und ein schneeweißes Tier lief zwischen Bäumen. Wir standen still und harrten mit Bangen.

Der weiße Nachtgeist im Wald war eine Ziege aus der nahen Försterei.

Im Ferienlager begann ich zu erkennen, dass Mädchen irgendwie anders sind und Geheimnisse mit sich tragen. Sehr bewusst wurde mir das, als ich versehentlich ein Mädchen mit einem Stock verletzte. Ich musste mich, peinlich, peinlich, bei ihr entschuldigen.

Die ganze Gruppe war Zeuge. Das Mädchen, übrigens eine kluge Schönheit in der Klasse, war noch nicht ganz Frau. Sie knöpfte die Bluse ein Stück auf. Es blutete ein wenig dort, wo ich sie mit einem Stock versehentlich getroffen hatte. Die Stelle lag genau zwischen den zwei beginnenden Hügelchen. Gebräunte Haut und zarte Wölbungen trafen mich.

Sollte ich das Bild behalten und am Abend meinen Penis reiben? Es hieß, das sei verboten und mache dumm. Das Letztere war mir oft nachgesagt.

Nun, dumm zu sein, war mir also verbrieft. Meine Lehrer schickten mich auf eine Ehrenrunde in die Klasse fünf. Mutter nannte das etwas beschönigend „zurückgestellt".

Beim Pastor hatten wir Christenlehre. Am Nachmittag anfangs noch in der Schule, bis wir nicht mehr in der Schule, sondern im Gemeinderaum zusammen kamen. Dort hatten wir auch später Konfirmanden-Unterricht. Gelegentlich trafen wir Konfirmanden uns auch in der Kirche.

Ich erinnere mich noch genau, dass ich im Dämmerlicht nach einer herbstlichen Konfirmanden-Stunde mit einem Mädchen im Dunkel nahe der Kirche stand. Heute meine ich, „stundenlang" überlegt zu haben, ob ich sie küssen sollte und wie das zu machen wäre. Es blieb beim Nicht und ich brachte sie nach Hause.

Neunzehnhundertdreiundfünfzig erinnere ich, mit der Jungen Gemeinde in Wernigerode gewesen zu sein. Wir wohnten oben auf dem Dachboden einer alten Villa. Dicke Balken waren mit Leuchtfarbe bestrichen, damit man sich nicht am Kopf stoße. Wir wanderten mit dem Pastor in den Bergen. Zur Gebetsstunde aber in der Gruppe gingen wir nicht. Das Gebet galt uns doch zu intim.

Zu einem Kirchentag fuhr ich.

War der in Leipzig oder in Erfurt?

Mein neuer Schwager, der mit dem Schnaps nach unserer Rübensammelaktion, fuhr zu einem Deutschlandtreffen. Auf dem Markt stiegen die jungen Männer und Frauen auf LKWs. Alle trugen Blauhemden und Hüte, deren Krempe auf der rechten Seite hochgesteckt war.

Erst viel später sollte ich erkennen: Ähnliche Hüte trugen deutsche Soldaten im grausamen Krieg gegen Farbige in „Deutsch-Südwest-Afrika".

Am Ende wurde ich nach neun Jahren ohne rechtes Ergebnis von der schulischen Leine gelassen.

Alle Lehrer erklärten: Zu einem einfachen Beruf könne es reichen, mehr leider nicht. Also Holzfäller, besser Waldfacharbeiter. Meine Mutter nannte diese berufliche Zukunft standesgemäß „Forsteleve".

Erste Versuche

Ich zog auf dem Rathsfeld ein, mitten im Wald oben auf den Kyffhäuserbergen. Der nächste Ort erst nach sechs Kilometern den Berg hinab. Unter unseren Füßen geheimnisvolle Höhlen in Kalkstein gewaschen und nebenan Barbarossa aus rotem Sandstein wartend seit etwa eintausend Jahren.

Wir waren so an die dreißig in zwei Lehrjahren, lernten Bäume zu benennen, zu fällen, zu pflanzen, Wild zu jagen und Mädchen näher zu untersuchen. Bis heute verblüffe ich mich bei Spaziergängen mit den lateinischen Namen von Bäumen. Pinus silvestris, picea abies, taxus …

Seit kindlichem Pilze-Sammeln war ich mit dem Wald vertraut.

Im Harzwald nebenan war ich schon früher als Schüler im Schnee gerannt. Kreismeister und Bezirksmeister mit 13 oder 14 im Wintersport, Sieger sogar im Abfahrtslauf den Brocken hinunter. In Oberhof ging es um die Wette mit meinen alten Brettern. Wilhelm Pieck, erster Präsident, begrüßte uns. Wir waren die Besten der Guten! Meine alten Holzski mit Lederriemen hielten nicht mehr stand. Hilfe bekam ich nicht, und so stand ich in Oberhof an der Sprungschanze oben mit zerrissenem Leder.

Abspringen konnte ich so nicht.

Der Ernst des Lebens kam nun aber auf mich zu, und nach einem halben Jahr hörte ich ungewohnte Worte. In der Berufsschule liefen mir Zensuren von drei bis eins zu. Meine Mutter sagte: „Da müssen die anderen aber dumm sein."

Ich wurde Leiter einer Arbeitsgemeinschaft „Junge Ornithologen". Wir zogen in der Nacht durch den Wald und notierten, wann welcher Vogel aufwacht. Mir übertrug die Heimleitung eine Verantwortung für Gewehre und Munition der „Gesellschaft für Sport und Technik", (meine Mutter sagte „Mord und Technik"). In meinem Spind standen Gewehre und Munition zwischen Hemd und Hose.

„Jägersprache", lernten wir. „Lichter" für Augen, „Spiegel" für das weiße Hinterteil beim Reh und Hirschtier, „Büchsenlicht, Bache, Keiler und Lunte" …

Ein Wildschwein „aus der Decke zu schlagen" ohne die Decke (Fell) zu zerschneiden, galt als Übung für Fortgeschrittene. Das tote Wildschwein stank. Ein paar Borsten schnitten und drehten wir zusammen zu einem „Gamsbart". Dazu ein paar blau-weiße Federn vom Häher für den Jägerhut. Mein Stolz!

Grüne Anzüge bekamen wir leider noch nicht. Oh, was hätten Mädchen mich bewundert. Ein junger Jägersmann mit flottem Hütchen! „Grün, grün, grün sind alle meine Kleider …"

Unerkannt und unbekannt blieben Diebe, die des Nachts von der Strecke (alle erlegten Tiere) auf dem Hof den Schweinen heimlich Schenkel abschnitten.

„Erwachsen" wie wir uns fühlten, kauften wir vom ersten Lehrlingsgeld, immerhin 35 Mark im Monat, eine Flasche „Bärenblut". Der ekelhaft süße Likör trieb uns zum Fenster, wo die Erbsen vom Mittagessen über ein Blechdach nach unten kullerten. Tanzen lernten wir von einer „Erzieherin" im Internat.

Mit Rucksack, Axt, Spalthammer, Keilen, Säge, lauter neue Worte, die Begriff werden wollten, zogen wir bei Wind und Wetter in den Wald, Jungen wie Mädchen. Ich griff gelegentlich einem Mädchen neben mir in die Latzhose. Es schien ihr zu gefallen. Wir gingen dann oft gemeinsam vor oder hinter der Gruppe. Weniger Gefallen fand ich meinerseits an dem Ausbilder, der auf dem LKW neben mir sitzend meinte, mir in die Hose greifen zu können.

In einem Heuschober übte ich mit einer bezopften Schönheit das „gefährliche", unbekannte, verlockende Spiel.

Zum Frühstück saßen wir auf Baumstämmen rund um ein Feuer und brieten unsere Schnitten, soweit vorhanden.

Als wir in einem Windbruch arbeiteten, wo zahlreiche Fichten kreuz und quer lagen, hohe Wurzelteller zwischen den schlanken, ineinander verkeilten Stämmen aufragten, legte ein Kollege seinen Rucksack unter einen solchen Teller. Wir, wie zwinkernd abgekartet, sägten den Teller ab und er klappte wie ein Deckel zu. Weg war der Rucksack und weg war sein Frühstück.

Lachend akzeptierten wir unsere Strafe. An Stelle des Frühstücks am Feuer hatten wir den Rucksack aus dem Wurzelwerk heraus zu graben.

Bei eisiger Kälte und harzduftender Hitze werkelten wir mit Bäumen auf den steilen Hügeln des Kyffhäusers. Wir halfen mit Pferden Holz zu schleppen (rücken), trugen zwei Meter-Stämme an einen Forstweg, kämpften im Camp gegen Brennnessel, pflanzten Setzlinge, kletterten auf Bäume, um junge Raubvögel im Horst zu beobachten …

An einem sehr kalten Tag, dem kältesten mit minus 26 Grad, rückten wir immer wieder an das Feuer, der Rücken blieb eisig kalt und die Jacke verbrannte beinahe. Ich spürte längs durchzureißen. Äste zerbarsten mit lautem Knall über uns. Bei solcher Kälte sprangen unsere Äxte klirrend vom hart gefrorenen Stamm. Im Wald rumorte es von unzähligen Pistolenschüssen berstenden Holzes. Wir zogen ins Internat zurück.

Mitunter traf ich nicht den Ast am Stamm, sondern mein Bein. Mir stand Blut im Stiefel von einem Hieb durch Stiefel und Hose ins Schienbein. Meine Axt war vom Fichtenstamm (Picea abies) abgesprungen und durch den Gummistiefel gedrungen. Ich hätte auf der jenseitigen Seite des Stammes zuschlagen sollen, nicht vor meinen Beinen. An erste Hilfe erinnere ich mich nicht.

Zum Arzt rollte ich mit einem Rad sechs Kilometer den Berg hinunter und schob mich nachdem mühsam wieder nach oben. Mit ein paar Stichen hatte der Doktor die Wunde geschlossen. Meine Brust schwellte etwas, als ich mein umwickeltes Bein vorführte und vom „tief ins Fleisch" nähenden Chirurgen berichtete. Mädchen riefen „oh" und hielten die Hand vor den Mund. Ich klopfte zum Beweis meiner Männlichkeit mit flacher Hand auf die Wunde.

Als ausgewählter Lehrling (muss wohl einen guten Eindruck gemacht haben) gab mir der Förster eines Tages ein „rundhammer-artiges" Gerät, mit dem Nummern in gefällte Stämme geschlagen werden konnten. Ich sollte an einem Einschlag schlanke Buchen-stämme nummerieren.

Auf dem Weg per Ski dorthin schnürte vor mir ein Fuchs in der Spur. Zwischen ihm und mir lag etwas auf dem Waldweg. Näher gekommen, fand ich eine Tüte mit einer ganzen Bratwurst. Die schien dem Fuchs nicht gefallen zu haben. Er war achtlos an der Tüte vorüber „geschnürt".

Am Ort des Holzeinschlags ging ich erst in die Hütte, um mich am Feuer aufzuwärmen. Da saßen Kollegen beim Frühstück. Ihre Jacken dampften und sie, bis auf einen, bissen in dicke Wurst-schnitten. Nicht schwer zu erraten, dass der Eine eben jener war, der seine Wurst verloren hatte. Glücklich und breit grinsend nahm er seine Wurst unter Beifall aller Kollegen und biss hinein. Ich kannte den wurstlosen Kerl. Er und sein Bruder, stämmig und muskulös, aber im Geist nicht gerade flott, wohnten in der Nähe unseres Internats im einzigen Wohnhaus weit und breit.

Der Vater jener Brüder war eines Tages mit einem Brief aus Italien zu uns ins Internat gekommen. Weil ich oft von Italien redete und gelegentlich ein Wort in Italienisch angeberisch in eine Rede einflocht, nahm er an, ich könne Italienisch. Ein Wörterbuch (berichtet war, es sei von meinem Vater noch aus dem ersten Weltkrieg und dann von meinem Bruder bis Benevento „gewandert") hatte ich immer bei mir, und ich entzifferte, dass der alte Kriegskamerad in Italien vier Kinder habe, es ihm gut ginge oder so ähnlich.

Der Nachbar war sehr dankbar und ging. Von Stund an war ich der hoch angesehene Holzfäller, der Italienisch kann. Beides blieb weit entfernt vom sinntragenden Wort. Zu meinem Glück kam der genannte Vater nicht auf die Idee zurückzuschreiben.

Hochgelobt „unser Sänger", sang ich Lieder von Freilichtbühnen. Am liebsten solche, die „Negersongs" genannt wurden. Im Bass sang ich amerikanische Songs (black and white) in verschiedenen Orten.

Leider endete unsere Lehre und wir sollten nun arbeiten, irgendwo im Harz. Allein dort leben in einer Hütte, täglich Bäume umschmeißen … Und dann …? Mich verließen Mut und Gewissheit. Wollte ich mehr, viel mehr? So kann doch nicht das ganze Leben sein, Bäume und weiter? Reicht das einem K.?

Sänger, ja Sänger. Mir war das einst verheißen von einem Urlauber-Ehepaar aus Weimar, die unseren Chor und mich gehört hatten auf einer Freilichtbühne.

Also Klavier lernen, Gesang üben, Mozart, Verdi, Liederzyklen … Etwas Geld dafür verdiente ich mir in der Zuckerfabrik an A, B, und C-Zentrifugen. Hinter Zuckerzentrifugen starb dann Othellos unglückliche Desdemona und litt Alfredo unter seiner Liebe zu Violetta, während brauner Zuckerbrei zu weißen Klumpen schleuderte. Als Kinder hatten wir hier naschen dürfen. Ich klebte und roch permanent nach etwas, was uns als Kinder gefallen hätte.

Deutlich spürte ich, in mir klingt jede Arie leider nicht im Heldentenor, sondern „nur" Bariton. Es muss nur raus aus Brust oder Herz durch die Kehle … Ich brachte die Klänge nicht heraus, schaffte es nicht, frei aus mir heraus zu singen, spürte, wusste genau, wie ich es machen soll und gebar keinen Klang. In mir sperrte sich etwas. Da innen ist es, da ist es.

Was ein jeder in der Badewanne herausschreit, blieb mir verstockt. War ich zu jung, zu dumm, naiv, entmutigt durch bittere Schuljahre?

Was blieb?

Die Familie meinte Armee. Aus dem „Westen" kam der Vorschlag, eine Tischlerlehre im Sauerland zu beginnen. Weg von allen mir vertrauten Menschen? Besser nicht! Also Armee. In einer festgefügten Ordnung mit Betonung auf Körper und nicht Geist wäre ich gut aufgehoben. Sportliche Indianerspiele in Uniform, warum nicht, sagte ich mir dann. Unter Dach und Fach blieb ich in gefügter Ordnung.

1956. In Ungarn wurde scharf geschossen. Dachte denn keiner, auch ich nicht, an die toten Brüder?

Oder? Richard hatte ein Soldatenleben nicht gewollt. Ihm war nach zwölf Jahren ein Erbhof im Osten verheißen. Der sportliche Rudolf, sogar Kandidat einer Napola (Eliteschule für den Führer). Er hatte sich im abenteuerlichen Soldatenleben gefallen … bis er gefallen ist.

Ich marschierte also, Panzerregiment (wie Rudolf) dann aber in den Dienst der Chemie, Biologie, Kernphysik, chemische Dienste einer Panzerdivision in Dresden.

Zuvor aber die üblichen Übungen rechts, links, kehrt und anderer Unfug, was Militärs sich so ausdenken (soweit es da um Denken geht!) Vor mir, so hatten wir das aus Kameradschaft geordnet, ging einer, der so kommandoschnell rechts und links nicht hin bekam.

Ich flüsterte ihm dann zu: Zu Garagen, zu Wohngebäuden …

Wir erfanden erstaunlich schnell den Dienst nach Vorschrift. Kommandierte uns ein Unteroffizier geradeaus und vergaß ein neues Kommando, marschierten wir grinsend weiter, egal, was es so an Hindernissen vor uns gab, kleine Verkehrsinseln, albern eingezäunt wie im Kindergarten mit weißen Zäunchen, Grünanlagen, Blumenbeete … Diese Form von militärischer Verblödung entlastete uns im Kopf.

Folgendes Strafexerzieren wurde manchem leid. Es waren ja nicht alle sportliche Holzfäller. Irgendwann noch in Dresden wurden Wintersportler gesucht. Gewöhnlich sagten wir, wenn es hieß „Freiwillige vortreten!", tritt man zur Seite, um die Freiwilligen vor zu lassen.

Wintersport! Da konnte ich nicht nein sagen.

Wir trugen fortan kaum noch Uniform, fuhren zu Meisterschaften, rannten bei seltenen militärischen Übungen kommandierenden Offizieren gut trainiert davon in den Wald, nahmen Militär als Nebensache.

Sportsoldaten. So entstand beim Armeesportclub ASK Oberhof die erste Biathlon-Mannschaft. Es war 1959. Unser Oberster Armeegeneral, in Fremdsprachen wohl nicht so recht bewandert, sagte in einer Ansprache „Billaton". Wir jungen Burschen wurden „Deutscher Meister" der Junioren. Damals hieß das noch „Deutsch", später schrumpfte der Name auf den kleineren Teil „DDR".

Unser erstes Zuhause wurde das Kammerbacher Pirschhaus, Oberhof. Der Grenzadler, noch Baustelle.

Herbert fuhr mit Billigung örtlicher Staatsicherheit nach Amerika mit einer gesamtdeutschen Mannschaft zu den olympischen Winterspielen. Mit Startnummer eins war er der erste Biathlonläufer in der Geschichte olympischer Spiele, glaube er wurde 13. In Gemeinschaft mit westdeutschen Sportlern, so erzählte er, besuchten sie deutsche Familien, bewunderten Las Vegas' Spielersumpf und er brachte uns amerikanische Zigaretten mit. Keiner von uns rauchte!

Irgendwie gab es damals noch einen Hauch deutsche Einheit. Ein Land, frei unter österreichischen Bedingungen, etwas beschränkt frei? Nicht in der Nato, blockfrei. So ähnlich meinten es die Sowjetrussen. Das missfiele dem Herrn Adenauer, also Grenze, Trennung! … So etwas wurde gemunkelt.

Ich fuhr nach Stralsund und wurde Armeemeister im Mehrkampf. Dafür bekam ich zwei Tage Sonderurlaub. Zeit, den Gutshof zu besuchen, auf dem ich geboren war.

Nach dem Brockenabschluss-Lauf im Frühjahr, dicht neben der Grenze, verpafften wir die amerikanischen Zigaretten, tranken einen Liter „Schierker Feuerstein" aus lauter Albernheit und feierlicher Würdigung für Bill.

Bill hatte es vollbracht, eine Viertelstunde auszuhalten beim Sitzen in einer Wasserrinne Schmelzwassers. Hose runter, Beutel in das Wasser hängen. Wir standen brüllend und lachend um ihn herum und überboten uns in Wettgeboten bis zu fünfzig Mark. Luft ablassen, blödeln, nach einer beinharten Saison.

Wir demonstrierten am Tag der Republik in Berlin in schmucken grauen Trainingsanzügen. Beinahe wären wir über die damals noch wenig bewachte Grenze gefahren. Ein ganzer Bus voller Spitzensportler der Armee im Westen! Das wär ein Ding gewesen. Ein Poller auf der Straße verhinderte unsere ungewollte „Flucht".

Ein Sportsoldat ist auch ein getreuer Genosse, hieß es, und so kam es zur Befragung, ob man denn nun politisch parteilich sein wolle, SED-Mitglied werden oder nicht? Ich sagte Nein und fügte hinzu: „Weiß nicht, was ich in einem solchen Verein sollte, ein Keßling war nie Kommunist!"

Dem obersten Trainer Ostrowski, in Moskau ausgebildet, und seinen Helfern verschlug das wohl den Appetit. Das war mein nachhaltigster Flipper. Es blitzte in Hirnen meiner Trainergenossen.

Es war 1960 und ich wurde entlassen.

Ich war 21, naiv, hatte fünf Schwestern im sogenannten NSW-Gebiet, (Nicht-Sozialistisches Wirtschaftsgebiet) kurz gesagt: Westen, USA und Österreich. Ich hätte vermutlich international wohl kaum eine Starterlaubnis West gehabt. Reisekader Erzgebirge! In Westländern irgendwo rumrennen und mit meinen Schwestern nicht reden dürfen nach Geheimdienstmanier, nein.

Bei klarem Verstand im Nachhinein betrachtet, hätt ich im Biathlon beim Armeeclub keine Zukunft gefunden. Eher ein spontaner Flipper, Sprintertyp in Figur und Wort, politisch „unzuverlässig". Das alles passte nicht auf längere Sicht zu diesem Armeesport.

Und übrigens, meine Brüder im Osten studierten. Gänzlich unwahrscheinlich galt dieses Ziel für mich, aber irgendwie wollte ich auch dahin!

Wörter aus verdecktem Hintergrund

Erst einmal ein Abitur schaffen. Geprüft waren wir als Sportsoldaten in Leipzig an der Hochschule für Sport (DHfK) ohnehin, was den Körper betraf. An dieser Hochschule gab es eine sogenannte „Arbeiter und Bauern Fakultät". Ziel blieb Hochschulreife dort zu erreichen. Ich bestand alle Aufnahmeprüfungen und bekam eine Mitteilung, dass ich zwar bestanden habe, aber nicht immatrikuliert werden könne. Der Grund?

Wieder stand ich naiv, vertrauensselig, dumm oder so irgendwie da. Ich hatte einige Titel, hatte guten Willen, hatte Prüfungen bestanden, ehrlich und frei geredet. Etwas war da noch. Eine unbekannte Macht lebte im Verborgenen und warf mir Hölzer zwischen die Beine, hielt mir längst verflogene Worte vor. Meine Lebenskugel schien anzuecken wie ein Flipper. Solch geheime Hindernisse hätte ich ahnen können, sollen, müssen?

Zuhause galt der Spruch: „Der größte Lump im ganzen Land, das ist und bleibt der Denunziant."

Ein sehr, sehr alter Spruch, schon beim Kaiser gültig. Immer sind Menschen Kugeln im Flipperautomat, ecken an im sozialen Gefüge. Da leben die Begriffe Takt, Vorsicht, Treue, Folgsamkeit, Verdienstorden … Auch Offenheit und Ehrlichkeit?

Woher nun Energie schöpfen für einen neuen Anfang?

Es lief mir eine kleine Krankenschwester über den Weg. Das heißt, sie lief nicht, sie saß auf einem Schlitten vor mir vor Monaten. Ich hielt mich an den zarten Wölbungen ihres Busens fest. „ES" gefiel uns. Alle Gedanken schwebten nun in dem Himmel, den man seit Aristoteles den Siebenten nennt.

Himmelsträume entfalteten sich an der Ostsee im Schwesternwohnheim einer Universitätsklinik. Immerhin war nun ich im Bett einer universitären Krankenschwester der Hochschule gelandet. In eine Hochschule schon sehr, sehr tief eingedrungen! Bei allem Himmel, es gibt den Alltag, es gibt Wege, es gilt, Geld zu verdienen.

Ein Weg bleibt immer: Arbeit. Nach einem kurzen Intermezzo beim Forstbetrieb, weitab von jeglicher Kultur, heuerte ich bei der Bau-Union an. Ich nannte das gern meine selbst gewählte Verbannung leichtfertiger politischer Reden wegen.

Bauhilfsarbeiter! Fortan stand ich Monat für Monat an einem Betonmischer, schaufelte und sang meine Kollegen auf Trab.

Am Wochenende wusch mir „meine Schwester" die kalk- und zementverklebten Haare im Waschbecken der Uniklinik.

Quartier fand ich „amtlich" in Wohnbaracken des Baubetriebes, Niveau Haftanstalt. Da standen Betten mit blau-weiß karierten Bezügen und schmale Metallspinte. In einem Raum dampfte ein Waschkessel mit Malzkaffee. Um fünf Uhr ging ich an dem Kessel vorbei zum Weiterschlafen in einen Bus. Wir schliefen bis zur Baustelle. Gewinn eine halbe Stunde Schlaf.

Einige Stunden verbrachte ich (bis 61 war da keine Hafengrenze) im Stadthafen auf der „Kapella". Mein Bruder fuhr auf dem Küstenschiff als Chief. Wir vergnügten uns mit „Westalkohol".

Wegen des Zolles tranken alle Matrosen einen Schluck noch vor der Drei-Meilen-Zone. Eine „angebrochene" Flasche unterlag nicht dem Zoll. Ich kam gelegentlich vom Bau, hatte acht Stunden am Mischer in den Beinen und einen leeren Magen. Der Smutje musste mir zuerst etwas aus der Pfanne servieren, ehe ich den Westalkoholika plus Westzigaretten gewachsen war.

Mein Bruder fuhr auf diesem schönen Schiff, bis die Kapella später vor Rotterdam im Sturm sank und die ganze Besatzung ertrank. Mein Bruder war nicht an Bord. Urlaub rettete ihm das Leben. Ich erinnere mich genau, wie ich die Zeitung aufschlug und mit klopfendem Herzen hastig nach den Namen der ertrunkenen Seeleute suchte.

Am Wochenende, wenn meine Kollegen in Westberlin für hartes Geld werkelten, schlief ich im „Krankenhaus". Stand eine eilige OP an, wegen einer AT (Austausch Transfusion) zum Beispiel, und Schwestern zusammengetrommelt wurden, verschwand ich auch mal kurzzeitig im Schrank.

Nach dreieinhalb Jahren Armee galt ich dann aber im „sozialistischen Baubetrieb" als so etwas wie ein Vorbild. Die FDJ-Leitung des Betriebes rief und ich saß in einem Büro. Mein Auftrag: Jugendklubs bauen entlang einer Flaniermeile längs des Breitlings bis Warnemünde. Es gab da einen hübschen Plan auf einem Plakat mit Pavillons, Spielplätzen, Cafés und Eisdielen, Jugendklubs, Sportplätzen und Vergnügungsparks etc. Daran plante ich dilettantisch längs. Ich „mischte" nach Plänen nun also am Telefon mit Sand, Kalk und Zement, wie ich früher am Mischer gestanden bin.

Was aus dem Gemisch wurde? Mein Werk blieb wohl im Sollen stecken, sozialistische Träume. Eine nicht so recht bodenständige aus Russland importierte Ideologie trug nur für ein Sollen, nicht für das Sein.

Meine Flaniermeile nach Warnemünde erhielt kaum je ihr auf-gemaltes Gesicht, eine „betonierte" Phrase. Die Idee ist immer das, was nicht genügt!

Neue Worte. Wieder eine Wendung, Phönix aus der Asche, nicht aus Kalk und Zement. Ich verschwand dann mal zu einem Divertimento an der Musikhochschule in Berlin. Zur Prüfung sang ich „Die Forelle". Die Damen und Herren meinten, für einen Chor-sänger reiche das Talent wohl, mehr aber nicht.

Da wir K's den Spleen hatten, immer Solist sein zu wollen, sagte ich ab. „Ein K. genügt sich immer selbst!" Unser Familienspleen.

Das Intermezzo endete beim „Institut für Lehrerbildung" und mit einer Hochzeit, beides in Weimar. Beim Hochzeitsessen schnitt der Herr Doktor Schwiegervater alle Spargelköpfe ab und häufte sie auf seinem Teller. Unsere Beziehung blieb alle Jahre ohne Kopf und Herz.

Zehn Bände Goethe, mein Abschiedsgeschenk in Rostock.

Bei dem Herrn von G. studierte ich nun für drei Jahre. Ehemann und bald Vater mit 21. Das erwies sich als voreilig fürs Leben.

Auf die Frage, warum ich Lehrer werden wolle, sagte ich bei der Aufnahmeprüfung: Ich hatte so viele schreckliche Lehrer, kann mir nicht denken, dass Lehrer nicht freundlich zu machen ist.

Fast jede Nacht saß ich in einem Seminarraum und lernte, weil mir das Freude machte, unglaublich, wirklich Freude! Einige meinten, ich sei ein Streber. Aber nicht die Zensuren lockten mich, der Konjunktiv, die Psychologie, Biologie, Didaktik, mit denen ritt ich durch die halbe Nacht.

Manche Nacht kam eine unschuldige Versuchung zu mir ins Studierzimmer. Sie trug nur einen Trainingsanzug, ihre Brüste standen steil wie der Bug eines Schiffes. In den drei Jahren hatte ich zahlreiche weibliche, platonische Verführungen und das Studium mit einem sehr guten Ergebnis überstanden.

Nummer eins von dreihundert Studenten etwa. Das war der von mir erwartete K.! Dankesrede an die Dozentenschaft. Inhalt etwa: Wunsch ist, den Kindern in Liebe und Freundlichkeit zu begegnen, so wie wir im Institut mit Freundlichkeit lernten. Eine Kettenreaktion in gewünschter Aufmerksamkeit.

Verheiratet mit der Rostocker „Schwester", Vater und Lehrer war ich nun.

Mich erwartete eine kleine Hilfsschule in Rossleben.

Mein lästiges psychologisches Problem: Ich dachte, zu Hause dächte man, für die Hilfsschule wird es reichen.

Eine Villa auf dem Berg mit Blick auf einen Kalischacht, wo die meisten Väter meiner Kinder arbeiteten, unsere Schule. Hausschuhpflicht, Tee von der Frau Hausmeisterin in der Pause, pro Klasse nicht mehr als acht bis zehn Schülerinnen und Schüler aus zwei Altersstufen. Die Hilfsschule am Ort.

Ich erlebte und erlitt schon hier eine Spaltung der Gesellschaft in Töpfchen und Kröpfchen.

Es gab am Ort eine ebenso alte wie berühmte Klosterschule für die höheren Weihen. In dieser Schule bekam man noch ein Stück Kordel von der Mönchskleidung zum Abitur.

Fuhr also einer mitten im Ort nach links oben und nicht nach rechts, stand der lebenslange Status fest. Das sollte für mich bestimmend werden für die folgenden Jahrzehnte.

Mit meiner roten „Jawa" fuhr ich sommers zum Dienst. Das gefiel den älteren Schülern.

Noch ein Jahr zur Probe und ich erlangte mein Ziel! Humboldt-Universität. Da war ich nun fast ganz oben vor der imposanten Tür gestanden. Das wollte ich, wollte ich unbedingt. Stolz ging ich an den Brüdern Humboldt vorüber durch den Eingang!

Für möglich hat das keiner aus der Familie gehalten (ich auch nicht). Es war allerding auch „nur" ein Studium für Kinder mit

Behinderungen. Ich blieb mit meinen Kindern „links oben", ohne auch nur einen Faden von der Kordel einer Mönchskutte.

Brauchten wir für das Leben ein Stück dicken Bindfaden vom Klosterrock?

Aus der halben Hauptstadt

Zwei Jahre Berlin zwischen Hundescheiße und verfallenen Häusern, Prenzlauer Berg. Es war dort eine tolle Zeit in den engen Straßengassen, zu heiß im Sommer und winddurchpfiffen kalt im Winter. Unter Menschen, die schon immer hier wohnten, zwischen Ruinenlücken, wo in Stiegen Kohlen angeboten wurden. Neben jungen Leuten mit einem Aussteiger-Image und fremden Wörtern lebte es sich gut mit Currywurst von Max Kanopke an der Kreuzung. Eingang zu „Prenzelberg". Quartiere im zweiten oder gar dritten Hinterhof. Hausbesetzer versteckten sich zwischen brüchigen Treppen, Toilette plumpsend im Flur, toten Fledermäusen und klappernden Fenstern.

Wir Studenten stiegen ein wenig mit aus, verteilten Karten für die Domkantorei (sie durfte keine Plakate ankleben und keine Karten verkaufen), horchten über die Mauer und wunderten uns, dass unsere Studienfreunde dort drüben hinter der Mauer Marx und Mao umjubelten.

Auf unserer Seite der Mauer wurde Mao abgemeldet und Marx langweilte uns jeden Montag in Pflichtvorlesungen. Dort verbissener Kampf bis zum Mord (ein Steinwurf nur weit entfernt!), Befreiungsschläge gegen alten Muff. Wir „in Ost" liefen mit versperrten Augen, Ohren, Mund hinter unserer Geschichte her.

Worte aus Marxens frühen Schriften erkannte ich erst später und bewundere sie bis heute wegen des wachen tiefgehenden Geistes. Auch wegen der Klarheit im Urteil über des Übels Wurzel, über die Entfremdung. Ich erlebte den Widerspruch zwischen Sein und Sollen. Auf meinem Schreibtisch lag ein Zettelchen: „An allem ist zu zweifeln!" – Marx.

Über Nacht zog ich von der Lychner in die Hiddenseer. Meine Wirtin war gestorben und ehe diese noch in der Klinik Berlin-Buch erkaltet war, zog ein junges Paar nächtens in die Wohnung. Eroberung! Der sicherste und wohl einzige leicht strafbare Weg, zu einer Wohnung zu kommen.

Wir lasen 1968 tschechische Zeitungen über den Traum „Prager Frühling" im Kulturzentrum an der Friedrichstraße. Auch unser Traum: Eurokommunismus. Hoffnung, bis die deutschsprachigen Schriften verschwanden.

Wir zogen durch Kneipen, gingen zu Brecht, in die Komische Oper, die Deutsche, amüsierten uns später über das Friedrich-Denkmal unter den Linden, denn es hieß: „Lieber Friedrich, steig hernieder und regiere uns doch wieder. Lass in diesen schweren Zeiten lieber Erich oben reiten."

Flüchtige Gedankenspiele: Einen Weg nach dem Westen suchen über südliche Länder?

Zu Vorlesungen fuhren wir mit der Straßenbahn Nr. 68 nach Herzberg in die Klinik und beobachteten, wie das Publikum in der Bahn sich peu a peu änderte. Immer weniger „normale" Menschen und immer mehr diese, für die zu sorgen mein Ziel war. Wer da mit Kind hinfuhr, hatte einige Sorgen. Der peinigende Eindruck lebte auf, dass die sozialistische Gemeinschaft wider aller frommen Reden diese Mutter und ihr Kind nicht recht mochten. Ein parteifolgsamer Wissenschaftler rief: „Der sozialistische Mensch muss fähig und bereit sein, Lasten zu tragen und zu ertragen. Wer in die Knie geht, wenn man sich auf ihn stützt, nützt nichts!"

Genau gegen dieses Nutzendenken anzukämpfen, sollte meine Profession werden.

Ich verfasste kleine Geschichten. Autor, mein keimender Traum. Anna Seghers und Arnold Zweig zeigten sich zurückhaltend freundlich zu meinen Textversuchen.

Gemeinsam mit Kommilitonen suchten wir interessantere Vorlesungen in der Charité und erlitten eine ernste Verwarnung. Es war Studenten nicht erlaubt, über den Besuch von Vorlesungen selbst zu entscheiden! Hatten wir das hinzunehmen? Fehlte uns Mündigkeit und Freiheit hinter Mauern?

Meine Schwestern aus dem Westen, Österreich, USA lockten mit besserem Duft, weiter Welt. Sie aber waren und blieben von akademischen Höhen weit entfernt. Ist unser „Ostweg" nicht der bessere, der mit Zukunft! Ausrufezeichen zögernd, Fragezeichen bis heute?

In den Westen gehen? Nein. Hier ist die bessere Bahn! Vom Sozialhilfekind zum Student bei Humboldts. Wo noch gäbe es diesen Weg?

Mit der S-Bahn damals ein leichtes Spiel bis 1961. Heute aber schrieben wir 68. Ein Spaziergang nach Gesundbrunnen oder durch das Brandenburger Tor bedeutete Lebensgefahr. Die Mauer versperrte jeden Weg.

Die Zeit ging hin, Verwirrung blieb.

Mit einem Examenszeugnis etwas besser als Gut benotet schritt ich dann durch das Tor wieder an den Humboldtbrüdern vorüber!

Beim nachfolgenden Festessen mit Freunden zerbrach mir ein Zahn. Der fehlende Zahn senkte meinen akademischen Höhenflug abrupt in einen gewöhnlichen Alltag. Berlin und Freunde ade!

Ein Koffer voller Bücher, kleinen Geschichten und halbwegs lobenden Briefen von Anna Seghers und Arnold Zweig. Ich fuhr zurück. Mir war dennoch, als führe ich, kurz bevor ich die Gipfel erklommen hätte, zurück in ein Tal. Jahre weiter studieren, Theologie genauer untersuchen … Was gab es noch für Geheimnisse, die ich ergründen könnte …

Stolz mit Söhnen?

Das Wort „Herr" war aus der Mode gekommen. Genosse hieß es nun und damit taten sich Keßlings schwer. Dennoch: Meine Mutter wird stolz gewesen sein, denke ich. Gingen wir an Feiertagen spazieren, liefen neben ihr ein Mediziner, ein Diplom-Ingenieur und der Sonderschuldirektor vom Ort.

Allein ihr Werk! Gelegentlich ging der vierte Bruder noch mit, ein Chief in der Handelsmarine. Er meldete sich schon 53 zur Seepolizei. Nach dem 17. Juni, dem Arbeiteraufstand, wurden all diese Uniformierten gefragt, ob sie unter den Umständen noch treu dienen könnten? Wer das nicht könne, könnte nach Hause fahren.

Ein Freund meines Bruders entschied sich nach Hause zu gehen. Er ging und es geschah ihm nichts Negatives. Er war und blieb Arbeiter in der Fabrik.

Wir daheim im Osten gebliebenen vier Söhne! Die hatten es zu etwas gebracht, meinte ich aus der Nachbarschaft zu hören.

Nun galt meine Sorge nach dem Studium den Kindern, deren Eingang ins Leben heftig stolpernd begann. Unsere kleine Schule am Ort schlief noch in Form und Inhalt des vorigen Jahrhunderts.

Ich begann energisch als junger Mann beseelt von einer Idee, dass alle Kinder das gleiche Recht auf Bildung haben, und saß dann bald vor weinenden Lehrerinnen, die meine Mutter hätten sein können. „Bisher war es so gemütlich in dem Schulchen …"

Etwas Wind hauchte ich dann also etwas vorsichtiger in das Unternehmen und achtete darauf, dass ein steter Wind wehte.

Nach wenigen Jahren zählten wir doppelt, hatten eine qualifizierte medizinische Versorgung, einen Berufsschulteil und eine

Tagesstätte für die Kinder, von denen es bisher geheißen hatte, sie könnten keinerlei Schule besuchen (was ich nie teilte!).

Krank sind sie, also zuständig das Gesundheitswesen, hieß es. Das sollte der Vergangenheit angehören.

„Nicht lebenswertes Leben" hieß es bei den Nazis. Nein! Meine Aufmerksamkeit gilt unterschiedslos allen Kindern!

Krank sind sie nicht. Sie leiden an der verständnislosen Welt und an den Folgen verheerender Erkrankungen, schwierige Geburten verbleibende geistige Schwächen. Sollen wir sie deshalb ausschließen?

„Wollen Sie alles besser wissen als unsere sozialistischen Minister", fragte erst der Schulrat, dann der Kreisarzt. Also bitte! Es blieb Zuständigkeit als „teutsches" Gebot. Ich sei nicht zuständig für Kinder mit schwersten Beeinträchtigungen! Die sind nicht bildungsfähig, also auch nicht schulfähig, gehören zum Gesundheitswesen.

Ich antwortete: „Jedes Kind ist bildungsfähig, das ist ein Gebot des sozialistischen Humanismus."

Ja, ich weiß das besser!! Mit dem Satz flippte meine Kugel über den Rand. Weg eines K., mein Weg.

Mit obrigkeitlichem Nachdruck erklärte mir der Schulrat meine beschränkte Zuständigkeit. Worauf ich ihm erklärte, es gäbe eine Funktionsautorität, die wir ihm unbedingt zubilligten und eine Sozialautorität, die es zu erwerben gälte. In einer Direktorenkonferenz rief er der Versammlung zu, „was K. da geschrieben hat, ist Humbug, ich wiederhole Humbug." Da zeigte sich eine Grenze meiner Sprache, festgefügte Grenze meiner Welt?

Ein weiteres Urteil fällte die Kreisleitung der SED weitblickend, denn ich war schon länger von der Liste der Lehrer gestrichen, die die zweifelhafte Ehre hatten Staatbürger-Kunde zu unterrichten, eine Art Ideologieunterricht. Anmaßend und eigenmächtig war dieser Acker nur von ausreichend (sprachlich) abgerichteten Kollegen allein zu bewirtschaften.

Na, dann viel Vergnügen mit euren Sprachspielen.

Ich war bestens im Bilde, denn jeden Sonntag zur Mittagszeit sah ich u. a. Werner Höfer, Quelle, um von der Welt zu hören. Pawlow hätte mich verraten, denn allein die Stimme aus dem TV genügte mir einen Mittags-Speichelfluss zu verschaffen. Schwestern brachten dies und das zur Qualifizierung. Ein Neffe schickte mir in Briefen einzelne Blätter aus Maos Fibel …

Ich besorgte mir „Westliteratur" für unser Fach. „Drüben" waren die Kolleginnen und Kollegen nicht viel weiter gekommen. Sie litten unter kapitalistischem Leistungsdenken. Aber dort gab es Stimmen zur Wahl, nicht nur einen vorgeschriebenen Weg.

Wenn unser Weg aber der bessere ist, der Zukunft gebiert, nicht der alte neu. Ach Gott, sage mir doch einer, was die rechte Wahl ist! Für Kinder da sein!

Ich war inzwischen in eine Blockpartei eigetreten, sicher als vor Werbungen mit Treueschwüren. Ich missachtete die Empfehlung eines älteren Kollegen: „Wenn du mal Oberlehrer werden willst, solltest du in die SED eintreten. Der OL bringt dir fünfzig Mark im Monat." (OL, ein Schimpfwort?)

Zwei kleine wissenschaftliche Arbeiten entstanden und erschienen in einer medizinischen Fachzeitschrift. Bitten um Sonderdrucke von Universitäten und Hochschulen lagen täglich in meinem Briefkasten.

Inzwischen besuchten uns im weiten Land Seminargruppen der Humboldts wegen all unserer (Flipperanstöße) Aufklärung und Neuerungen.

Meine Veröffentlichungen in den med. Fachzeitschriften missfielen dem beamteten Kreisarzt sehr: „Legen Sie mir zukünftig die Schriften vor, ehe Sie …"

Ein Zweifrontenkrieg, blitzende Flipper rechts und links. Das soziale Netzwerk solcher Sprachspiele blieb mir fremd und zermürbte mit zähem Gang.

Ich fuhr zum Trost nach Halle zur AjA (Arbeitsgemeinschaft junger Autoren) traf dort auf Sahra Kirsch, E. Neutsch, W. Heiduczeck u. a. Das war eine andere Welt!

Meine damalige Frau, so schien mir, hatte Sorge wegen einer ernsten Schriftstellerei, liebte vietnamesisches Silber, Tässchen, Nippes und ein flipperfreies Leben. Entzweite uns mein Spleen?

Ihr Weg: Kind, Auto, Urlaub und so triebe das Leben dann bis zum Grab? Das wäre nicht mein Programm gewesen. Sah ich ein abgerichtetes sozialistisches Ehepaar im Trabant mit einem Kind, verursachte mir das Bild Übel. Lebensziel und Lebensende?

Manches Wochenende trieb ich mich mit dem Direktorenkollegen Karl aus der Nachbarstadt im Südharz umher. Ein Bier und ein Korn in jedem Lokal und alte Lieder singen. „Jörg von Frunsberg führt uns an …“ Hier hätte ich Verdacht schöpfen sollen. War der Frunsberg nicht ein SS-Vorbild, 10. Panzerdivision oder so etwas?

Leider hörten wir früher im Schulunterricht nur „Großer Vaterländischer Krieg“ und ein bisschen KPD, auch Bauernkrieg. Wenig bis nichts verrieten uns die Lehrer davon, welche Uniform sie einst getragen hatten. Sprachspiele sahen persönliche Bekenntnisse nicht vor. Aber: Ich wusste lange schon, hörte aber nie davon, weltböse übelste Verbrechen, an denen alle ihren Anteil hatten, blieben hinter der Grenze verborgen. „Drüben!“

Sieger und Besiegte malten („Mit Worten ein System bereiten … an Worte lässt sich trefflich glauben …“) einen Abklatsch ihrer Sprachspiele. Zu ahnen und nachzufragen blieb, was an unsäglichem Verbrechen hinter dem Rest verborgen lag.

Irgendwann viele Jahre später meldete sich bei mir eines Tages ein SS-Spross (oder Sprössin), eine im Lebensborn geborene arische Nazihoffnung. Sie wusste von meinen Texten. Die nunmehrige Diplomatenehefrau Bonner Couleur aus der Schweiz fragte nach ihrem Erzeuger und erklärte: „Glauben Sie kein Wort, von dem, was so über den Lebensborn geredet wird oder geschrieben, es war ganz anders, eher so wie KDF" (NS-Urlaubsaktion „Kraft durch Freude). Sie, die garantiert arische NS-Tochter, wollte wissen, ob ihr Vater, mein Saufkumpan K., eben jener, mit dem ich singend und saufend durch den Südharz zog, ein guter Mensch gewesen wäre?

Mein Kollege, so hörte ich nun, befruchtete also junge Damen oder ein(?)junges Mädchen im Lebensborn, nach Himmlers asozialem, idiotischem „Zeugungserlass". Mit etwa zweihunderttausend gezeugten Ariern wollte Himmler für den Anfang die Welt auf genetischem Wege erobern. Einige Mediziner teilten solche Hirngespinste (bis heute!?)

„War K. ein guter Mensch?", fragte seine Tochter nach siebzig Jahren? Tja? Was heißt gut? Weiß nicht so recht, kaum? Er funktionierte vielleicht immer unter jeder Ideologie. Passte sich an um jeglichen Preis, wollte halbwegs satt überleben oder so, wollte mit den Mitmenschen eine Lebensform, Sprache und Gewohnheit teilen …

Sänger war er, Klarinettist im Büro, lässig aufmerksamer Kollege. Kritisch nur, K. lebte mit einem fragwürdigen Hang zum Egoismus, mit IM-Auftrag, vielleicht ein „schwacher" Mensch. K. erlag den Regeln seiner Zeit, einer von Millionen? Auf Ausflippen lag seinerzeit Todesdrohung!?

Aber? Was tut ein junger Mann in seiner Lebenszeit, die er sich nicht aussuchen kann, in seiner Welt, mit seinem Leben, mit seinen Träumen, Ideen …

Werfe einer den ersten Stein.

Mein Saufkumpan Karl also schaffte es aus SS-Nähe im Lebensborn bis zu lokalen Höhen, sozialistischer Amtsträger im Bezirk, ein verdienstvoller SED-Genosse, Schulrat, Oberlehrer, Schuldirektor und Freizeit-Klarinettist, Sänger bis in die Badewanne mit aufgeschlitzten Adern zum selbstbestimmten Ende.

Erst mit dem Anruf aus der Schweiz erinnerte ich mich des fragwürdigen „Frunsberg" und hörte von Karls einsamem Ende. Kontakt hatten wir nicht mehr.

Mein Lebensweg, ein „besserer" in der mir gegebenen Zeit? Ich glich weiter einer Flipperkugel. An viele blitzende Ecken und Kanten stoßend. Anpassen, Sprachspiele erlernen, Worte nachkünden oder den leichteren Teil: Flucht, Koffer packen?

Ich packte und fuhr ohne Frau und Tochter in den Norden, brach willkürlich alle Verbindungen ab, löschte mein Adressbuch, suchte einen Neubeginn, wollte, dass nicht gewesen war, was gewesen war. Kopf in den Sand Mecklenburgs. Egoismus, Leid zufügen aus eigenem Willen?

Tabula rasa?

Von wegen reiner Tisch!

Meine Mutter gab mir ein altes Möbelstück und gewünscht einige Kriegseroberungen meines Bruders mit auf den Weg.

Fäden zu fremden Sprachspielen, jenseits der Grenzen meiner Welt. Vergangenheit?

Da sind aber Sprachen, Erinnerungen, das kleine Wörterbuch, italienisch, aufdringliche Spuren.

Der eine K. wie der andere K. werden an ihre Lebensform gebunden bleiben.

Alles neu?

Mich erwartet ein sozialistischer Plattenbau, siebter Stock, Neubaugebiet, glänzend neu. Ein Haus für Tausend.

Wann kommt meine Seele an? Nun, allein leben, was ich nicht kann. Ich verließ und vermisste alle sozialen Netze, ich! (Von wegen ein K. genügt sich selbst!)

Es sollte neu werden, was an eine Lebensform gebunden ist.

Über Bauschutt und Schlammrinnen stieg ich zu dem so viele Stockwerke hohen Haus. Dort oben meine Wohnung, siebte Etage, beneidet, Warmwasser aus der Wand. Gegenüber eine ebenso neue Kaufhalle mit selten gutem Angebot.

Ich schrieb vom ersten Tag an Tagebuch. Meinte mich suchen zu müssen, mir auf die Spur kommen zu können, nicht wissend, dass wir immer auf unserer Spur bleiben.

Bis heute sammelte ich zwölf Bände A4 große Tagebücher mit Worten, Erinnerungen, Alltagsnotizen, Bildern. Finde ich mich?

Mit mir zogen in den Neubau Künstler, Ärzte, Ingenieure, Offiziere. Der Norden musste friedlich aufgerüstet werden. Wir waren Pioniere und bis heute verbindet uns dieser Anfang ein wenig.

Einsam blieb ich. Am Rande eines Friedhofsparkes fand ich beim Spaziergang ein Grab. Es zog mich an! Verwittert das hölzerne Kreuz, kaum Name oder Zahl kenntlich. Warum ging ich immer wieder dorthin? Und nach zufälligem Weg fand ich nebenan einen ungepflegten Soldatenfriedhof, Granitkreuze und Eichen, Brennnesseln und andere Wildkräuter. Hier liegen Kriegskameraden meines Bruders ohne Bein. Er war zuletzt hier in einem Lazarett gewesen. Wer von den Toten lag links oder rechts neben ihm auf einem Eisenbett?

Briefe an einen Freund. Er kämpfte verbissen um das Leben von Kindern mit Behinderungen, um autistische Kinder, von denen in der DDR die Medizin kaum Kenntnis nahm. Er, Dr. phil., galt als Querulant, Flipper sein Leben lang. Die NS-Zeit überlebte er halb versteckt mit seiner Familie in Katalonien. Dort wollte man schon damals von Madrid nichts wissen. Er sagte: „Die Nazibonzen in Madrid sollen unsere Makrelen fressen und mich in Ruhe fischen lassen!"

Sein Enkel Peter wurde mir vertraut, soweit ein autistisches Kind Vertrautheit zulässt. Ich studierte Fachliteratur über das Leben von Kindern mit Behinderungen aus aller Welt, fand einen mich antreibenden Partner.

Im Neubau allein führten mich Abendstunden in eine verdrängte Welt, da ist ein Abgrund. Ich bin Alltag, und da unten, in mir? Was ist das, lebte ich zweifach, mehrfach? Die Tiefe ist beängstigend, fremd. Ich könnte in mir über Bewusstes hinaus in ein halb bewusstes Leben sehen, es scheint unendlich, bedrohlich, endlos tiefes schwarzes Loch!? Soll ich hinein gehen?

Siegmund Freud meinte, es kämpften dort ES und ICH und Über-Ich einen unaufhörlichen Kampf, der erst mit dem Tod endet.

Angst vor dem Abgrund, Rotwein und Schlaftabletten, gelegentlich einen Wodka … Finde ich? Ich bin, kein Zweifel. Aber habe ich mich auch? Was suchte ich?

Einer netten Frau am Postschalter schob ich nebenher einen Zettel unter der Scheibe hindurch: „Wollen Sie mit mir essen gehen?" Sie schob ihn geschäftig zur Seite. Untauglicher Versuch.

Eine Schriftstellerin war mir in Berlin genannt worden. Sie verwies mich an ein Literaturzentrum. Kontakt zu jungen Autoren und der Tochter dieser Schriftstellerin. Sie, ihre Mutter, habe keine Zeit, hörte ich am Telefon. Keinen Sinn für „nervende junge Leute", erklang zwischen den gesagten Worten.

Wir brauchten ihre Mutter nicht und hatten bald zwei Kinder neben einem Haus auf dem Lande und auch zwei Büchern, jeweils eigens verfasst.

Im Literaturzentrum, einem Häuschen auf alter Stadtmauer voller zumeist schillernder, bald platzender Buchträume. Ort überwachter Worte? Wie zur Zeit der AjA (Arbeitsgemeinschaft junger Autoren) in Halle lebte ich für Stunden im Traumland junger Autoren. Das Bild einer schwarzen Schönheit hing in dem Häuschen. Von allen geliebt, starb die schon viel gerühmte Autorin vor sich hin.

Sie galt den Kritikern überaus wichtig, fortan lokale Berühmtheit. „Du musst jung, tot oder pervers sein, Ausländer, Frau oder Genosse, wenn du gelten wolltest", redeten ihre Kollegen. Pervers war sie nicht. Sie spielte nur mit dem bisschen verbleibenden Leben. Ihre lieben Kollegen, so war nach 1990 zu hören und in Akten zu lesen, fuhren zur Beisetzung mit Geheimdienstauftrag: Ermitteln, wo noch Blätter, Tagebücher von ihr vagabundieren könnten, etwa im feindlichen Westen, geheime Wege, unbekannte beschriebene Seiten?

Ich springe dann mal in die Neunziger Jahre. Berichtet wurde, was zu ahnen war: Schriftstellerkollege Brigittes, Paul, selbst im Besitz eines Autos, quartierte sich zielsicher beim trauernden Ehemann im Fahrzeug ein, um auf dem Weg zur Beerdigung zu hören, was gemeldet werden muss. Der Staatsicherheitsdienst pflegte immerwährend Angst vor beschriebenen Blättern. Ein gestrenger „Führungsoffizier" verlangte Bericht und vergütete mit staatlichem Wohlwollen, Posten, Orden …

Paul, mir später fast ein väterlicher Freund, schrieb, mein erstes Buch sei eine Sensation. Es erschien Jahr um Jahr. Ich reiste, redete … Er, P., gefragter Kritiker, lebte wohlversorgt mit einem „Vaterländischen Verdienstorden". Er erzählte mir: „Von dem Geld, das an dem Orden hängt, habe ich mir einen Kamin bauen lassen, bisschen Gemütlichkeit auf die alten Tage."

Gab es bei einem Empfang der Obrigkeit Dinge, die in Geschäften kaum zu sehen waren, sammelte Paul immer ein paar Leckereien vom Buffet, steckte diese in die Tasche und sagte: „Meine Frau soll auch was haben von der adligen Tafel."

Zeit für den unbeschriebenen Rest. „Mal ehrlich", fragte ich Paul in den Neunzigern: „Wir lebten ja gut mit staatlichem Segen. Wurde so auch deine SS-Vergangenheit übertüncht, dein heiliger Schwur auf den Herrn 88!"

„Du junger Kerl hast heute gut reden. Bedenke mal, was deine Brüder damals glaubten, ja glaubten! Ich war eben 18, musst du wissen?"

„Ja, ja stimmt schon. Meine Brüder wussten es auch nicht besser. Ob sie sich später hätten erpressen lassen?"

„Tja, Junge, unsereiner wollte dann das Angebot Sozialismus liebend gern annehmen, klang gut. Wir liebten bald unser zukünftiges Nest oder hielten die Klappe. Stalin hatte das Sagen und solche Reden kannten wir ja" erklärte mir P.

„Was sollte ich tun, beinamputiert, die Entnazifizierung glimpflich überstanden 45, konnte wegen des Eisernen Kreuzes im Ausweis vermerkt, kaum verschweigen, die 12 Russen, die ich, nun ja, mit dem Gewehr … Im Schießen war ich gut, war ja Krieg. Schwamm drüber."

„Unbeschriebener Rest, sagst du? Das stimmt nicht, Junge. Ich habe die Geschichte mal literarisch aufgearbeitet, weil da ein Leben lang ja ein Rest bleibt, der dich immer drückt, der mal ausgesprochen werden muss. Reden wir besser nicht weiter. Ehrlichkeit hat mich den Posten gekostet. Meine Worte passten nicht zum vorgegebenen Sprachspiel.

Nun schreiben wir 90. Wieder ein Neuanfang, Neuanfang! Das mach mal mit, neu das Alte neu, oder! Neu, wo das Alte kaum erkannt ist! Man lebt nicht lange genug für all die Dummheiten, die einem in die Quere kommen.

Lass gut sein. Mein Sohn hat jetzt das Kaffee im Hochhaus gekauft, unsere Schriftstellerei will keiner mehr haben. Müssen ja überleben! Was soll's.

Wie viele Wenden verträgt ein Mensch, ehe er nicht mehr weiß, wo er steht? Die erste war dicht am Tod, jetzt sind wir täglich hoffnungslos satt, haben aber keine Zukunft mehr."

Intermezzo 1 – Besuch des Herrn G

Ich bringe Pauls Leben auf die Bühne:

„Herr P" – ein Kellner in einem Hochhauscafé, seiner besseren Zeit nachtrauernd. Er war zuvor IM, Dr. phil., Vorsitzender des Schriftstellerverbandes, Literaturkritiker. Ihm fehlt ein halbes Bein seit 44. Es wurde ihm, dem SS-Soldaten, zerschossen, nachdem er eben 12 russische Soldaten abgeschossen hatte.

„G" – Ein Gast, gekleidet mit braunem Jackett, sehr gut sitzend, arg abgetragen. Um den Hals trägt er ein elegantes Tuch, ein helles Hemd, ehemals weiß, an den Beinen eine zu enge karierte Hose, wie sie irgendwann einmal modern gewesen sein mag, auf dem Kopf ein keckes Mützchen über rotem Haar (nach Dostojewskij und Th. Mann). Er trägt gelbe Schuhe und an der rechten Hand einen Ring mit bunt schillerndem Stein, ein Opal, eher dessen Imitation. Er führt eine schmale rechteckige Tasche mit sich.

Ein Chor uniformierter junger Leute steht grau in grau auf einer ebenso grauen Bühne mit vervielfältigender Spiegelwand, einem Tisch mit Stuhl, am Tisch eine Stalin nachgebildete Pappfigur, die später (wie der schwebende Engel von Barlach) hochgezogen wird. Die Figur schwebt über der Szene. Der Chor singt mit Psalmton in russischer Tradition. Graue Sänger verlesen Verpflichtungserklärungen. Beim Lesen der Erklärungen tragen sie eine Maske, die sie jeweils dem nächsten Vorleser weiter geben.

Ort und Zeit der Handlung – Ein Hochhauscafé etwa in den 90er Jahren. Vor den Fenstern weites Land, See, Hochhäuser und einige Kirchen. Herr P. kellnert dort. Er geht hinkend wegen eines Holzbeines links. Das Café ist noch geschlossen. Herr P. ordnet Tische, Stühle, künstliche Blumen. Das Café ist in einer nur halb modernisierten Ausstattung aus DDR-Zeiten. Herr P. wird

78

offenbar gestört von laut summenden Fliegen, die er ständig abwehren muss mit den Händen, mit der Serviette, mit einer Fliegenklatsche und am Ende mit Spray.

Erstes Bild

P: *Die Fliegen in der Höhe, gut fünfzig Meter, was das wieder soll, gab's früher nich, na, ja.*

> *(er hantiert mit Tischen und Stühlen, wischt, ordnet Blumen, schlägt nach summenden Insekten, u. a.)*

Man muss froh sein heutzutage noch Arbeit zu haben, die einer mit 'nem Bein machen kann. Also, das Summen macht mich ganz närrisch. Seh' die Viecher gar nicht. Na, warte, jetzt hole ich die Klatsche!

> *(er verschwindet hinter einer Theke und kommt mit der Fliegenklatsche wieder vor)*

Aber die Viecher sind, wo Menschen sind. Jeder hat seine Fliegen, ha, ha. Da summt was, wenn das eines Tages ... na gut, die nennen es Wende, von wegen Wende! Das war Okkupation vom Westen, einmal rum und weiter, sage ich. Wenn wir, mein Sohn und ich, nicht noch schnell das Café gekauft hätten, vom Ordensgeld, und einer Ab-fin-dung, aus der SED-Kasse. Ha, für ein epochales Werk, Traum vom Sozialismus, Menschheitstraum, Marx, Lenin, Ché, hunderte Revolutionen, Ab-fin-dung wird sowas genannt, ha, ha, Abfindung, als ob, na ja.

> *(er wehrt wieder Fliegen ab, holt Spray und sprüht damit, hält plötzlich inne)*

Werd ich noch verrückt, oder bin ich's schon? Da, da, also das ist doch!

> *(Vor ihm sitzt lässig auf einem Sofa Herr „G", gekleidet wie benannt. P. greift sich zum Herzen, lässt sich auf einen Stuhl fallen und blickt auf G.)*

G: *Das Zeug riecht nach Mottenkugeln, heimischer Duft. Hallo! Machst besser den Mund zu, sonst kommen die Brummer da noch rein oder gar raus. Hier bin ich, des Widerspruches zweites Bein.*

79

P: *Also nee. Spielt einer 'nen Streich? Hab den Aufzug gar nicht gehört. Wir haben geschlossen, mein Herr!*

G: *Mein Herr ist gut, wirklich gelungen! Komm immer ein, wo Menschen sind, gelt! Du wollt'st mich liquidieren seinerzeit, erinnerst net? Kurzerhand den Widerspruch abschaffen per Anordnung zum Fresse-Halten, entschuldige das derbe Wort. Ist meine Definition vom Traum aller Ideologen.*

P: *Kann nich sein, kann nich sein! Der Geist, der stets verneint ...? Also Sie, eh du, wieder da, in Realität kann das nicht sein, also ne. Und kalt weht's von dem Kerl her. Unser guter altdeutscher Mephisto willst du sein, Teufel, Luzifer, Herr der Fliegen? Du bist aus dem Westen, stimmts? 90 mitgekommen mit dem Kapital, wa? Unseren sozialistischen Aufbau in der DDR verneinen, negieren willst du, was wir in vierzig Jahren geschaffen haben. Denn alles, was entsteht ist wert, dass es zugrunde geht." Ich kenn den alten Text. Aber mit uns nicht, so nich! Unser Aufbauwerk ist für die Zukunft der Menschheit!*

G: *„War, bitte, war! Es wird nun Zeit, dass einer dem Faust seinen dritten Teil schreiben tut, ja!" So hat doch euer Oberster mit sächsischer Melodie geredet. Und du Schlauberger stelltest parteilich fest „Faust, ohne Mephisto – der schaffende Mensch im sozialistischen Aufbau." So deine zugeraunte und titelgeschmückte Arbeit mit summa cum irgendwie. Start in eine Karriere!*

P: *Zugeraunt, das nicht, verbitte ich mir. War eine marxistisch-leninistische Analyse, mein Werk! Die Leute nennen mich seitdem Schriftsteller und Doktor. Das hebt mich ab! Die Ehre hab ich allemal.*

G: *Schon gut, sei dein Spiel. Wie es Wagners Art war, mit gieriger Hand nach Schätzen immerfort zu graben und froh zu sein, den Regenwurm zu finden. Erinnerst den Text? Kindisch Traum, Titel, Orden, Mummenschanz. Ohn' Widerspruch zu dulden, wollt ihr sein. Aber: Ohn' Widerpart, verstehst, ist kein Leben. Nennt man Dialektik. Bei euch sollt's nur die Eins geben, nur die Partei. Nichts dawider. Weibchen und Männchen, Gut und Böse, Tag und*

Nacht, dafür und dagegen, hell und dunkel, Gott und Teufel, Faust und Mephisto, hörst so ist die Welt allzeit bestellt. Voilà! Und da bin ich wieder, der leibhaftige Widerspruch.

P: Nein, nein, auf so'n Schaustellertrick fall ich nicht rein! Du bist nicht, spielst nur was vor, Satan, elender! Mit deinen Fliegen und eisigem, kaltem Wind, bekannt, bekannt aus dem Varietee, Zirkusnummer, aus Büchern. Wird ein zugiges Fenster sein, eins offen stehn. Wie bist du überhaupt hier hochgekommen, hörte ich einen Aufzug 12. Stockwerk?

G: Für mich ist das keine Höhe. Und spiel mir net an auf üble Worte vom Mephisto, dem Dicis et non es oder gar et non facis? Was nachgesagt wird in schlauen Büchlein. Wirst's merken. Ich bin und ich tu schon, was ich sag!

P: Dicis et und was?

G: Nannt man in höh'rer Schul Latein. Davon gehört?

P: Latein, Latein. Pha, das tote Ding? War noch gut für 'ne Zensur bei einer Doktorarbeit, alter Zopf. Es ging um epochale neue Erkenntnisse. Die hatten wir. Nur wir! „Die Kommunistische Partei deckte in ihrer Entwicklung die Widersprüche in der Gesellschaft auf, organisiert das Volk, und lenkt seine Anstrengungen so, dass diese Widersprüche gelöst werden. Die Partei sorgt dafür, dass sich Widersprüche in ihrem Entwicklungs- und Reifeprozess nicht zu feindlichen Gegensätzen auswachsen, und wählt das Moment aus, wo die Bedingungen für deren Lösung herangereift sind". So unser Text, weißt.

G: Bekannt. Wie erklärt ich seinerzeit dem Faust? „Denn eben, wo Begriffe fehlen, da stellt ein Wort zur rechten Zeit sich ein. Mit Worten lässt sich trefflich streiten, mit Worten ein System bereiten, an Worte lasst sich trefflich glauben, von einem Wort lässt sich kein Jota rauben."

P: Worte, Worte. Da ham wir den dicis et, weißt schon. Taten warn gefragt, revolutionäre, neue Zeit, Aufbruch in eine kommunistische Zukunft!

81

G: Taten? Aber ja! Eure Partei räumte beiseite, wer widersprach. Jeder Gulag voller Teile eines Widerspruchs. Ab nach Sibirien, Bautzen, Brandenburg, gelt. Hast vergessen, deine frühen Jahre? Jahre der Angst, bis du wieder wusstest, wie man die Worte dreht? Saß da nicht seinerzeit einer hilfreich vor dir, wie ich jetzo vor dir sitz und kalter Wind weht schneidend, erinnerst net?

(G. stellt seinen Laptop zurecht.)

Hab' die Geschichte im elektronisch Ding, als Sachwalter deiner menschlich Schweinereien. Willst mir folgen? Mal an die fünfzig Jahr retour?

P: Wieder son Zaubertrick.

G: Auf die Reise nun, komm, komm, lass uns sehen, was in deiner Welt wie Schlump und Latsch zusammen hält.

Zweites Bild *(Jahrzehnte zurück)*

Ein Chor junger Personen in Uniformen, dunkles Grau, ohne Rangabzeichen, singt in der Tradition russischen Kirchengesanges. Sie stehen hinter einem Tisch mit Stuhl im Halbkreis. Tisch und Stuhl sind besetzt von einer Stalin ähnlichen Pappfigur.

Chorgesang:

Wende dich Genosse hin zum Kampf,
Aufbau und ideologisch Zukunftswerk.

Wende dich Genosse hin zum Kampf
gegen antikommunistische Ideologie

Wende dich Genosse gegen
Diversion des Imperialismus

Wende dich Genosse gegen
Spontaneität und Individualismus

Wende dich Genosse hin zum Klassenkampf und
gegen neutrale Ideologien.

(Der Chor verschwindet im Grau und es bleibt nur der jetzt mit einem rothaarigen Offizier besetzte Tisch. Die Stalinpappfigur wird hochgezogen, schwebt über allen. Vor dem Tisch steht P in jungen Jahren, kenntlich an Uniformresten und am unsicheren Stand wegen der Behelfsstützen. Er zittert vor Kälte oder Angst. Ein Hosenbein ist abgebunden unter dem Knie. Auf dem Tisch liegt ein Gewehr. Der russische Offizier geht zu P und befummelt ihn unsittlich, ehe er sich an den Tisch setzt.)

Offizier: Mit dem Ding hast gut getroffen, warst stolze 17, schmucke Uniform in schwarz, Totenkopf, wie's Kind die gemalte Fahne am Gartenbaum. Die Treffer brachten 'nen Orden und Befruchtungsrecht bei geilen BDM-Mädchen im Lebensborn. Aber geblieben sind bloß Leichen und Dreck. Hörst du Dreck auf Mütterchen Russlands Erde.

(P. versucht stramm zu stehen, strauchelt fast)

Offizier: Meine Genossen bringen dir dein verfaultes Bein, weil es die russische Erde auskotzte, das nazideutsche Bein! Er schreit: Steh endlich gerade!

(P: versucht stramm zu stehen, die Hacken zusammen zu schlagen, was ihm mit einem Bein nicht gelingt. Er schwankt, fällt fast, reckt sich albern)

Offizier: Zwölf junge Genossen hast du abgeschossen, zwölf junge Helden, Stück um Stück als wär's Tier (schreiend, indem er sich halb erhebt) Zwölf! Zähle jetzt nach meinem Taktschlag.

(Er schlägt auf den Tisch und) P. zählt verhalten 1 ...12

Offizier: Lauter! 12 Heldenbrüder werden kommen endlich und dir dein verfaultes Bein um die Ohren schlagen, zwölf Jahre lang, ein Leben lang!

Der Chor taucht wieder auf. Die Sänger stehen im Halbkreis hinter dem Tisch und nehmen immer dann hastig Haltung an, wenn der Offizier zu ihnen sieht.

Offizier: Warst siebzehn, ja? Dummer Junge, verführt, auf den Leim gegangen, ja, stolz auf bisschen Silber an der Jacke, Dolch und Nazibrimborium, dumm.

P: Ich diene, ah, jawoll, ich glaube in der kommunistischen Partei, ah, für den Aufbau ...

Der Chor umringt den Tisch, nimmt P. in die Reihen auf, sie summen nach russischer Kirchentradition. P. wendet seine Uniformjacke zum FDJ Hemd. Er tritt vor den Chor und singt solo:

Partei, du erforschst mich und durchdringst mich.
Partei, du erkennst meine Gedanken von fern.
Erfahrt mich, Genossen, und seht mein Streben.
Prüft mich, Genossen, und erkennt, wie ich denke.
Seht, ob ich auf dem rechten Weg schreite.
Und leitet mich zu Kampfeskraft, Treue und Verschwiegenheit.

Drittes Bild

Jeder Chorsänger, (Sängerin), tritt zum Tisch, unterschreibt und verliest ein Blatt, das der Offizier nach dem Verlesen in eine rote Mappe steckt und auf den Tisch legt. Beim Verlesen trägt der Lesende eine Maske. Die Bühne ist so grau wie die Uniformen der Vorleser. Die Leser stehen so, dass sie sich in einer Spiegelflucht unendlich spiegeln. Es sind die Mitglieder des Chores und P. in jungen Jahren. Nach dem Lesen treten die Uniformierten zurück. Sie sind dann im Grau verschwunden.

Leser 1: Hiermit verpflichte ich mich zu unbedingtem Stillschweigen gegenüber jedermann über alle Personen, Fakten und Methoden, die mir durch die Genossen des MfS gegenwärtig und künftig bekannt werden. Diese Verpflichtung gilt auch gegenüber den Genossen, der für mich zuständigen Parteigruppe sowie den nächsten Verwandten und Bekannten. mir ist bekannt, dass der Bruch dieser Verpflichtung als Verrat von Partei- und Staatsgeheimnissen angesehen und entsprechend geahndet werden kann.

Leser 2: Ich verpflichte mich, alle Post, die aus Westberlin, der BRD oder anderen Ländern des kapitalistischen Auslandes an mich gesandt wird, unverzüglich meinem Vorgesetzten zu übergeben bzw. den Empfang solcher Post durch Familienangehörige oder durch Personen, die zur häuslichen Gemeinschaft gehören, sofort meinem Vorgesetzten zu melden und die Ankunft von Personen aus Westberlin, der BRD oder anderen kapitalistischen Ländern, die mich, meine Familienangehörigen oder zum Haushalt gehörende Personen besuchen oder auf andere Art mit mir oder den Vorgenannten in Verbindung treten, meinem Vorgesetzten unverzüglich zu melden.

Leser 3: Hiermit erkläre ich mich bereit, das MfS bei der Lösung seiner vielschichtigen Aufgaben zu unterstützen. Über die Zusammenarbeit werde ich gegenüber dritten Personen strengstes Stillschweigen wahren. Zur Gewährleistung der Konspiration wähle ich den Decknamen „Klaus Richter".

Leser 4: Ich verpflichte mich als Schriftsteller und Vorsitzender des Schriftstellerverbandes, freischaffend tätig, freiwillig zur inoffiziellen Zusammenarbeit mit den Organen des MfS. Ich bin bereit, alle mir erteilten und mit mir abgesprochenen Aufgaben nach bestem Wissen und Können durchzuführen und über deren Ergebnisse objektiv zu berichten. Ich bin darüber belehrt worden, dass ich über diese Zusammenarbeit gegenüber dritten Personen (der Begriff dritte Personen wurde mir erläutert) strengstes Stillschweigen zu bewahren habe und bei Bruch dieser Verpflichtung strafrechtlich zur Verantwortung gezogen werde. .

Leser 5: Verpflichtung. Aus der Kenntnis, dass die DDR ständig politisch und ökonomisch gefestigt werden muss, verpflichte ich mich mit dem MfS zusammen zu arbeiten, und über das Ergebnis der Arbeit schriftlich zu berichten. Ich verpflichte mich, mit niemandem über die Zusammenarbeit mit dem MfS zu sprechen.

(Weiter ähnliche Texte eventuell in Bruchstücken verlesen von weiblichen und männlichen Stimmen. Die Leser werden unsichtbar, das Licht verlöscht, es bleibt ein schwarzes Loch.)

Viertes Bild *(wieder im Café)*

P: Oh ha, o ha, war nicht leicht für 'nen jungen Kerl nach der Naziherrschaft, sage ich mal. Aber heute kann ich feststellen: Der Erfolg, überdurchschnittliche Erfolg, rechtfertigt alle Mittel, kennst du doch. Du musstest nur begreifen, dass Hingabe an eine Idee dem gleichen Fahrplan folgt. Das kannten wir in Braun. Nun war Zukunft in Rot gefordert.

G: Sing mir net den armen Judas. Ich hab dich auf die Spur gesetzt, mit Unterschrift in Tinte, da's Blut allenthalben knapp worden war. Deinen eigen Arsch zu retten, gab mein gefällig Dienst, gelt?

P: Dein Dienst, dein Dienst? Mein Herz schlug immer für hehre Ideen.

G: Eben drum war ich zur Stelle, wenn's pressierte. Erinnerst dich ans Parteigericht in frühen Jahren, als du ertappt warst beim Studieren mit dem Stalinbuch auf dem Klo. Grobe Missachtung des höchsten Führers? Unverzeihliche zweckfremde Verwendung von Papier, wegen momentaner Verknappung von Klopapier! Eure weltlich Bibel in anrüchig Umgebung. Also nein, t,t,t.

P: Das Papier und so, wollte ich nicht, wollte nicht. Wir mussten ganze Bücher lesen über Nacht, hatten keine Sekunde zu verlieren beim Studium der M-L-Klassiker. In der Parteischule galten hohe Forderungen, höchste!

G: Wie gings denn aus, dein Parteigericht?

P: Wurde abgebrochen, wegen Alarm.

G: Fehlalarm!

P: Woher willst das wissen?

G: Ganz einfach, hatt 'ne Hand am Schalter.

P: Nun, ich habe dann schriftlich gestanden, und Besserung gelobt. Und es wäre dumm gewesen, alles andere. Mal ehrlich. Ging um Höheres, Kampf gegen amerikanischen Imperialismus, sozialistischen Aufbau, um Weltfrieden …

G: Unter dem macht ihr's nicht.

P: Wie meinst? Solltest du doch kennen, wenn du der bist, den du spielst. Abgestürzter Widersprecher einer göttlichen Ideologie. Das Geheimnis unseres Erfolges ist die rückhaltlose Hingabe an eine Idee, kein Zurück, kein Zurück, Kamikazeflug durch die Geschichte.

G: Bist aber recht weich gelandet nach jedem Flug, gelt?

P: Jeder an seinem Platz, mein Metier war das neue Wort.

G: Sind auch einige über die Klinge gesprungen in deinem Friedenskampf, wie seinerzeit das Gretchen?

P: Nenne du mir einen oder eine, denen wir geschadet hätten. Der sähe mir in die Augen und sage, was er zu sagen hat. Wir haben Tag und Nacht Menschen geschützt, junge Menschen, auch Autoren, verträumte Lyrikerinnen, oh, manch dralles Weibchen. Ja, wir hatten gute Zeiten.

G: Denk die Partei hatte nichts im Sinn mit Erotik?

P: Ach was! Galt für die Bühne, bloß Bühne. Nur, das Leben spielt immer in den Kulissen, weißt.

G: Sag mal, erinnerst dich an so ein Mädel mit auffällig großer Brille, junges Ding, saß im Knast gar mehrfach, mit Erpressung zur Unterschrift. Hast du die Kleine verpfiffen?

P: Ach, da gabs manche. Hätten besser in meinem Bett gesessen als im Knast, waren hier und da schön rund. Aber verpfiffen, verpfiffen, nee das nicht.Ich wurde oft von den Genossen nach Gedichten gefragt, ob ich wüsste, wer die Verse verfasst hat? Diese Fragen habe ich beantwortet, hab aber keine Namen genannt!

G: Heldenhaft verschwiegen, o, la, la.

(G. schiebt das Notebook etwas zu P.)

Schau mal, hier habe ich zufällig einen Text im PC, verfasst vom Stasihauptmann, deinem rothaarig Kumpan, ha, ha.

Der Text nach Diktat im Wortlaut:

Dem IM „Klaus Pichter" wurde am 06.12.1979 zur Personifizierung eines unbekannten Verfassers negativer und hetzerischer Verse, ein vermutlich vom gleichen Verfasser stammendes Gedicht über den sozialistischen Wohnungsbau mit dem Titel „Die Platte" zur Kenntnis gegeben.

Der IM teilte mündlich nach Kenntnisnahme des Gedichtes mit, dass mit dem Gedicht und anderen vor etwa einem Jahr ein Mädchen zu ihm kam und um eine Meinung bat. Er erinnerte sich genau an das Gedicht, da er mit der letzten Zeile „Ich werde zur Platte" nicht einverstanden war und um eine Änderung bat.

Zur Person befragt, sagte der IM, dass er sich an den Namen nicht mehr erinnert, die Person jedoch in der Südstadt wohnhaft gewesen sei. Die Person war ca. 20 bis 25 Jahre alt und trug eine auffällig große Brille. Er selbst habe die Person an den Zirkel „Schreibende Arbeiter" verwiesen. In der Folgezeit wurden weitere Gedichte von der Person an ihn gesandt."

G: Das nenn ich verpfeifen. Dafür sitzt du auf dem Rost beim hellisch Barbecue.

P: Das kannst du mir nicht unterschieben. Wonach ich gefragt wurde, habe ich nur bestätigt

G: Das Kind saß fast zwei Jahr im Kerker. Gab es bei euch nicht Rechtsanwalt und Gericht, die auch ein Wort zu sagen hätten, im Widerstreit sein können?

P: Das ist so in einem sozialistischen und demokratischen Staat, in dem das Diktat der Arbeiterklasse und ihrer Partei das Volk umfassend schützt. Weiterentwicklung der veralteten bürgerlich demokratischen Ordnung, musst du wissen, Weiterentwicklung.

G: Bestand das Mädchen vielleicht nur auf eigner Stimme, eigenem Wort?

P: Was ist die Stimme des Einzelnen? Anmaßung! Individualismus! Stimme hin, Wort her. Sogar in deiner Kirche gilt nur das Wort des Herrn, nicht das der Oma, die sonntags dahin läuft, vielleicht. Musste in meinem Leben mit vielen Stimmen, vielen angeordneten Worten reden. Es ging auch mit Texten ums Überleben, gerade bei den Genossen Autoren.

G: Deine Kirche ist ein Aberwitz, gelt. Und das deinige Überleben meinst, nicht das der anderen.

Fünftes Bild

P: *Entschuldige mal. Ist hier bannig trockene Luft, werde uns mal eine Erfrischung holen.*

G: *(Geht im Café herum, blickt aus dem Fenster u.a. auf eine Kirche.)*

Ach, sieh. Das Haus des Herrn. Fast vergessen. Der Herr verbannte mich zu euch Geschöpfen, vor Zeiten. Ich, der gefallene Engel, Widerspruch, Versucher, Luzifer, Herr des Lichts, und doch ist's trübe rundherum geblieben. Geht euch das Lichtlein nicht endlich auf? Also wissens, manchmal frag ich mich, was der Herr dort droben falsch gemacht hat, als er euch beseelte, sozial gemacht? Euch alle meine ich. Am Anfang stand das Wort. Wisst ihr das rechte Wort, den rechten Weg? Welcher ist es, wenn die Frag an einer Zeitenkreuzung steht? Verschiedene Wege gibt es immer, nie nur einen, dafür steh' ich. Welcher aber ist der Richtige? Gar der des, hm, Evangelium? Nun ja, nehm ich das Wort

89

mal nicht so krumm. Gilt Weg für Speck und Völlerei? Seid ihr zu einfach gestrickt, in heutgem Wort, zu schlicht für freie Wahl, seits bloßes Menschenmaterial?

Brauchts Kirche oder gar Partei im schlichten Alltagseinerlei? Reicht Glaube, Liebe nicht? Oder flicht der Mensch zum Trost sich Fähnchen und Girlanden auf beschwerlich Weg im Jammertal? Folgt ihr dürrem Nichts als Regel und Gebot. Nur jetzt und jetzt die Tugend alleweil verlacht und Mord und Totschlag bloßer Wörter, hohler allemal?

Sind Menschen gar dir, Herr, selber fremd worden, seit sie wissen um die Geheimnisse der Schöpfung, die Scham, dass Spiel um Mann und Frau, zu jeder beliebigen Stunde Menschen erschaffend im Spiel, nur Spiel, nur Spiel, nicht Leben?

(P tritt auf, fummelt noch an der Hose. Er trägt ein Tablett, Flasche und Gläser)

P: *Entschuldige, weißt. Nehm' wir nen Schluck.*

G: *Sag mal? Wohlleben nicht Leben ist's Ziel. Liebst Worte, Bilder, Lust, nicht Menschen?*

P: *Wörter sind nur Hülle, allenfalls Reiz. Eigentlich geht es immer um Wissen, Wissen ist Macht und Wissen gefordert. Der Mensch? Den brauchst du in der Masse als Transportarbeiter für Ideen.*

G: *Ach, bloß Fähnchen tragend, Posaune blasend. Und Moment bitte, Wissen, Wissen? Wenn du gestattest, war's nicht eher glauben und fressen für willige Marschierer. Kennst den Satz: „Erst kommt das Fressen, dann die Moral!"*

P: *Was heißt da war? In meiner Partei gibt es nur Präsens.*

G: *Erreg dich nicht, das Herzchen! Hast jedenfalls dir eine Welt nach Parteigebot im Sollen hingestellt, gepredigt wie ein Pfaff. Hier und jetzt das Sein im Zwang als Wechsel auf eine Zukunft, Verheißung, wie der kleine Mensch sich für Träume bunte Bildchen malt..*

P: *Warum hab ich Gläser und Flasche wohl geholt, wa? Nun lass die alten Sachen auch mal wieder ruhen, musst vergessen können. Zum gemütlichen Teil. Sind doch alle Flaschenkinder. Das heißt, bei dir weiß man das gar nicht mit der Brust, der Flasche, es heißt du hättest keine Mutter, keinen Nabel, warst nie Kind? Zeig's mal zum Beweis, du dicis et non es wie du nicht genannt sein willst. Ha, ha.*

G: *Genau! Übel nachgesagt wirds mir, bitte. Aber wenns der Sache nütze ist. Hier. (Er knöpft sein Hemd auf)*

P: *Man der ist's, tatsächlich! Aalglatt glatt wie'n Weiberarsch!*

G: *Du, kannst nicht mal ein Fenster öffnen? Ist arg stickig hier.*

P: *Nach Sicherheitsanordnung Nr. 1643 dürfen wir das eigentlich nicht wegen der Höhe, aber weil du nun mal Gast bist und von weit höher schon gestürzt, da will ich mal, ha, ha. Schon einige Minuten hört man im Hintergrund wieder einen Chor, er summt in der Weise wie beim Psalmengesang.*

P. und G. trinken sich zu.

P: *Aber hör mal, wie Pfaffen, Glauben, das kannst du mir nicht anhängen, nee, Religion nee! Wir hatten das Wissen um die Gesetzmäßigkeiten der Geschichte, warn Vorhut im Kreise kommunistischer Brudervölker, nur wir!*

G: *Nur ihr? Weist dein Fortschritt ist immer ein Schritt fort vom Menschen. Schau mal auf die Bilder aus meinem Kasten.*

> *(der Psalmengesang wird lauter und über den Beamer laufen Bilder von den Kreuzzügen über Judenverfolgung, NS-Zeit, Revolutionen, Ché, Bader-Meinhof und islamistischem Terror, zwei stürzende Hochhäuser N. Y.)*

P: *Mal ehrlich, also nee. Du kannst doch nicht alle in einen Topf werfen, religiöse Schwärmer, kommunistische Helden, RAF-Terroristen, Islamisten, SS-Verbrecher, Genossen und so!*

G: Da besitz ich nun allein, dem Herrgott sei gedankt, den Trick der verheißenden Verführung: Deine Helden, Sein missachtend, verheißen mit Terror ein Glück im Sollen, ein Leben nach verdienstvollem Tod. Droge Ewigkeit. Kannst mir folgen? Ihr nennt das Vorsehung, Opfermut, jungfrauendekoriertes Himmelreich, Kommunismus, Papperlapapp. Stinkende Fäulnis ist es, nichts als ins atomare sich wandelnde Fäulnis! Da mögen die armen, ob Junge oder Mädchen, Frau oder Mann, von Herzen glauben wie in tiefster, tiefer Liebe und ihr verdreht das menschlichste aller Gefühle ins Verbrechen. Trauer, unter allen Himmeln.

P: (etwas verwirrt): Sein im Sollen, das Sein, Sollen? Also darauf brauch ich einen Doppelten.

(nachsinnend und trinkend): Sein im Sollen? Wir planten auf der Grundlage wissenschaftlicher Erkenntnisse, eine Zukunft, eine lichte kommunistische Zukunft, wo nicht das Kapital, nicht das Geld regiert, sondern der schaffende Mensch und dafür kämpfen wir, macht doch jeder im Fortschritt so.

G: Wies Kind auf Weihnachten hoffend, so der Kommunist, der Islamist für die seine, die Evangelikalen ... All die brauen ihr saures Bier, und lassen sich's gut leben mit dem Hinmalen hehrer Gebote im Sein, Vertrösten, aufs Sollen. Ihr seid von der gleichen Art, obschon du sagst, nicht einem Gott, dafür gänzlich einer Partei dich hinzugeben.

P: Ne, ne, (trinkt hastig und redet nun schon auffällig): Ne, nicht deinen Gott, nich Religion, das ist Opium des Volkes. Nich Kirche! Mein Gott wär 'ne ordentliche Bratwurst, en Wodka dazu, sowas.

G: Deinen Gott ist gut gesagt. Der Mann hat, denk ich, die Kirchen nicht erbaut. Solch Häuser haben sich die einsamen Leut freundlich zum Traumhaus erschaffen. Du möchtest es sicher weltlich, kreierst nur dein eigen Opium? Na, gut. Dann lebe mit jedwedem hergelaufenen Herrn, der sich von einer höheren Macht berufen fühlt, nenn er sich Stalin, Hitler,

Osama. Nimm Beliebige und du bist nicht mehr Mensch, sondern Nummer in einem Parteiprogramm, Kampfreserve, Menschenmaterial...

P: *Na, ja, also Gebote, sowas hatten wir auch. Sowas, was ihr Gebote nennt, zehn Gebote der sozialistischen Ethik und Moral hatten wir verfasst. Ich bekam sogar ein Exemplar in Leder geschenkt! Oh, ja. Wir hatten fast alles.*

G: *Selbstgedrechselt Verschen. Terroristen, die euch Heil verhießen, nanntet ihr „Jesus mit der Knarre" und „die vollkommensten Menschen der Zeit". Die schossen und bombten durch die Lande, hast's vergessen?*

P: *Das war drüben im Westen bei euch, nicht bei uns!*

G: *Ach, und wo fanden die glühenden Wirrköpf Beifall und sicheren Unterschlupf?*

P: *Solidarische Bruderpflicht war das, Revolutionäre der Welt zu unterstützen! Das waren Revolutionäre im Kampf gegen den Weltimperialismus, nicht solche Islamisten, die Menschen aus dem Volk zerbomben!*

G: *Angemaßtes Wort „Bruderpflicht", auch noch Bruder, als wärt ihr in einem von mir gestifteten, schrägen Verein. Im Opus Dei oder gar bei Moslembrüdern, den Zeugen Jehovas, Evangelikalen ... Es ist ganz und gar so, dass ein jeder nur frei ist für selbstbestimmtes Leben, wenn er sich allein, hörst allein dem nicht dienstbaren Herrn weit außerhalb eurer selbst verbindet und ergibt. Das Paradoxon generale, nicht? Kriege und Mord schafft dieser Herr nicht, muss ich ihm gut schreiben. Verführende Worte wirst von ihm nicht hören. Im Guten wie im Bösen ist frei nur, wer sich gebunden. Mit diesem Widerspruche lebe.*

> *(P. trinkt und füllt gleich nach. Auffällig ist seine nun schwere Zunge und etwas benebelter Blick, während der G. trinkt ohne eine Spur von Wirkung)*

P: *Na, dann trinken wir drauf! (er knöpft sich das Hemd auf): Brauche bisschen frische Luft.*

(Er steht auf und geht unsicher zum Fenster, beugt sich etwas hinaus und atmet tief)

Man bannig hoch, das. Aber mal ganz im Vertrauen, habe darüber noch nie geredet, aber unter uns in Sachen Brüder: Das ist wie eine Reise ohne Rückfahrschein, ein Spiel in der höchsten Liga, musst du wissen. Wenn du erstmal einen im Angesicht, wie ich seinerzeit – und ich bedaure das! – erschossen hast, was dich im Mark erwischt, ehrlich, dann trittst du über in einen elitären Kreis, bist Übermensch im Geheimbund, Bruderschaft, bist Kamerad, Genosse. Peng! da liegt die Leiche als Eintrittskarte in die Elite. Ist das nich bei Satans so Usus? Ob dann noch 10, 100 oder 1000 folgen, ist egal, du lebst in einer geheimen Welt, aus der es kein Zurück gibt, weißt, jenseits einer Schwelle. Und die Schwelle heißt Opfertod.

G: *Herrgott! Weine Tränen über deiner Schöpfung Gedanken, wie „schwarze Milch".*

P: *Man der Braune steigt in den Kopf. Du kannst vielleicht eine Stange vertragen, alles, was Recht ist! Musst verstehen, was ich da sagte, mein das mit ehm, mit dem, ehm, der Schwelle, ehm, von denen, die du, die du Terroristen nennst. Sie opfern sich nur gegen das Kapital, gegen den Westen, alte Kolonialmächte und Räuber, sind wir immer gewesen, für Freiheit, gegen das global, eh, globalisierte Kap'tal. Ne, ne, gib acht, als in Amerika die beiden Türme zusammenkrachten in der Hochburg des Kap'tals, da dacht ich: Hat's den Imperialisten mal so richtig erwischt, alles, was recht is. Kenne manchen Genossen, der denkt wie ich. Der Imperialist ist das Übel! Die Jungs in den Flugzeugen hatten Mut, alles, was Recht ist. Nur mit unerbittlicher Hingabe ist solch ein, ehm ein tolles Werk zu vollbringen.*

G: *Bewunderst die Terroristen, wie das Volk verstohlen große Verderber, legendäre, die dem Küchenmädel das Herz wärmen, Münzer, Kohlhas, Störtebecker, Ché... Deine romantische Schwärmerei treibt verblendet Jungs und Mädeln zum Schafott.*

Heißt es Tscheka, sei es SS, IS, Al Qaida, Stasi, Moslembrüder, die Aufzählung wird nicht enden, solang ihr Menschen euch für Zukunft beherrschend dünkt, dienend und liebend nicht. Ist gut gestrickt, nicht, mein Netz für eure schwärmenden Gymnasiasten und religiösen Spinner? Du bewunderst sie noch immer, sag ehrlich. Schauerlich schön, wie die Flugzeuge in die Türme rennen, Feuerbälle und brechende Wände. Körper von himmels hoch stürzen, Glieder im Schutt, Rauch und Fetzen überall im Gewölk – ein schaurig tolles Bild, gelt?

P: *(sitzt etwas zusammengesunken, sabbert, trinkt):* Hör auf, hör auf! Ich bewundere nicht das Chaos, den Heldenmut nur! Oh, diese Aufopferung, diese Konsequenz mit beherztem Blick für gestaltende Werte einer kommenden Welt, ein phantastisches Kunstwerk revolutionärer Energie. Hätten wir 90 solche Genossen gehabt, es sähe heute anders aus! Drauf und dran waren wir, junge Tschekisten zu formen, bis 90 alles zerbrach, Träume, die Glut erloschen, wir Herr über, wir herüber, wir he... Hörst du, wir waren drauf und dran, drauf und dran.

(singend geht er auf das Fenster zu)

Drauf und dran, drauf und dran, rumsta teterete ...

Er stürzt in die Tiefe.

Vorläufiges Ende

Zurück in meine Zeit, 1974 plus

Wo Brigitte einst lebte, begann meine Arbeit in der Nachbarschaft. Ich hatte Akten zu studieren. Notierte das Leid meiner Kinder und deren Familien.

In einer Tagesstätte lebten vom Schicksal gebeutelte Kinder, die ich meine Kinder nennen lernte. Von der Welt ungeliebte und unverstandene Mädchen und Jungen, nur benannt nach ihrer Schwäche, wurden meine Freunde.

Einige ältere hatten überlebt, verborgen in der lebensgefährlichen Nazizeit. Es meinte noch vor gar nicht langer Zeit, sie und ihre Eltern würden „erlöst" – „Gnadentod". Der Mord war schriftlich angeordnet vom Herrn 88, ein Angebot des Teufels.

Verdrängt blieb diese dunkle Geschichte. Gaskammern, Mord, mit absichtlichem Verhungern im Klinikbett bis über das Kriegsende hinaus. Für den „frei" gewordenen Platz vergaster oder verhungerter Kinder gab es einen „Tausch" mit Kindern des Lebensborn, Züchtung „makellos arischen lebenswerten Lebens" gegen „unwertes Leben". Zeugungserlass des Herrn Himmler.

Bilder von „schwarzer Milch." (Celan)

In Akten meiner Kinder konnte ich von der unendlichen Vielzahl medizinischer Fährnisse lesen, die diese Kinder sehr früh erlitten. In unserer großen „Nervenklinik" erlebte ich Kinder in unglaublich entsetzlichem Zustand.

Es schrien aus einem Betonpferch unvorstellbare Schicksale, abgelegte Kinder in zerrissenen Kleidern, eingekotet, sich unaufhörlich drehend, schaukelnd …

Wir sollten laut schreien, unüberhörbar laut schreien! Ich erklärte dem Chefarzt: „Tagesstätten werden entstehen. Wir wollen diese Kinder von Geburt an betreuen!"

„Diese hilflosen Geschöpfe werden Ihnen dekompensieren und sind weg, wenn sie die in Kindergärten sammeln."

Nein und nochmal nein! Auch hier muss ich es besser wissen!

Wir sammelten Kinder im Land, gründeten Tagesstätten mit Hilfe der zuständigen Kreisärzte. Ich schrieb auf, was wir täglich erlebten, hielt Vorträge in Weiterbildungen. An einem Wochenende dreißig Stunden kaum unterbrochen von Schlaf und Bier trinken mit den Kolleginnen.

Oft ging ich mit den Kindern spielend lernen. Sie lebten freundlich, fröhlich, schräg und laut in ihrer oft befremdlichen Art.

Jetzt wuchsen sie mit uns in immer geräumiger werdenden Häusern. Alle wollten wir auffinden. In der Stadt und im Land.

Ein Junge starb. Sein Gehirn konnte nicht mehr leben. Kathrin erlitt täglich Anfälle, bis etwa 40 im Monat, Frank, schon acht Jahre, lebte sein Leben im Säuglingszustand, Maik stakte spastisch über den Flur, grinsend, stolz über wenige Schritte …

Vor einer Villa, die wir bald beziehen sollten, stand ich mit dem Hausmeister. In wenigen Tagen soll unser eben übernommenes größeres Haus eröffnet werden, Umzug mit Soldaten der NVA. Wir blickten hinüber zum leer stehenden „Haus Gotte Güte".

Die „Güte" sollte abgerissen werden und wir überlegten, ob wir dort nicht Toilettenbecken ausbauen sollten, die uns fehlten. Es gab momentan im ganzen Land keine Toilettenbecken in der gewünschten Größe. Trotz höchster Fürsprache, es gab sie nicht. Frau B., die ehemalige Besitzerin der Villa zu Besuch aus dem Westen, beobachtete unser Treiben vom Zaun aus.

„Möchten Sie in das Haus sehen?"

„Nein danke."

Sie monierte nur einen Streifen fehlenden Landes vom Grundstück. „Das kann später auch mal wichtig sein", meinte sie, worauf ich sagte: „Dieses Später wird es nicht geben." Wir schrieben 1979!

Mir wurden inzwischen Kinder geboren. Erst der Junge, dann das Mädchen. Die Schriftstellerinnen-Tochter zog zu mir. Meine ältere Tochter, fast so alt wie meine neue Frau, besuchte uns. Rotwein trinkend und rauchend saßen wir die Nächte im Flur und besiegten alle Übel der Welt.

Wenig später wurde meine stasiverfolgte Tochter in Unehren aus der DDR entlassen. Sie leistete sich mit Freunden, auf die beißend stinkende Saale aufmerksam zu protestieren, eigenwillig zu leben, als Flipper mit der Staatssicherheit zu spielen. In Eigensinn glänzte sie schon als kleines Mädchen. Sie meinte, wir sollten die ungeliebte Leberwurstschnitte doch nach Vietnam schicken, wenn dort Krieg und Hunger ist.

Mich ermahnten, meiner Tochter wegen, in den achtziger Jahren gleich zwei Staatssicherheitsleute in einem „ernsten Gespräch", ich solle meiner Tochter nicht immer wieder Geld geben. (Mein Geld, ein Schuldgeld? Was erlitt sie ohne Vater?)

„Sie lebe nicht nach sozialistischen Normen", verlautbarten die Herren Genossen (solche Typen reden nicht, sie verlautbaren). Ich erwiderte: „Wüsste nicht, was ich mit dem Geld sonst anfangen sollte." Die Geheimdienstherren sind wegen einer „Befragung" mit mir fast gänzlich längs durch die DDR gefahren. Auch eine Arbeit, vermutlich gut bezahlt.

Mit meinen lieben Kolleginnen und den Kindern fuhren wir jährlich in ein Ferienlager. Das galt als unerhört neu und „gefährlich". Die „kranken Kinder"!

Wegen des Geldes für den Ferienaufenthalt rief ich im Finanzministerium an. Dort fielen Beamte vom Stuhl. Es hatte noch nie ein Freund der schwächsten Kinder bei ihnen angerufen.

Wir bekamen Geld satt.

Unsere Ferien galten als gewagt und neu.

Der Herr Gesundheitsminister spendierte mir einen Orden und ernannte mich zum Diplom-Psychologen.

Vor der Ordensverleihung beim Minister empfing der erste Sekretär der örtlichen Kreisleitung mit Sekt. Das ist so ein üblicher Würdigungsgang. Es ergingen sich alle in sozialistischen Sprachspielen. Bei jedem Toast erhoben sich die eingeladenen Männer und Frauen, setzten sich wieder, um sich erneut zu erheben, wenn ein neuer die Partei-Privatsprache bediente ... So ging das hin. Ich vermerkte vernehmlich im Kreis der Würdigen das Auf und Ab für Büromenschen als willkommene gymnastische Übung. Flipp! Das war dann wohl ein Fettnapf.

Wir besuchten mit dem Kollektiv dann auch einmal Barlach, Kunst ansehen. Die Figuren sind doch nicht schön. Das ist „entartete Kunst" hörte ich meine guten Kolleginnen reden!

Es tat sich ein Graben auf, den ich nicht sehen möchte. Arbeit fanden bei mir gleichgesinnte Aussteiger aus der „Volksbildung" (Margot Honeckers Refugium. Dort hieß es: „Du sollst keinen Gott haben neben Mar-got".

Zwei junge Männer, stets begleitet von IM's, arbeiteten sehr offen und erfrischend mit Groß und Klein in der Villa. Ihre „heimliche Überwachung" war nicht zu übersehen. Einer der Zwei beehrte uns mit einer Karte des Solidarnosc-Denkmals aus Danzig. Die Karte hing Monate an einer Pinnwand im Flur.

Fand unter Jugendlichen ein „Date" statt, Treffen, Rockerei, Kerzen an der Frauenkirch-Ruine in Dresden aufstellen etc ..., standen wir unter Beobachtung.

„Herr K., haben ihre Kollegen X und Y für das Wochenende ..., oder Urlaub geplant ... Das Gespräch ist streng vertraulich, sprechen Sie mit niemandem über unsere Fragen ...!"

Ich erzählte danach meinen Kollegen von dem Besuch. Öffentlichkeit herstellen ist die sicherste Abwehr! Meine Kreisärztin fragte an: „Die Frau eines Oberarztes sucht Arbeit, sie ist Germanistin. Eine etwas ungewöhnliche Person. Stellen Sie sich vor: Sie war hochschwanger und fuhr mit Rollschuhen durch die Kaufhalle, also nein! Können Sie mit der Lehrerin etwas anfangen?" Ich konnte.

Ein umfassenderes Manuskript aus meinen Tagebuchaufzeichnungen begann seinen Lauf durch Verlag, Lektorate und Zensurstellen. Mancher im Verlag und im Kultusministerium glaubte mir nicht, dass es so viele Kinder mit geistigen Behinderungen gibt. Wissenschaftliches Extragutachten wurde eingefordert.

Das Buch erschien, der Preis 5 Mark das Stück, 10 % davon für den Autor.

Ich spendete von Honoraren 1000 Mark für polnische Kinder und wir 1000 für den Aufbau des Judaikum in Berlin. Zur Eröffnung fuhr meine Frau allein. Wir lebten schon nicht recht mehr zusammen. Ich erfuhr leider nichts von einer Einladung.

„Eine Sensation", schrieb der Kritiker Paul, sei mein Tagebuch. (Und als Vorsitzender P. gestand er mir vertraulich: Ich habe sehr selbstkritisch versucht, meine SS-Vergangenheit in Literatur zu offenbaren. Das Ergebnis: Ehrlichkeit wird bestraft. Ich wurde abgesetzt vom Verbandsvorsitz und wurde zum beobachteten Beobachter.)

Mein Tagebuch war immer wieder sofort vergriffen, Neuauflagen, damals oft zwanzigtausend. „Der Blick in ein fremdes Land", schrieb ein anderer Kritiker (wie ich viel später lesen konnte: Beide waren IM).

Ein Best"z"eller, schrieb Leutnant Fleischer vom örtlichen Staatssicherheits-Dienst später in „meiner" kleinen Akte „Ambition". Material und Sammlung für künftige Erpressungen?

Und das kam dann doch nach 1990 ans Licht: Ein vorbereiteter Deckname für mich, „Ambition" wegen: „Unterlaufung des Kulturabkommens mit der BRD". Das war meine Bitte um Fachliteratur schriftlich an Freunde „drüben".

„Gründung eines Stützpunktes der Brandt-Scheelschen Ostpolitik in Mecklenburg". Übersetzt heißt das: Meine Sorge, dass im Westen bald eine andere Variante der deutschen Sprache gesprochen werde, wenn wir nicht miteinander ins Gespräch kommen. Kontakte nach West notwendig, schlug ich den Schriftstellerkollegen vor! (geheim meldeten meine lieben Kollegen sofort an die Stasi, K. sucht Westkontakte! Vorsicht!).

Einige „gute Freunde", Schriftsteller, beobachteten mich und meldeten getreu. Wir trafen uns monatlich zu Lesungen und oder fröhlichem Bier. Von Jochen hieß es, er habe sich allein 1989 zweiundzwanzig Mal mit seinem Führungsoffizier insgeheim getroffen!

Die „Stasisammlung" meiner Tochter dokumentiert hunderte Seiten dummer Gemeinheiten. Auch von meiner Buchlesung in einer Kirche in Halle ist zu lesen, ein Kirchenschiff voller junger Leute. Nebenan hinter Mauern ebenso junge Menschen in Uniform im Überfall-Wartestand.

Es folgten Reisen, Vorträge, Lesungen von Wismar bis Suhl über unsere „Arbeit" (Freude) mit den geistig behinderten Kindern. Eine UN-Resolution über die Rechte von Menschen mit Behinderungen, die in der DDR nur zensiert erschien, verbreitete ich un"bearbeitet", forderte beschlossene Rechte ein. Nach einem Vortrag vor Krankenschwestern, voller Saal, wurde ich zur Kreisärztin befohlen. „So können Sie nicht vor Schwestern reden. Es gab schon kurz nach ihrem Vortrag elf Beschwerden. Sie hätten die DDR schlecht dargestellt! Legen Sie mir in Zukunft alle Manuskripte vor. Ehe Sie …" (Flipper, Flipper) Ich legte übrigens nie vor, weil ich aus dem Hut redete, keinen Text ablas.

Ich wurde nie wieder nach Manuskripten gefragt! Unser Haus wurde besucht von einer jungen Dame aus Japan, von zwei Journalistinnen aus London (sie luden mich später ein). Vorgesetzte in höchsten Ämtern zitierten mir strenge Verordnungen. Es sei doch verboten und ein Risiko, Personen aus dem NSW-Gebiet (Nichtsozialistisches Wirtschaftsgebiet) in das Haus zu lassen, ja, sogar zuhause zu empfangen. „Eigentlich" hätte eine NSW-Person die Tagestätte und meine Kinder nur mit Genehmigung des Gesundheitsministers besuchen dürfen. Aua, wieder ein Flipp! Davon wusste ich nichts und überlebte dennoch.

Mein ewig verfolgter, eigensinniger, stur überaus menschlicher Kollege Dr. E. verstarb. Im Freibad, wo er oft auch Ch. Wolf traf, fiel er um und war sofort tot. Mein querdenkendes Vorbild! Er schob mich als väterlicher Freund zu einem beruflichen Höhenflug.

Zwischenzeitlich erreichte mich ein Schock. Veröffentlicht in einer Fachzeitschrift stand:

Der berühmte Anatom V. schrieb während seiner NS-Zeit in Posen (heute Poznan', Polen): Nie habe er so herrliche anatomische Präparate fertigen können wie von den erschossenen Polen. Es wäre gut, wenn alle Polen durch den Brennofen im Keller der „Germanischen Universität" gingen. Der Herr Professor, Autor gefragten Anatomiebuches für heutige Studenten, lehrte bis zur Pensionierung in der DDR, in Greifswald, Halle, Jena …

Eine seiner Medizinstudentinnen, Urlaubsbekanntschaft an der Ostsee, erklärte mir: Euthanasie sei der beste und einzige Weg für den Umgang mit geistig schwerbehinderten Kindern. Das war nicht die einzige „menschenfreundliche" Offenbarung, die ich zu hören bekam. Aber ein K. ist eben ein K!

Die Humboldts in Berlin fragten, ob ich nicht promovieren wollte. Nein, wohl doch nicht. Ich hätte „meine Kinder" verlassen müssen und singen sollen, was zu singen angeordnet war. Jüngst hörte ich von einer „wissenschaftlichen" Arbeit aus diesem Institut. Empfohlen wird (expressis verbis!) nicht zu singen „Auf der Donau wolln wir fahren …" das verstieße gegen das Prinzip der Anschaulichkeit. Anschauen könnten sich die Kinder die Donau ja nicht. Besser wäre „Auf der Elbe wolln wir fahren..." Offen blieb, wie weit denn dann zu fahren wäre?

Für einen K. kam so ein Ulk nicht in den Lebensplan.

„Was machen eigentlich die Kirchen bei uns in der Sache behinderter Menschen?", fragte mich die Kreisärztin. „Da entsteht in der Nähe ein neues Heim, halten sie mal Kontakt zu denen. Sie sind ja offen für solche Fragen." Keine Sorge. Ich galt in der Öffentlichkeit ohnehin als Mitarbeiter „der Kirche", denn um „so Kinder" kümmert sich doch nur die Kirche, hieß es.

Mein Sinnen ging aber schon lange in eine andere Richtung: Integration, Integration, Integration! Alle Kinder werden in einer sozialen Gemeinschaft geboren, lernen von ihr, leben in ihr, sind aufgehoben in ihr! Jede Trennung schafft das Übel, das wir beklagen und folglich dann „wissenschaftlich erforschen müssen". Sind meine Kinder Aliens? Ich stellte zum Entsetzen unserer Professoren fest: „Die Sonderschulen schaffen das Problem, das sie zu überwinden vorgeben!"

Eltern autistischer Kinder fragten bei mir nach Hilfe. In unserer sozialistischen Fachliteratur gab es Autismus kaum (dabei war das gesamte Staatswesen „autistisch, auf sich selbst bezogen"). Ich besorgte von Freunden aus dem „Westen" einen Lehrplan für „Autisten" und brachte diesen nach Rostock zu einer Familie. In meiner Kaderakte (Personalakte) erschien prompt ein Drohbrief des Zolls. Es sei untersagt, eigenmächtig Literatur aus dem NSW zu beschaffen. Das sei eine (siehe „Ambition") „Unterwanderung des Kulturabkommens zwischen der DDR und der BRD". Aus dem Hinweis versuchte die Behörde juristisch einen Stolperstein zu drechseln. Bemerkenswert im Nachhinein: Mit der sogenannten Wende verschwanden diese Drohbriefe aus der Personalakte. Wer reinigte da ungefragt?

Ich dozierte im Land und schrieb Stunde um Stunde, herrlich! Ich fuhr als Ratgeber durch MV.

Tagesstätten entstanden und Werkstätten für jugendlich gewordene Kinder, ein Wohnheim ... Von der Geburt bis ins Alter soll (muss) ein Platz unter uns bereit stehen!

Mit einer Kollegin schrieben wir ein Fachbuch über die Arbeit mit schwerstmehrfach behinderten Kindern, die nach Sinnen der Universität nicht „dazu" gehören sollten, „Pflegefälle". Wir hörten: „Unerhört!! Wie können einfache Mitarbeiter ein Fachbuch schreiben ohne die Universität, ohne zu fragen, gegen die verkündeten Beschlüsse des Ministeriums!? Wir sind Wissenschaftler, Professoren, sozialistische!! Es kann doch nicht jeder, so geht das nun wirklich nicht!"

So geht es wohl! Ich sah inzwischen etwas von der Welt, konnte erkennen, was in meiner Heimat nur Provinz blieb, politische Kleingärtnerei!

Aus einer Geschichte

... Besucher stehen nahe der Tür. Ich weiß nicht, ob ich sie bitten soll, näher zu treten. Mir fallen nur Belanglosigkeiten ein. Wie soll ich ihnen erklären? Sie wenden sich ab, zögern. Manche sichtlich in Panik. Ich glaube erklären zu müssen, was nicht zu erklären ist. Rede etwas hin: Die Kinder heißen ... ich habe Mühe mich der Namen zu erinnern: Ronny, Frank, Marina ... Nein, diese Namen sagen nichts „Röckchen, Fränki, Zottel nennen wir sie. Kann ich das erklären, eingestehen, dass wir Namen dieser Art brauchen, Verniedlichung einer Misere, Schutz unserer selbst oder eins werden mit ihnen?

Eingehüllt in einen Zwang zur Trauer stehen die uns besuchenden Studentinnen im Raum. Dann möchte ich mit ihnen wieder gehen. Sinnlos, hier zu stehen und sich abwenden zu wollen.

Ronny ist neun, sage ich; ich beuge mich zu ihm hinab auf die Matte. Er lächelt flüchtig und sieht zu den Studentinnen. Ronny ist neun, bemühe ich mich zu sagen. Er kann sich nicht allein bewegen. Spastiker seit der Geburt.

Er kann nicht sitzen, nicht reden, nicht essen. Wird es nie können, höre ich in mir eine Stimme. Ich nehme mir einige Sätze her, rede: Unser Bemühen wird bestimmt von … Das erklärt nichts.

Uferlos meine Gedanken. Ärger kommt mir auf über diese Zumutung. Begreifen setzt voraus, etwas begriffen zu haben.

Wie alt sind die Kinder, werde ich wieder gefragt. In dem Augenblick stelle ich fest, dass ich es vergessen habe.

Eine Kollegin hilft: Neun, zwölf, fünf, sechzehn. Beliebig. Kalendarische Daten, die einen Widerspruch schmerzlich aufreißen. Ich sehe meine Kinder da liegen wie Säuglinge. Sechzehn ist Zottel. Ich erschrecke darüber, denn nun beginnt in allen Köpfen der Alltagsvergleich: Ein Mädchen sechzehn, Schulabschluss … Den Augen der Besucher ist anzusehen, wie wenig zu verstehen ist. Ein Abgrund. Ein Widerspruch zerreißt alle Gedanken. Endlich gehen die Besucher. Einige blicken zurück. „Sind sie weg?", werde ich gefragt. Meine Kolleginnen in der Gruppe sehen mich an, sind bedrückt, stiller als sonst. „Ja" sage ich und „Ich möchte Ronny Essen geben. Plötzlich ist uns, als sei die Luft im Raum leicht und frisch. Geschäftig stellen wir Kindernahrung auf den Tisch und halten Servietten bereit. Niemand spricht über die Besucherinnen. Ich setze mich auf einen Kinderstuhl, bedecke meine Hosenbeine mit Tüchern, rücke den Teller und eine Schale mit Medikamenten zurecht. Eine Kollegin legt mir Ronny auf den Schoß. Mit der linken Hand stütze ich seinen Hinterkopf etwas, denn Ronny ist viel zu lang gewachsen für diese Säuglingshaltung.

Ich fühle mich sicher, da ich an nichts als an Ronny denken muss. Ich bin konzentriert. Ronny sieht mich an und lächelt mit seinen Rehaugen. Alle sitzen nun um den Tisch, haben ihre Fränki oder Zottel auf dem Schoß.

Wohliger Gleichklang der Sinne: Kind auf dem Schoß, gewachsen aus uns. Flüchtig nur dieser ewige Gedanke, beruhigend.

„Bitte, öffne den Mund, nur ein bisschen." Ronny grinst. Das ist gut. Ich schiebe den Löffel in seinen Mund, hebe ihn etwas an und verkante ihn zwischen Zähnen. Dann drücke ich die Zunge mit dem Löffel hinunter und habe nur Sorge, mit dem Happen tief genug, aber nicht zu tief in den Mund zu geraten. Der Brei soll in die Speiseröhre rinnen.

Ich sammle all meine Gedanken nur für die Handlung; wir sind uns nahe.

„Ja, so ist es gut. Noch mal, Röckchen.“

Dann lege ich den Löffel weg und streiche ihm eine Haarsträhne aus dem Gesicht.

„Noch mal Junge. Bist ja so spindeldürr.“ Ich achte nicht auf die Speisereste, die aus seinem Mund auf meine Beine rinnen.

„Wie sollst du groß werden, wenn du nur so wenig isst“, sage ich und spüre im gleichen Augenblick den Widerspruch in mir laut werden. Ich wehre die bedrängenden Gedanken ab. Nicht stören lassen, nicht ablenken.

Ronny, nicht entzweien lassen.

„Bitte iss“, sage ich und wehre mich gegen aufkommende Unruhe. Jetzt muss ich achtgeben, dass mir das Kind auf den Beinen nicht fremd wird.

O Gott, die Fäden zwischen uns sind so dünn, so fein. Sie reißen beim ersten abirrenden Gedanken.

Ich lege den Löffel beiseite, schütte die Medikamente auf den Brei, hebe den Löffel wieder zu seinem verschlossenen Mund. Seine Augen verfolgen mich.

Dann drücke ich den Löffel zwischen seine Lippen. Die Medikamente muss er einnehmen. Er muss schlucken. Ich spüre, wie sich der Gedanke ohne mein Zutun in mir hält. Ich verkante den Löffel. Ronny, iss, los.

Ich verliere Ronny, verliere ihn.

Einmal ohne Medikamente, was soll's, sagt eine Stimme in mir, und ich erschrecke darüber.

Ronny wird mir entgleiten. Ich will ihn nicht auf meinen Beinen liegen sehen wie einen Gegenstand, kann mich aber nicht zurückhalten.

„Nun mach schon. Nur noch ein bisschen. Nur die Medikamente.“

Er beißt sich am Löffel fest.

Mir ist elend. Ich fühle mich schwach und verdammt ungeschickt. Für Sekunden schließe ich die Augen, spüre ihn auf meinen Beinen und hetze alle meine Sinne auf diese Berührung. Dann drücke ich den Löffel fester zwischen die Zähne, hebe ihn an, streiche den Brei an der Oberlippe ab. Ich greife zur Nase, halte sie zu, um Ronny zum Schlucken zu zwingen. Bitte entschuldige.

Wohin ist der Augenblick, der Gleichklang der Gefühle?

106

Schweiß tritt mir auf die Stirn, ich wische mit dem Handrücken darüber.

Den Kosenamen denke ich jetzt nicht, ich verdränge ihn und mit ihm diese unaussprechliche stürzende Ohnmacht. Ich flöße Brei ein. Sehe kaum hin. In mir aber, kaum hörbar, bleibt dieser Name.

Meine Hände arbeiten mechanisch. Jede Bewegung ist verknüpft mit Gedanken an Schuld, Versagen, Schwäche. Aber ich wache mit Argwohn darüber, dass der Name erhalten bleibt.

Plötzlich habe ich den Wunsch, Ronny auf die Stirn zu küssen. Ich versuche, den Wunsch zu vertreiben, schüttle unwillig den Kopf. Aber der Wunsch bleibt: Verwandlung. Märchenprinz …

Das täglich dreimal. Je eine Stunde. Wie oft im Jahr?

Ich bin erschöpft.

Es wird gesagt, dass Ronny nicht lange leben kann.

Ich frage mich, wie lange ich das aushalte. Wie lange ich?

Ich säubere Ronny Mund und Kinn. Werfe die weißen Tücher weg. Ich richte ihn auf. Er sitzt auf meinem Schoß und grinst. Danke Ronny.

Jemand sagt: „Heute hat er aber gut gegessen.“

Mir ist, als tauche ich aus einer atemlosen Tiefe auf. Vor meinen Augen sehe ich Ronnys Kopf voller langer schwarzer Locken. Unzählige schwarze Locken.

Meine Reisen

Ich reiste 1980 ff. Zwei Gedanken bewegten mich auf allen Wegen: Spuren des Krieges finden, und sehen, wie Menschen mit Behinderungen leben.

Gern besuchten wir zur Freude Szczecin. Bunte Gläser gab es dort, preiswerten, fast westlichen Firlefanz auf dem Markt. Zwischen den Marktbuden wahrsagte mir ein hübsches schwarzes Mädchen die Zukunft. „Musst geben Geld in Hand“, sagte sie. Ich legte ihr einige Zloty auf die Hand. „Nein“, rief sie: „Große Geld gibt große Weisheit, gibt Zukunft, bittä.“ Ich legte ihr 50 Zloty auf die Hand und sie prophezeite mir: „Schene Frau und jung, Geld haben immer …" Meine 50 Zloty waren plötzlich verschwunden. „Wo ist mein Geld!" rief ich. „Ist bei Jesus Christus!" sagte die Schönheit lächelnd. Nun gut. Ist nicht die schlechteste Bank.

Eine Stadtkarte erstaunte mich. Sie enthielt auf einer Seite noch alle Straßennamen aus der Nazizeit, „Adolf Hitler Allee" …. Häuser wie in Frankfurt oder Stralsund, ehemals deutsche Häuser. Was war das für eine entsetzliche Zeit, gewaltsame Völkerwanderung von Ost nach West.

Alma Ata, Frunse (heute wieder Bischkek), Duschanbé, nahe Afghanistan. In Alma Ata sagte uns ein Reiseleiter: „Bis China sind es drei bis fünf Stunden mit Panzer:"

Junge Russen kamen in verzinkten Särgen vom Krieg aus Afghanistan zurück, was die in Kaftane gekleideten Einheimischen nicht so sehr aufregte, denn die Südländer galten den Russen des Sowjetreiches ohnehin nur als „die Schwarzen".

Die Alten auf dem Basar oder vor Häusern sitzend hatten überlebt, was durchlebten sie, als ich Kind war?

Auf den Basaren roch es geheimnisvoll, große Haufen dunkelgrünen, duftenden Krautes lagen dort. Männer rieben sich in muslimischer Tradition mit beiden Händen über das Gesicht und hielten die offenen Hände vor sich. (Erst Jahrzehnte später sollte ich erkennen, dass ein betörender Duft vom Kreuzkümmel kommt.) In einer Siedlung saß ein alter bärtiger Mann im Kaftan vor einem Neubaublock und neben ihm ein Pionier mit sowjetischer Einheitsuniform und rotem Halstuch. Ich meinte zu spüren, wie hier zwei endlos weit entfernte Welten aufeinander prallen. Erzählt wurde, wenn ein Kasache, Usbeke, Kirgise … sterbe, stellt die Familie eine Jurte zwischen die modernen Häuser, denn „sterben kann man nur in einer Jurte."

Taschkent, hier bewunderte ich kleine Anwesen aus Lehm mit weinüberwachsenen Innenhöfen und in Lichtleitungshöhe verlaufende Gasleitungen. Bis hierher kam der Zweite Weltkrieg nicht. Mit blauer Keramik geschmückte Moscheen sah ich. Blau, die Farbe des Wassers! Aus den Moscheen kamen ein paar alte Männer. Die Moscheen hatten einige Kriege überlebt. Sie stehen still, keine Spuren des unvorstellbaren Leids seit Timur oder Dschingis Khan.

Bürger mit Behinderungen, gar Rollstuhlfahrer sah ich nie. Der Koran, hörte ich, verpflichtet allerdings zur Fürsorge Bedürftiger. Der Zustand von Straßen und Wegen wird eine Öffentlichkeit nicht zulassen!?

Lehmhütten, so heißt es, halten ein Erdbeben aus oder fallen einfach um, bis zum Wiederaufbau. Es sollen täglich Erdstöße rumoren, wovon ich nichts merkte. In der Innenstadt überkam mich ein Bedürfnis. Die Dolmetscherin sagt: „Sie müssen gehen in Untergang." Diese öffentliche Toilette mitten im modernen Taschkent war in der Tat ein Untergang, Wasser und Schmutz schwammen über Löchern im Beton.

Aschchabad (Asgabat) ein Sprung nur bis in den Iran. Hier bekam ich einen im Grillfeuer gekochten herrlichen Kaffee, süß und dick schwarz. In der Wüste Kara-Kum erklärte unsere junge Dolmetscherin vor dem Kamelbesuch: „Hier lebt schwarze Tötchen, wie heißt, wenn Mann von Frau tott?"

Moskau und Leningrad (St. Petersburg) Budapest. In Leningrad besuchte ich Dostojewski in der Uliza Dostojewskowo, als eben vor dem Haus eine leichenblass aussehende junge Frau mit giftgrünem Mantel und gelben Gummistiefeln von Milizionären in ein Auto gezwungen wurde. Die Szene schien eben aus einem Buch Dostojewskis gebeamt zu sein.

In Leningrad empfand ich eine immerwährende Trauer. Die schreckliche Blockade! War mein Bruder stolz. War er auf seinem Pferd dabei?

In einem nahen Basar feilschte ich mit Babuschkas, die mir Honig und Sahne auf großen Löffeln vor die Nase schoben.

Budapest. Vom Schriftstellerverband eingeladen verbrachte ich zwei Wochen in der Nachbarschaft, Ungarn. Eine berühmte Hochschule mit Abteilungen für Menschen mit Behinderungen besuchte ich. Sie trägt den Namen eines der Väter pädagogischen Bemühens um Menschen mit Behinderungen. Kinderheime sah ich. Sie arbeiten mit unserem vergleichbar. Integration ist überall eine schwierige Aufgabe. Westdeutsche Wissenschaftlerinnen stellten eine Methode für den Umgang mit autistischen Kindern vor, „holding". Sie gefällt mir kaum. Das englische Wort enthält verschiedene Bedeutungen, davon wäre mir „Anteil"-nehmen, „Beteiligung" noch denkbar, fest„halten" aber nicht.

Eine private, vielbesprochene Institution, die vorgab, Kinder mit Behinderungen durch harte Traktur zu heilen, gewährte mir keinen Zutritt. Mein Eindruck. Nur Westleute (Geld) sind willkommen.

Eine Nacht mit einem Liter Wein aus einer Kneipe am Hodjueck(?), um Bilder zu vertreiben. Am folgenden Tag fragte mich die Sekretärin vom Schriftstellerverband: „Warum, Sie sehen so reizend aus?"

Den Grund, warum ich nicht frisch aussah, verschwieg ich. In der Nähe eines Museums musste ich gestern mit ansehen, wie ein kleines Mädchen im Wallgraben eben ertrunken war. Rettungskräfte behandelten das Kind lange und erfolglos. Ich stand hilflos, verzweifelt an der Brücke gegenüber und konnte nur ein „Vater Unser" beten – schrecklich.

Als Erinnerungsgeschenk an Ungarn konnte ich mir ein Buch aussuchen. Ich wählte eines über Geschichte und Kultur der ungarischen Juden. Diese Wahl fand bei den ungarischen Kollegen keinen Zuspruch.

In Moskau leistete ich mir eine (verbotene) Reise ins Land. Ich fuhr vom Bahnhof Warschawskaja ohne Fahrkarte genau eine Stunde ins Umland. Dort stieg ich aus und spazierte in der Kleinstadt umher. Kam der Krieg bis hierhin? Ich suchte, wie auf allen Reisen, Spuren des Krieges! Hier war der Krieg sehr nahe gewesen!

Der Ort erinnerte an Bilder aus „Timur und sein Trupp". Holzhäuschen, Obstgärten, kleine Brunnenhäuschen. Ein leer stehendes Haus besuchte ich heimlich. Ein Eisenbett rostete in die Zeit, Lehmofen, alle Wände waren mit Zeitung „Prawda" eines nahen Jahrganges tapeziert. Mich beschlich in dem Häuschen ein Hauch bösen deutschen Eindringens.

Vor der Fahrt zurück nach Moskau mit Fahrkarte(!) konnte ich noch ein tränenreiches, shakespearisches Liebesdrama beobachten. Ein Geiger und seine wunderschöne Russin trennten sich, stürzten in heftige Umarmung, küssten sich sehr lange, fielen wieder auseinander und flogen erneut aufeinander zu, bis der Zug nach Moskau kam. Ich spann mir eine schrecklich schöne Geschichte in das Kreischen des einfahrenden Zuges

Am Ende der DDR flog ich sogar nach London. Germanisten hatten mich eingeladen. Im Schönefelder Flughafen glühten die Stasicomputer. Sie wollten mich nicht so einfach in den Transit lassen. Auf dieser Reise nach L., ein bisschen um Europa herum, da wir von Ost nicht über West fliegen durften, erlebte ich aktuelles Amerika. Ein mehrfach ausgerufener und angetrunkener langer Kerl kam (zu spät) in das Flugzeug, legte sich über zwei Sitze, trank Wodka und lachte schallend über einen Komik, in dem er „las". Dieses Intermezzo vertrieb meine Sorge, die mich beschlich, denn vor mir saßen junge Männer. Sie sahen aus wie Palästinenser (bildete ich mir ein). Einen Metallkoffer schoben sie vor mir unter ihren Sitz. Bombe!? Wohl nicht, wenn sie darüber sitzen, oder im Osten, oder … Es klebte ein Vorurteil beharrlicher als Berliner Kaltleim im mediengespeisten Verstand.

Hinter mir saßen im Transit Reisende, die redeten in einer Sprache, von der ich immer eben meinte: Ich müsste sie eigentlich verstehen. Dann in Amsterdam Zwischenlandung. Der besoffene

Amerikaner ging laut lachend mit leichten Schlingerschritt durch die Halle.

Grüne glänzende Äpfel und bunt aufgepfropfte Kakteen in einer Vitrine faszinierten mich. Sie sollen echte Natur sein.

Mit der KLM nach London. Neben mir über den Gang saß ein kleines Mädchen mit hoch eingegipstem Bein. Nur der große Zeh sah aus der Packung. Wir grinsten uns an. Ich wackelte mit dem Daumen und ihr großer Zeh winkte zurück.

London, 300 Pound für den Gast, herrlicher Sonnenschein (!) und dem unüberhörbaren Eindruck, dass London im „gemeinsamen Haus Europa" (Gorbatschow) doch gerne im Garten einen Pavillon allein beziehen möchte.

Ich besuchte in London und Umgebung dutzende Häuser für Kinder mit Behinderungen, erlebte lebendige Integration (heute Inklusion) auf meinem Platz sitzend zwischen Kindern in einer Turnhalle. Aufgeregte Kinder spielten in der Turnhalle ein Theaterstück, Dramatik ist Unterrichtsfach!

„Meine Lehrer müssen lernen, Kinder mit etwa zwanzig verschiedenen Muttersprachen zu unterrichten, Kulturen aus aller Welt", erklärte mir der Schuldirektor!

Zu dringender „Familienangelegenheit" fuhr ich früher schon mehrfach in die ordentliche, knallbunte, saubere BRD mit 10 DM vom Staat!

Eine Szene an der Grenze nahe Hof. Der kontrollierende Offizier fragte meinen Nachbarn, der in Leipzig zugestiegen war, beim Blick in den Ausweis: „Wenn sie so heißen, müssen sie auch malen können."

„Aber klar, Herr Hauptmann, kann Sie och male." Als wir über die Grenze waren, fragte ich meinen Nebenan: „Entschuldigung, sagen Sie mal. Das interessiert mich nun doch. Wie heißen Sie als Maler?"

„Na, Willem Busch heßch un den Polizisten werdch male aber mit en Hunnekopp!"

Zusammenfassend zu meinen Reisen: Die deutsche Grenze Ost und West ist widersinnig, stört Sinn und Gefühl, zerstört Leben.

Der Zweite Weltkrieg verfolgt mich überall.

Entgegen üblicher Propaganda bekam ich in Frankreich das schlechteste Essen aller Reisen. Einen kalten Hühnerschenkel auf ein Blatt Salat geschmissen. Die französische Küche ist vielleicht nicht immer „gourmandise".

London erlebte ich nicht im Kriminebel, sondern neun Tage Sonnenschein im Mai.

Ich konnte mich in und um Moskau recht frei bewegen. Die Hauptstadt, in der zu Sowjetzeiten jeder Ausländer als ein feindlicher Agent galt, war mir wohlgesonnen. Zufall, Glück gehabt?

Wieder letzte Worte?

Die bekannte Kugel, blitzend, scheppernd, rollend? Änderung radikal, (wieder einmal!) so etwas hatten wir nicht gelernt. Man geht treu, redlich und arbeitsam seinen Weg bis zum Grab. Die Zeit rennt heute weg, rücksichtslos.

Wir, Ich, vermerkte(n) alles Neue mit Skepsis (Marx) oder Angst … Das ist der alte Zopf. Weg damit! Einen Übergang zur Aufklärung mittels Sprache suchte ich schon längst. Kleine Geschichten schreibe ich über meine Kinder und unsere Welt:

Auskunft

Ich stieg die schmutzige Treppe hinauf zum Bahnsteig. Der Wind trieb dort Rauch und Schwaden von Dampf unter das schräge Dach. Spatzen schwirrten über Schienen. Ein Schild mit roter Schrift zeigte an, wann der Schnellzug kommen soll. Am Geländer der Treppe stehend sah ich zwei Frauen dort hinauf kommen. Die ältere trug zwei hellbraune Koffer. Neben ihr ging ein Mäd-

chen mit eiligen Trippelschritten. Das Mädchen hatte ein flaches, rundes Gesicht. Mit ihrem gelben Mantel, weißen Kniestrümpfen und roten Schuhchen sah sie aus wie ein Kind. Als sie an mir vorüber ging, sah ich, dass das Mädchen kleine, etwas asiatisch anmutende Augen hatte.

Beide gingen zu einer dunkelgrünen Bank. Das Mädchen setzte sich sofort auf die Bank und legte ihr weißes Täschchen auf den Schoß. Die ältere Frau stellte ihre Koffer ab, stand neben der Bank und sah zu der roten Schrift nach der Abfahrt. Sie war schlank und trug einen Kamelhaarmantel. Um den Kopf hatte sie ein braunes Tuch gewunden.

Ich lehnte mich an das Eisengeländer, zündete eine Pfeife an und warf das Streichholz zwischen den Schotter.

Einige Spatzen flatterten dahin, wo das Streichholz zwischen die Steine gefallen war. Sie hüpften hin und her, drehten die Köpfe und äugten mit ihren schwarzen Knopfaugen zu mir. Ich zerbrach ein Hölzchen und schnipste kleine Stücke auf den Boden.

Die Spatzen flatterten auf und hüpften eilig zu den Hölzchen.

Ich dachte, dass mit der jungen Frau, die aussah wie ein kleines Kind, etwas nicht stimmt, spielte aber weiter mit den Spatzen, die sich vor mir versammelt hatten und ihre Köpfchen aufgeregt wendeten.

Ich fuhr jede Woche diese Strecke und kannte die Züge und die Spatzen auf dem Bahnsteig. Manchmal sah ich zu den beiden Frauen, das Mädchen saß noch immer aufrecht auf der Bank und hielt beide Hände auf dem Täschchen verschränkt. Dann sah ich die zwei nicht mehr, weil andere Reisende zwischen mir und den zwei Frauen standen. Alle warteten neben ihrem Gepäck.

Ich zerstückelte eine alte Fahrkarte so, dass die Krümel aussahen wie Brotkrumen und schnipste sie zu den Spatzen. Diese hüpften bis dicht vor die Krümel und sahen nur flüchtig hin ohne danach zu picken.

Ich kannte auch das und wunderte mich jedes Mal darüber, dass die Spatzen Pappkrümel von Brot- oder Keksrümeln unterscheiden konnten.

Dann sagte der Lautsprecher eine Verspätung an, aber auch das kannte ich und spielte weiter mit den Vögeln.

Nachdem der Lautsprecher mit einem Dreiklang verstummt war, ging die schlanke Frau mit dem Kamelhaarmantel und dem braunen Tuch die Treppe hinab.

Jemand in meiner Nähe sagte: „Würden sie mal auf meine Tasche achten, ich möchte nur zur Auskunft." Ich nickte und achtete auf die Spatzen und auf die Tasche.

Dann sah ich die junge Frau mit dem gelben Mantel. Sie trippelte auf dem Bahnsteig umher und fragte eine Frau: „Wo ist Mutti?", die Frau musterte die im gelben Mantel und wendete den Kopf ab. „Kommt Mutti wieder?", fragte die junge Frau. „Ja sie kommt gleich wieder." sagte die junge Frau und lächelte ihrer Nachbarin zu.

„Ach so" sagte die junge mit dem gelben Mantel und ging zu ihren Koffern zurück. Sie setzte sich und stellte ihre Füße mit den Spitzen zusammen, legte das weiße Täschchen auf ihren Schoß und faltete die Hände darüber.

Die Reisenden sahen ihr nach und einige lächelten.

Als sich der Lautsprechen mit dem Dreiklang meldete, stand sie wieder auf. Man hörte, dass der Eilzug dreißig Minuten Verspätung hätte. Meine Spatzen waren beim ertönen des Lautsprechers aufgeflattert.

Ich nahm meine Umhängetasche und ging auf den Bahnsteig entlang.

„Kommt Mutti wieder?", hörte ich die junge Frau fragen.

Sie blieb vor einer Dame stehen, hielt den Kopf etwas schräg und wartete. Die Frau wendete den Kopf zu ihrem Mann, der aber hatte nicht gehört, was die junge Frau gefragt hatte. Die Dame sah Hilfe suchend zu ihrem Nachbarn, dann sagte sie zögernd: „Ich kenne ihre Mutter nicht."

„Kommt Mutti wieder?", fragte die Junge. „Ja", sagte nun die Angesprochene betont freundlich, „sie ist nur zur Auskunft:"

„Ah so!" antwortete die im gelben Mantel. „Die saß doch vorhin auf der Bank mit einer Frau. Sicher ist sie nur mal weggegangen." Sagte der Mann zu seiner Frau und hob den Kopf, um die Bank sehen zu können.

„Würde so eine nicht allein auf dem Bahnsteig lassen!", sagte er und knöpfte seinen Mantel zu. Er sagte: „So eine."

„Red' nicht", sagte seine Frau schnell, „man wird doch mal helfen können, ist doch nicht zu viel, oder?"

„Weiß gar nicht, wie man zu so einer reden soll", antwortete der Mann.

Die Reisenden in der Umgebung hatten alles mit angehört.

Sie nickten dazu oder redeten über die Sache, weil sie Zeit hatten und zusammen warten mussten. „So eine bleibt wie ein Kind", wusste eine Frau.

„Ich bin mal mit so, also die hat ordentlich dagesessen die ganze Fahrt, nicht wie andere Jugendliche." Sie merkte nun, dass ihr keiner mehr zuhörte und konnte von den anderen Jugendlichen nicht mehr berichten. Alle sahen zu der Bank.

Ein kleines Mädchen war vor dem mit dem gelben Mantel stehen geblieben und sah sie unverwandt an. Die mädchenhafte Frau auf der Bank lachte das Mädchen an und das kleine Kind lächelte zurück. Sie konnte aber nicht weiter bei ihr stehen bleiben, denn ihre Mutter zog sie weg. Die Mutter nickte der auf der Bank zu und sagte: „Ihre Mutter kommt bestimmt gleich wieder!"

Die Junge im gelben Mantel blickte der Mutter und dem Kind nach, dann stand sie wieder auf, um nach ihrer Mutter zu fragen.

„Sie kommt gleich wieder" oder „Sie ist nur zur Auskunft", sagten die Reisenden, denn sie kannten jetzt die junge Frau.

Jedes Mal hörte ich, wie sie „Ah so" antwortete.

Eine Lokomotive fuhr vorüber. Stinkender Rauch verzog sich unter dem Bahnsteigdach. Die Lokomotive stampfte laut und Dampf pfiff aus Ventilen.

Reisende, die mit mir standen oder wie ich hin und her gingen, warteten. Alle auf dem Bahnsteig warteten zusammen auf den Zug und zwischen ihnen ging die junge Frau im gelben Mantel. Sie wartet auf ihre Mutter und auf den Zug.

(1977)

In dutzenden Lesungen nach 1980 überall im Land hörte ich von einer Schande. Kinder, die ich zu Hause meine Kinder nannte, lebten noch heute unerkannt. Sie galten nicht in der sozialistischen Pädagogik. Da hilft dann vielleicht Aufklärung, Bücher, eine andere Sprache?

Wir gründeten einen Verein, Rollstuhlfahrer, andere Schwerbeschädigte, (Begriff aus der DDR), Eltern.

116

Ich berichte stolz über unseren Verein. Das ist ein Schritt voran! „Sind sie verrückt", fragt die verständnisvolle, gestrenge Genossin. „Einen Verein! Es kann doch nicht jeder einen Verein gründen, wie er will. Sie kommen damit in Teufels Küche" (von dieser „Küche" hatte ich schon gehört).

Was nun? Wir werden mit dem „Verein" zu einer Arbeitsgruppe der Kreisrehabilitationskommission und sind unter sozialistischem Dach (Kontrolle).

(Mir fällt ein: Hitler begann nach 33 alle Vereine, Verbände und Gruppierungen bis zur Kirche unter Parteikontrolle zu bringen, Gleichschaltung.)

Dieser Vergleich ist bitter.

Wir wollten ein kleines freundliches Ländchen, DDR! Ein kapitalismusfreies bescheidenes Zuhause. Im Rückblick möchte ich diesen Vergleich nicht, wir waren nicht so, es war so …

Missbrauch unserer Geschichte durch die SED!? Wo ist der ehrliche Traum von Ché und Fidel?

Ärztliche Versorgung meiner Kinder ist sehr gut. Alle werden HNO-ärztlich und augenärztlich versorgt. Die Zahnärztin hat im Haus eine Behandlungseinheit, an der unsere Kinder auch spielen dürfen. Die Kinderpsychiaterin und Allgemeinmedizinerin sind oft im Haus.

Sind wir im autoritären Staat privilegiert? Man hört auch das Gegenteil aus dem Land?

Unsere oberste Chefin, Kreisärztin, geht zur Parteischule. (wird gegangen!). Strengste Klausur für ein Jahr.

Sie beschwert sich bei mir im Gespräch über die klosterstrenge Überwachung! Unterzog sich aber dem Wirbel leerer Worte auf der Suche nach einem Begriff, der allenfalls im Sollen verborgen liegen mag.

Ihr Amt wird ad interims von einem Herrn Doktor geführt. Wir nennen ihn wegen seines Bartes „Sandmännchen". Eine Apotheke wird umgebaut und „meine" Rollstuhl-Vereins-Kollegen berichten, es gäbe dort keinen Zugang, nur Stufen, nicht einmal eine Klingel …

Der amtierende Herr Kreisarzt a. i. eröffnet die Apotheke feierlich und ich beschwerte mich in der Zeitung über den fehlenden Zugang für Rollstuhlfahrer und ältere Bürger. Anruf aus seinem Büro: Sie haben sich um 15.30 Uhr beim Chef einzufinden.

Dort eine fremdes Sprachspiel: „Sie schädigen das sozialistische Gesundheitswesen und dessen Errungenschaften mit ihrer Fehlerdiskussion. Ich werde sie dienstrechtlich oder strafrechtlich zur Verantwortung ziehen!"

„Aber da kommt nicht einmal ein Gehbehinderter ins Haus."

„Das ist ihre subjektive Sicht. Jeder kann über den Hof, dort bei der chirurgischen Abteilung, in das Haus fahren und den Gang zurück bis zur Apotheke."

„Aber die Türen sind immer verschlossen."

„Dafür gibt es Klingeln."

„Im Punkt Acht der UNO-Deklaration über die Rechte von Menschen mit Behinderungen heißt es: ‚Behinderte haben Anspruch darauf, dass ihre Bedürfnisse auf allen Stufen der wirtschaftlichen und sozialen Entwicklung berücksichtigt werden'."

„Kommen Sie mir nicht mit so westlichen Informationen. Sie werden von mir hören!"

Ich werde müde und zitiere: „Die Grenzen meiner Sprache sind die Grenzen meiner Welt. Das Sprechen einer Sprache ist Teilnahme an unserer Lebensform. Lebe ich in einer anderen Wirklichkeit, Parallel-Existenz? Ich nehme nicht teil!

Es geht doch nur darum, dass ein jeder Zugang zum Leben hat!

Trost mit Shakespeares 66. Sonett in den Abendstunden zu Tabletten, Pfeife und Rotwein:

66. Sonett von Shakespeare, übertragen von Stephan Hermlin (1945)

All dieses müd, schrei ich auf zum Tod:
Seh ich Verdienst am Bettelstab verdorrn,
Ein dürres Nichts wird Regel und Gebot,
Und reinster Glaube feige abgeschworn,
Und hohe Ehre übel abgetan,
Und Mädchentugend fürchterlich geschändet,
Vollendung in des Fehlers niederm Bann
Und Kraft in hohle Ohnmacht hingewendet,
Das Wort von Macht gebunden welkt dahin,
Narren gesetzt über die Wissenschaft,
Und Einfach-Wahres als Sturheit verschrien,
Und Sklavin Güte in Verruchter Haft:
    All dieses müd, möchte ich von hinnen sein,
    Nur ließ ich dann im Sterben dich allein.

Kein Spiel mit dem Baum

„Trisomie 21, nach der Beschreibung auch Down-Syndrom oder „Mongolismus"(was böse falsch ist!) genannt, in Büchern auch als „mongoloide Idiotie" bezeichnet (was eine Schande ist!) betrifft eine auf sechshundert Geburten. Es findet sich immer ein intellektueller Tiefstand und sehr oft auch noch Missbildung am Herzen."

„Komm. Setzt dich zu mir", sagte der Mann.

„Nein, ich kann nicht mehr, verstehst du: Ich kann nicht mehr!"

„Aber sei doch vernünftig. Du weißt selbst, dass es nicht anders geht"

„Was heißt anders geht? Bei den meisten Frauen geht es anders. Bei mir nicht, warum bei uns?"

Sie saßen sich gegenüber. Es war zu späterer Stunde und das Zimmer lag in rötlichem Dämmerlicht. Sie wussten nicht mehr, wie lange sie schon so gegenüber saßen? Früher hatten sie beieinander gesessen und etwas getrunken, geredet, stellten den Fernseher an …

Später tranken sie dann, betranken sie sich. Aber das war, als sie nicht mehr wussten, was sie reden sollten. Sie saßen am Tisch und die glatte Tischplatte war leer.

„Sag mir, was ich tun soll?", fragte er. Er redete wie jemand, der einen neuen Anfang machen möchte. Sie sah zu ihm. Ihre Augen waren weit geöffnet. Er sah auf den glatten, leeren Tisch. Manchmal hob er den Kopf und dann sah er, dass seine Frau sehr gerade im Sessel ihm gegenüber saß. Im Zimmer war es jetzt fast dunkel. Eine Uhr tickte. Dann sagte sie still wie zu sich selbst: „Du gehst jeden Tag aus dem Haus, aber ich sitze hier mit ihm."

„Das ist ungerecht. Es ist meine Arbeit", sagte er.

Dann schwiegen sie. Im Raum war nur das Ticken der Uhr zu hören. Er nahm einen flaschengrünen Aschenbecher vom Teewagen und stelle ihn auf den Tisch, weil ihm kalt war.

„Du weist genau, dass ich nicht sagen kann: Impft eure Schweine und Kühe selber. Das ist meine Arbeit!"

„Und ich kann nicht mehr aus dem Haus gehen!"

„Das ist übertrieben", sagte er. Und: „Es ist unser Kind!"

„Das ist ja das Schreckliche, unser Kind. Jeder sieht nur einmal in den Kinderwagen. Taktvoll unterdrücken meine Bekannten Fragen, die sie gar nicht zu stellen brauchen. Ich höre, was sie nicht sagen, verstehst du. Ich höre!, verstehst du das?"

„Nein, ich verstehe das nicht. Es ist unser Kind", sagte der Mann sehr streng. Er war erschrocken über seine kurze Stimme.

„Weißt du, dass ich in der Umgebung keinen Namen habe? Ich bin „die mit dem Kind, die mit dem Kind!", rief sie nun laut und begann zu weinen.

„Ich hasse das Kind, hörst du, hasse!"

„Ich verstehe dich nicht und ich kann dir nicht helfen, wenn du das Kind hasst, ich kann nicht!", seine Stimme versagt ihm fast. Dann stand er auf und holte eine Flache aus dem Schrank. Er goss sich ein Glas randvoll und stellt beides auf den Tisch.

„Kann nicht ändern, kann dir nicht helfen!", schrie die Frau. „Das sagst du mir nach sechs Jahren! Ich fasse mein Kind nur widerwillig an. Es kriecht hier im Zimmer umher, beleckt die Möbel. Ich will ein richtiges Kind! Ich hocke täglich in dem Käfig und der Arzt sagt, er wird behindert bleiben, nie ein richtiges Kind, nie ein Schulkind!"

Ihre Stimme klang schrill. Sie stand schnell auf und rannte aus dem Zimmer.

Er blieb allein, hatte die Ellenbogen auf die Knie gestützt und sah in den leeren, grünen Aschenbecher. Jetzt hörte er wieder das Weinen aus dem Schlafzimmer und immer, wenn er sie weinen hörte, sah er sie im Schlafzimmer liegen. Er sah einen tränennassen Fleck, wo ihr Kopf lag, und der Fleck schien rot.

Überall sah er das, weil überall das Weinen zu hören war. Er fragte sich jetzt, wann er zuletzt neben ihr gelegen hatte und wann er seine Hand auf die zuckende Schulter gelegt hatte. Dann kam seine Hand nicht mehr bis zu ihrer Schulter. Er trank das Glas mit einem Schluck leer und füllte es wieder auf. Dann überlegte er, ob er seiner Frau von der Angst vor dem Baum hätte erzählen sollen.

Jeden Tag zweimal auf dem Weg zur Arbeit und zurück, sah er den Baum. Aber Bäume stehen und warten.

Ihm war jetzt wohler, nachdem er getrunken hatte. Er stand auf, stellte sein Glas auf den glatten Tisch und ging zum Kinderzimmer. Hier war das Weinen nicht so deutlich zu hören.

Sein Sohn lag zusammengerollt im Gitterbett. Mit seinen geschlitzten Augen und dem flachen Gesicht sah er aus wie ein Buddha. Er hatte den Mund offen und atmete leise raschelnd. Im Mund lag eine dicke, etwas rissige Zunge. Die Zunge erinnerte an eine Landkarte vom Flussdelta mit Rinnsalen und Rinnen.

Er nahm eine der kleinen tatzenartigen Händchen, hielt sie etwas und legte sie vorsichtig zurück auf das Betttuch.

In dem Moment sah er wieder den Baum. Der stand dicht neben der Brücke. Auf einer Seite war die grob rissige Borke mit grünem Moos bewachsen.

Zurück im Wohnzimmer hörte er das Weinen nur noch schwach. Er trank noch ein Glas, warf seine Kleider auf einen Sessel, nahm eine Decke und legte sich auf die Liege.

Morgen wartet der Baum, dachte er, ehe er einschlief.

In einem Polizeibericht hieß es: Ein PKW sei aus noch unbekannter Ursache von der Straße abgekommen und mit hoher Geschwindigkeit gegen den Baum an der Brücke geprallt. Der Insasse muss auf der Stelle seinen Verletzungen erlegen sein. Weitere Untersuchungen zum Unfall folgen.

Schriftsteller, Scheu vor großen Namen? Zwei vorbereitete Kinderbücher lenkten meine Sinne. Für vorurteilsfreie Kinder schreiben? Erwachsene beharren in gewohnter Sprache. Ob ich Mitglied werden solle in dem Schriftstellerverein, befragte ich meinen Kritiker Günter und ein Eschenblatt, ja, nein, ja, nein … Günter meinte: „Mensch, mit dem Verband bist du privilegiert, lebst du besser!"

DDR-Politik wird immer sturer, uneinsichtiger. Neue Worte werden für jahrhundertealte Berufe erdacht (war das nicht schon einmal zu NS-Zeiten?). Ein Fleischer heißt nun kurz und knapp: „Facharbeiter für die Be- und Verarbeitung von Fleischprodukten der sozialistischen Landwirtschaft."

Journalisten wird mehr und mehr vorgeschrieben, was sie zu schreiben haben. Es soll von Goebbels auch eine Liste mit verbotenen Wörtern gegeben haben! Was wird zu sagen bleiben. Nachgebete, Verlautbarungen, Privatsprache.

Kinder mussten auf dem Schulhof in angeordneten Kreisen gehen, marschieren später im vormilitärischen Unterricht? Ein LPG-Vorsitzender sagte: „Egal, ob sinnvoll oder nicht. Die Partei hat es so beschlossen, also wird es so gemacht!"

„Meine" Kreisärztin verkündete stolz, dass alle Chefärzte im Klinikum Genossen sind. Und man erwarte, dass kein Mitarbeiter der Klinik einen „Antrag auf illegales Verlassen der DDR stellt!"

Worte wie Genosse und Obrigkeit klangen synonym. Beschlossen war, die Leitung muss ein treuer Genosse für den groß gewordenen Rehabilitationsbetrieb übernehmen.

Ich war „nur" in einer Blockpartei und meine Ambitionen führten auf andere Wege. In zahllosen Lesungen und Vorträgen hatte ich den Eindruck gewonnen, dass es kaum Sinn bringt, mit Erwachsenen über das Thema Behinderung zu reden. Kinder dagegen nehmen auch andere Bilder vorurteilsfrei an. Meine eigenen Kinder sahen bei einer meiner Bekannten, sie hatte ein Bein 45 durch eine Mine verloren, sie sahen, da fehlt ein Bein, „überprüften" unter dem Rock und wussten, das ist so. Punkt.

Zuerst kam für die Leitung der Tagesstätte ein unglücklicher junger Mann, Sohn des höchsten Genossen im Bezirk, als mein Nachfolger.

Er hatte marxistische Philosophie studiert und sich zum Alkoholiker gesteilt. Sein Vater wünschte …

Ein Genosse Doktor wurde zudem als oberster Betriebsleiter für die Rehabilitationseinrichtungen, Frühförderung, Tagesstätte, Werkstätten und Wohnheim gewonnen.

Von 0 bis ins Alter hatten wir einen Platz für jeden Menschen mit Behinderungen. Integration oder Inklusion blieben als Aufgaben. „Versuchen wir das mal", sagte mir die Kreisärztin, „mit dem Genossen Doktor als Direktor. Das ist der letzte Versuch mit ihm. Wo soll ich ihn sonst unterbringen?"

Wir versuchten, ich erlitt. Das Bild: Wir gehen beide, der Herr Doktor und ich, durch das Haus, Teil „seines" zukünftigen Rehabilitationsbetriebes.

„Wollen wir mal einen Blick in eine Gruppe werfen. Die Kinder sind gerade beim Lernen?"

„Herr K., meine Aufgabe ist, über die Einhaltung der sozialistischen Gesetzlichkeit zu wachen. In einem Gruppenraum bei spielenden Kindern werden Sie mich nicht sehen."

Die fremde Kugel flippt derb! Wir wurden sozialistischer Rehabilitationsbetrieb, parteigeführt wie üblich.

Das ist meine Welt nicht mehr. Ich ging im Dienst zu den großen Kindern für den halben Tag, erzählte ihnen Geschichten: „Es war einmal ein Mann, der hatte sieben Söhne …" Nun folgten Töchter und dann die Namen aller meiner Zuhörer. Diese saßen gebannt wartend, bis ihr Name fiel …

Den Rest des Tages schrieb ich mit anmaßender Hoffnung. Ein Kinderbuch erschien. Ein österreichischer Verlag kaufte das Büchlein.

In unserem kleinen DDR-Ländchen begann es inzwischen landauf landab zu flippern. Unsere Welt bröckelte, mein Leben in (mit) ihm. Nein, das ist doch nicht unser Land, unsere Heimat, wo junge Leute einfach in den Westen abgeschoben oder eingesperrt werden, weil sie auf ihre eigenen Worte beharren. Ist „Sozialismus" ein von der SED verratener Traum!?

Ein Signal, sic: Dürftig bestückte Regale in Kaufhallen füllten sich mit billigem Schnaps. „IM" leisteten Überstunden. Überall eckten Kugeln an und sprangen blitzend weg. Einige sprangen hinter Gitter, manchen traf ein Prügelstab oder eine Knebelkette. Junge Leute sammelten sich in Botschaften-Ost rund um ihre Heimat.

Eine Kollegin prophezeite: „Wenn die Nachrichten sagen, guten Tag Herr K., sind alle drüben."

Meiner Frau hatte ich das Haus für die Kinder geschenkt und nun war ich in eine tiefere Furche geraten, obdachlos, wohnte in einem Häuschen auf dem Land, eine Zeit auch in meinem Büro, dann unter dem Dach einer uralten Wassermühle.

Ein Manuskript hielt mich oben. Quartier fand ich endlich im kirchlichen Heim. Mein Kinderbuch erscheint in Österreich.

Immer lauter und immer dissonanter tönte der Gesang: „Die Partei, die Partei, die hat immer Recht!"

Fünfzigster Geburtstag! Fünfzig Jahre im Land meiner Geburt. Wer erinnert sich des Weges und ihrer Steine im Weg? Welche Sprache, welch enge verordneter Sprache??

Irgendwann 1988

Unser hochgelobter Autor, ZK-Mitglied, berichtete von Spuren des Todesmarsches der Juden aus dem KZ in nahen Wäldern. Dort mussten die Häftlinge zwischen den Bäumen unter freiem Himmel übernachten. Sie zeichneten manchen Baum. Ich ergreife die Gelegenheit und rufe auf zur Gründung einer Interessengemeinschaft „Jüdische Kultur und Geschichte". Ein Aufruf erscheint. Zum verabredeten Termin sitzen wir, meine Frau und ich, im Haus des Kulturbundes und warten. Es erscheint nicht eine einzige Person!

Ich ziehe mich zurück, will nicht hören noch sehen. Manchen Tag arbeite ich bei den „Stolpervögeln". Diese kleine Herde kann ich kaum bewältigen. Wie meine Kolleginnen das schaffen? Sitzen endlich alle am Tisch, fällt der erste vom Stuhl. Ein kleines Mädchen, das mir immer gerne beim Tischdecken hilft, wird plötzlich abwesend und ein Arm stößt boxend seitlich ab. Das geht einige Male, dann ist sie wieder bei uns und das Gedeck auf dem Fußboden. Die kleinen Anfälle hat sie trotz eines Medikamentes. Sie schaden dem Kind jedes Mal ein wenig.

Jede Woche einmal habe ich Steffi einen Tag und ebenso Sven. Steffi kann nur den Kopf etwas bewegen. Ich spiele mit ihr, erzähle mit Märchenstimme spontan Geschichten. Immer dann, wenn ich märchenhaft irgendwelchen Unsinn säusele, lachen wir und sie liegt ganz entspannt auf der Matte. Um uns liegen Farbtafeln mit Buchstaben, kleine und große Bälle, ein Metallophon … Steffi bekommt zu Hause etwas Unterricht. Wir eroberten Geld und einen pensionierten Lehrer für Steffi. Steffi meint, so sagt die Mutter, Herr S. sei ihr Lehrer, ich aber sei ihr Freund.

Sie starb plötzlich als jugendliches Mädchen. Sven kann beachtlich lernen. Er geht wie ein Weberknecht. Ich nenne ihn Bruder Langbein. Wenn er auf dem Flur freie Bahn hat, geht er einige Meter. Er sprudelt Spucke vor Freude über die wenigen Schritte. Dann kann er vor Freude sich nicht mehr auf den Beinen halten. Ich fange ihn auf und wir sitzen beide lachend auf der Erde. Buchstaben und Zahlen versteht er zu bezeichnen. Es ist nur kaum möglich ihn zu verstehen. Seine Worte klingen verzogen und gedehnt wie von einer falsch eingestellten Schallplatte. Wegen seiner Spastik kann Sven leichte Plastikspielzeuge nicht halten. Bälle hüpfen ihm weg, ehe er recht zugreifen kann. Gern schleppt er auf dem Hof grobe Hölzer, die Schubkarre vom Hausmeister oder dicke Findlinge umher. Neben unserem Spielplatz ist der Pausenhof einer Schule. Ein Eisenzaun trennt uns. Die eiserne Tür zum Schulhof ist aus der Angel gebrochen. Sven bugsiert die Tür umher. Das ist sein Gewicht!

Das Spiel mit der Tür wird alles sein, was Sven je von einer Schule haben wird.

Fünfzig, Zeit für einen Rückblick.

Was war das für ein Weg? Meine Mutter vollbrachte einen Rekord, der kaum anerkannt wurde. Zwölf Kinder, drei tote Söhne, einen so zeitig gestorbenen Mann, Kriege und Notzeiten.

Einmal fragte sie mich: „Warum musste ich vierzig Jahre ohne meinen Mann leben?"

Sie hat uns Kinder durch die schlimmste Zeit gebracht!

Erinnerung und Abrechnung

Hier muss es gewesen sein, ich erinnere mich genau an eine von gestutzten Linden gesäumte Allee, eiserner Zaun und nach rechts hin eine Anhöhe, über die zwei gepflasterte Zufahrten im Bogen vor eine Villa laufen, Pionierhaus, FDJ Domizil seit 46.

Eine weitläufige Wiese, erinnere ich mich noch, exotische Bäume mit glatten Stämmen, kugligen Früchten, Sträucher mit großen Blättern, Blüten wie Sektgläser.

Hier muss es gewesen sein, dachte ich eben, als ich auf den groben Sandsteinen eine kaum leserliche Schrift gewahrte: Archiv sichergestellter Worte. Das hatte ich gesucht ja, ja das hatte ich gesucht.

Deutlich erinnerte sich mir in dem Augenblick, als ich die kaum leserliche Schrift sah: Hier ist der Eingang. Hier hat es begonnen.

Ich zwängte mich durch die verrosteten schmiedeeisernen Tore. Sie gingen kaum zu öffnen wegen wuchernden Grases und einzelner sprießender Holunderruten. Ja, den Weg war ich gegangen in meiner Kindheit. Die kleingepflasterten Auffahrten führten in elegantem Bogen zu einem säulengestützten Balkon vor einer Villa.

Ja, das ist der Weg, das ist der Weg! Nach fast fünfzig Jahren ging ich jetzt wieder hinauf, als plötzlich neben mir ein alter Mann auftauchte, ohne dass ich gesehen hätte, woher er gekommen war. Einer von den Grauköpfen, die heute überall anzutreffen sind: Weste mit Reißverschlüssen an allen Taschen, Wildlederimitat, grünlich-braun, Rentneruniform, Jäger, Billigware, Kinderarbeit, dritte Welt. Wird auf Wochenmärkten feilgeboten.

Früher trugen sie Leder, dachte ich.

Aufseher? Ruheständler, die im Kopf tragen, was ausgesprochen werden sollte, die uns mit ihrem Schweigen penetrant stören bei Tag und bei Nacht.

Auffällig waren mir bei diesem Mann jetzt die tabakgelben Finger der rechten Hand. Sie beunruhigten mich unerklärlich. Sie erinnerten mich an etwas, was ich jetzt nicht benennen konnte.

Plötzlich wusste ich: Ich hatte ihn hier erwartet, hatte ihn erwartet. „Entschuldigung, wollte mir nur den Ort näher ansehen", erklärte ich. „Am Tor sah ich eine verwitterte Schrift, Archiv, Worte ... Nicht recht erkennbar, der Rest."

„Musst dich nich entschuldigen. Nennst das Rest, wa. Is viel mehr!"

„Hier stand mal ein Haus, stimmt, kannst dich etwa erinnern, hier stand's mal und vielleicht kann es auch irgendwelche Spuren geben, sicher, bestimmt, kann sein."

„Oder sind Se ein Investor von drüben. Einer mit der dicken Geldtasche?", fragte dann der leicht verwirrt scheinende Alte.

In dem Augenblick fielen mir wieder an dessen rechter Hand die von maßlosem Rauchen gelb verfärbten Finger auf. Ja, diese Finger hatte ich schon gesehen.

„Zu einem Geldmann von Drüben würds hier passen, tolles Grundstück, musste was hinblättern fürn Ostmeter, alles, was recht is."

„Nein, nein, ihr Geldmann bin ich nicht, war früher oft hier als Kind. Wir sollten uns übrigens kennen. Ich interessiere mich heute für Spuren, Worte, bestimmte Spuren von Menschen, die ich seinerzeit gut kannte, die in der Region lebten, wollte nur mal, ob da …? Hinterlässt doch jeder Spuren, jeder Spuren. Oder?"

„Na, na, jeder, weiß nich. Sind wohl son Aufklärer, wa. Einer, der die DDR von hinten begucke will, was? Ich kenne mich aus, war früher 40 Jahre hier im Dienst, hochgedient bis zum Holistiker?"

„Bis zum was bitte", fragte ich.

„Na em Holistiker, so nannten wir den Posten im „Institut zur Überwachung der sozialistischen Sprache in Wort und Schrift." Unter uns nannten wir das Metaphernschmiede, mal so gesacht.

Holistiker hatten alles ganzheitlich zusammenzufassen, holistisch in höchster Abstraktionsform, ideologisch wirksam und unangreifbar. Wir gehörten als sozialistisches Land zur Vorhut des Klassenkampfes in der Weltrevolution, da gabs nur Superlative und Sturmwind des Klassenkampfes, sachten wir. Na, ja, war dann ja nur Wind, nicht Sturm."

„Ach so, Sie haben hier in der Villa als Philologe gearbeitet?"

„Was Phil…? Ne, kennch nich. Ich trug die Uniform vom ersten Tag an. Und die Uniform eines Tschekisten ersetzt jedes Studium. Unsere Aufgabe war Abwehrarbeit. Ho, ho, kann heute noch aufsagen: „Abwehrarbeit, politisch-operative Gesamtheit der vorbeugenden, schadensverhütenden, offensiven, schwerpunkbezogenen, komplexen und koordinierten offiziellen und inoffiziellen politisch-operativen Tätigkeit der operativen Linien und Diensteinheiten des MfS zum Schutze des Friedens, der Sicherung und Stärkung der DDR und ihrer Bürger vor allen Angriffen des Feindes innerhalb und außerhalb der DDR sowie …"

Er klopfte beim Zitieren seine gelben Finger der rechten Hand bei jedem Begriff ab, als hinge der Text an seinen Mumienfingern.

„Danke, danke, das genügt."

„Na, awer, der Text im Handbuch hat mehr als hundert Worte, eh ein Punkt kommt. War wichtig, alles als sozialistische Gesamtheit ganzheitlich-holistisch zu umfassen. Damit stand ich oben auf der Leiter, verstehen Sie?"

„Nein."

„Sin' also nich von drüben, muss unsereiner aufpassen, die von drüben drehen dir mit ihren Juristen wer weiß was an. Na gut, suchen eine alte Villa, Archiv, wie Se sachten?"

Er blieb stehen, hob jetzt den Zeigefinger der Rechten und klopfte wieder auf einen jeweils gestreckten Finger jetzt der Linken: „Wir hatten hier im Institut zur Überwachung, Sie wissen schon, Fachleute aus allen Bereichen. Attributschöpfer, Gefühlswortpsychologen, Wortbildungskonstrukteure, Metaphernbildner, Leerformler und so. Obenan stand der Holistiker."

„Leerformler? Was soll das?"

„Leerformler hatten wirksame Worthülsen zu bestimmen, wie gesamtgesellschaftlich, schöpferisch, Produktivkräfte, sozialistischer Aufbau, Totalität, wesentlich-unwesentlich und so weiter, die zusammenfassend die Politik des jeweils letzten Parteitages und der Sicherheitsdienste der sozialistischen Staaten unter Führung der UdSSR auf eine höhere Stufe der Abstraktion führten, getreu abbildeten, die allseitig kombinierbar waren und abgesichert gegen feindliches Gedankengut und beliebige Dinglichkeit, hieß es.

Wir bestimmten also sozusagen die Rolle der Bedeutung der gehobenen Metaphern der sozialistischen Sprache frei vom Ding im Klassenkampf.

Dinge und Worte gibt es ja in Ost und West, weißt du auch. Unsere Theorie besagte, dass ein Wort nur eine sprachliche Hülle ist, eigentlich leer, wenn ich das mal erklären soll. Wer was ausspricht, füllt die Hülle mit Wortklang, und über vorgegebene kritische Attribute oder Metaphern mit Ideologiegehalt gibt er dem Wort bei uns eine sozialistische Dinglichkeit, durch festgelegte zu gebrauchende Leerformeln, kampferprobte fast stählerne Wörterhüllen plus Adjektivattribute, sowas, verstehst?

Meine Frau war immerhin eine oft ausgezeichnete Leerformlerin, schon als FDJ-Sekretärin. Sie lebt heute nich mehr, hat den Untergang des Sozialismus nicht ertragen können. Sie sagte, ihr brenne es an den Fingern, wenn sie Westgeld anfassen muss. Naja, hat Tabletten geschluckt, als ich mit dem Hund Gassi war.

Meine Bertha war mit Überzeugung dabei, oh ja. Sind mitten im Kreuzzug, ham wir manchmal jesacht, aber einer ohne Religion, verstehst? Die war dabei wie ich auch, von der ersten Stunde an!"

„Aha, Beileid auch."

„Is lange her, war gleich nach der Okkupation. Na, ja, wissen Se, unsere Sprachtheorie zur parteilichen Dinglichkeit der Wörter, klingt als hätt's ein Bürgerlicher gesagt. Ich wär mehr für materielle Basis als Begriff über der sich ein sprachlicher Überbau erhebt wie ein Lichtdom, verstehen Se? Aber materielle Basis, die gabs ja auch in Ost wie West. Es handelte sich bei uns immer um die sozialistische Dimension einer Dinglichkeit in unserer kommunistischen, weltweiten Sprachfamilie. Klar?"

„Glaube, so eine Ahnung."

„Also, mein Herr, wie soll ich das erklären? Wenn einer sagt Aufbau, dann meint der einen Stein auf den andern, wo auch immer und wann auch immer, wenn einer das sozialistischen Aufbau nennt, dann isses unser Werk. Wenn er es gar noch mit den richtigen Bewegungsmethapern versieht also vielleicht entwickelter sozialistischer Aufbau oder kämpferischer Aufbau, setzt er gar noch en Superlativ drauf, na dann hebt er den Prozess auf eine neue und höhere Ebene der Abstraktion, wie's dem Kommunisten weltgeschichtlich gebührt. Glaube so ähnlich war der Text im Lehrbuch."

„Und ist nicht auch bloß ein Stein auf dem anderen?"

„Ja schon, aber mit sozialistischen Steinen, wenn es gerade welche gab. Nein. Was in unserer sozialistischen Sprachfamilie gesprochen wird, bestimmten wir, hören Sie? War festgelegt wie in einer allgemeinen Form der Sprache von Marx und Engels, die mit sozialistischem Klassenstandpunkt zu füllen ist. Unsere sozialistischen Bürger mussten abgerichtet werden auf sozialistische Sprachspiele, wie man das nennt, auf bewusstes und parteiliches Füllen von Wortformen, kannst auch sachen Leerformen. Das war die SPV, und die SPV war Gesetz!"

130

„SP was?"

„SPV heißt Sprachspielverordnung, klassenbewusste Regeln für eine neue Einheitssprache, die Sprache einer großen sozialistischen Familie von Brudervölkern, verstehn Se? Den Regeln war blind zu folgen, wer zur Familie gehörte, war schon an der Sprache zu erkennen. Wissen Se, das Problem war ja, dass es im Westen ein Deutsch und im Osten ein Deutsch gab, gleiche Klanghülsen für Wörter, ja? Das war dann nach der SPV im Inhalt zu unterscheiden auf einen festen Klassenstandpunkt hin!

Nehmse nur mal das Beispiel Telefonbuch. An dem auch wir mitarbeiten.

Alle Betriebe, Institutionen und so waren ja ausgezeichnet mit dem Attribut ‚sozialistisch'. Beim Klassengegner stand in dem Buch ein individualistisches und angeberisches Wörtergewirr, bloß Reklame.

Unsere sozialistischen Unternehmen mussten und wollten im Telefonbuch unter ‚S' geführt werden. Sozialistischer Großhandel, sozialistischer Baubetrieb, sozialistische Schule, sozialistische Verwaltung und so weiter. Also hätte es nur einen Buchstaben im sozialistischen Telefonbuch geben dürfen, nur S nach der SPV. Hier war eine revolutionäre, zukunftweisende Lösung zu finden von Holistikern. Wir schlugen vor: S1 für A, S2 für B und so weiter, wobei die Parteiorganisationen unter S1 zu stehen hatten, versteht sich. Irgendwann dominierte das S, wenn Se mich verstehen und danach sollte eine neue Wort–Ding-Laut-Systematik zur Entwicklung kommen, eine glorreiche kommunistische, abgestimmt mit den Brudervölkern sozialistischer Sprachfamilie, in Wort und Tat!"

Während er das erklärte zeichnete er mit dem gelb verfärbten Zeigefinger einen Bindestrich in die Luft.

„Augenblick bitte mal, Herr Holistiker. Hier stand die Villa, kann das sein? Ich war als Kind oft hier, als Pionier?"

„Ach, interessant, interessant, da war'ch auch als FDJ-Mann der ersten Stunde. Das Ding hatten wir gleich enteignet, war dann in Arbeiterhänden. Ja, hier stand eine Villa, kantiges Fundament, von Arbeiterhänden geschaffen, Sandsteine behauen. Breiter Weg, stolzer Weg, wie wir ihn eben nochmal gegangen sind, führte über gepflasterte Steinchen hinauf, ham Se recht.

131

Stolz warn wir, wenn wir den Weg hochschritten, stolz, nur stolz", murmelt mein Begleiter vor sich hin.

„Geheime Aufgabe war hier oben war raus zu tüfteln, redete er wie in Gedanken, was einer eigenmächtig in einer Worthülle versteckte wie in seiner Schachtel. Mancher ist abgeirrt und die Journalisten wussten genau, dass sie am Ende ohne unsere Billigung gar kein Wort verwenden durften, ja nicht einmal denken durften."

„Eine Schachtel, sagten Sie eben Schachtel? Ein Wort in der Schachtel, was soll das?"

„Wort nich, kennen sie nich? Na ja, könn Se nich kennen, war aus Westliteratur, die nur uns zugänglich war. Kenn Se nich. Is von bürgerlichen Philosophen sogar. Trotzdem gutes Bild für den Sprachenbegriff.

Warn vielleicht auch nicht alle von gestern. Marx und Engels sind ja auch zuerst sowas bürgerliches gewesen.

Also passen Sie auf: Angenommen, es hätte jeder Bürger unserer sozialistschen Heimat eine Schachtel, sagte der Bürgerliche, und darin wäre etwas, was wir zum Beispiel ‚Käfer' nennen, sagt der Bürgerliche. Niemand kann je in die Schachtel des Anderen schauen, und jeder sagt, er wisse nur vom Anblick seines Käfers, was ein Käfer ist, so sagt der Bürgerliche. Wenn nun jeder eine Schachtel hat und darin ist ein Käfer, dann meint er das, was ein jeder hat, ist ein Käfer in der Schachtel. Klar? Er weiß, was da ist oder so, verstehn Se? Er muss nur darauf vertrauen, dass das sein Alles in der Schachtel ist, verstehst?

Wer in andere Schachtel gucken will is ein Revisionist, den hatten wir dann am Haken!

So ist es mit dem sozialistischen Aufbau. Egal, was da geschah, und wenn es nichts war, was geschah, wusste jeder, das war sozialistischer Aufbau und das hatte er auch mit Hingabe klassenbewusst zum Ausdruck zu bringen, im vorgegebenen Wortegebrauch zu formulieren, ums mal so zu sachen

Da fällt mir ein, hab ja ein alt gewordenes Gehirn, eben fällt mir ein, eine Grammatik-Abteilung hatten wir auch. Wissen Sie, die mit so Feinheiten arbeiteten, also den Konjunktiv zum Beispiel. Gabs Nachrichten aus dem

Westen, dann galt generell Konjunktiv zwei, wenn das keine Katastrophenmeldung war. Politisches stand in der Regel im Konjunktiv, mit dem wir einen Zweifel schon in die Nachrichtenhülle wie einen Virus reinsetzten. Kam ja aus dem NSW! Und wer wollte von uns für die Richtigkeit einer Meldung aus nichtsozialistischem Wirtschaftsgebiet einstehen, nee, da gab es nur: sei, hätte, wäre, käme, wird behauptet, er oder es hätte, sowas. Na, ja, das kenn Se ja als sozialistscher Bürger, als einer, der hier aufgewachsen ist mit der Entwicklung des Sozialismus zum Kommunismus hin. Richtige Wörter in Gebrauch bringen, war schon gefordert bei der Schaffung einer neuen Gesellschaft, einer neuen Kultur und einer neuen Menschheit. Das war Ihnen sicher auch schon aufgefallen", erklärt jetzt mein Begleiter. Er atmete hörbar mühsam, bleibt gelegentlich stehen. „An dem, was einer sagt, ist jeder Feind sofort zu erkennen, wa. Son Schlag sächsisch war anfangs zur Zeit des Genossen Walter ein Zeichen. So redete der Arbeiter zuhause ohne Tarnung.

War jeder zu erkenn, sachte ich ja. Sacht heute einer einwandfrei, ist er aus dem Osten, sacht er super und das klingt noch so irgendwie hochgeschraubt, dann ist es einer aus em Westen, und so weiter. Schon sind die erkannt.

Der Mensch hört ja nur Klanggebilde, wissen Se, was das Gebilde inhaltlich ausfüllt, was fürn Ding dahinter steckt, das hat er hier. Er klopft sich an die Stirn. So erklärten das sozialistische Wissenschaftler.

Mit unseren Sprachanalysen kamen wir auch den geheimsten Machenschaften des Imperialismus gegen unsere sozialistischen Staatengemeinschaft auf die Spur. Sie denken vielleicht Worte sind paar Wellen in der Luft und wer hochdeutsch redet hats Abitur schon in der Tasche, ne, ne. Auf Papier siehts Wort aus wie bisschen Druckerschwärze, Worte sind leere Gebilde, was sie ausfüllt, lebt hier." Er klopft sich auf die Brust. „Lebt im Menschen innen und trägt sein verborgenes Leben nach außen, wenn geplappert wird. Wir hörten, woher die Worte kamen und dann schnappten wir zu! An einem Wort hing manchmal eine ganze Kette von bösen Absichten der Klassengegner, aber wir hatten das im Griff.

Von heute aus gesehen, klingt das, sach ich mal, nich so.

Wir dachten, Worte wären wie Bomben, in Worthüllen stecken se Gift, sowas. Und is oft heute auch so, wa, bei Terroristen, vielleicht. Da suchen die

Geheimdienste ja auch nach Worten im PC, heute sogar nach arabischen Worten. Na ja, von heute aus.

Wir registrierten und kontrollierten nur die Sprache, waren sowas wie Deutschlehrer. Gaben alltäglich sozialistische Deutschstunde! Mit Knast hatten wir nichts zu tun. Oh man, da gabs Sachen, im Knast warn Wächter nich weit weg von früher, mal ehrlich. Aber wir, nee, wir brachten nur die zur Verwendung gekommene Sprache zur Meldung im Klassenkampf."

„Eine hohe verzierte Doppeltür muss hier vor uns gewesen sein. Sie öffnete den Weg zu einem weiten Vorraum."

Parkett liegt aufgebrochen, stellenweise feuergeschwärzt, an Wänden und Decke verstümmelter Stuck unter einem Lichtdom. Es riecht nach Staub und verbranntem Papier. Der Kamin, eingerahmt von schwarzem Marmor, steht flüchtig vermauert.

„Seit wann war der Kamin vermauert", frage ich. „Flackerndes Lustfeuer wär doch schön anzusehen?"

„Ja, ja Lustfeuer! Das Wort gefällt mir! Ging nich um Lust, damals, Junge, ging um Klassenkampf gegen Faschismus und Imperialismus.

Der bürgerliche Kamin? Das ham wir gemacht nach sowjetischem Vorbild, weil in der Blickachse immer große Bilder oder Figuren von wichtigen Persönlichkeiten unserer Geschichte aufgestellt waren, damals Stalin, dann Marx, Engels, Lenin, Zeitlang war auch Mao dabei, ham wir gemacht, überall! Die Pionierhäuser sahen überall gleich aus und rochen gleich."

„Wenn Sie erlauben? Wie kann ich mir Ihre Arbeit vorstellen?"

„Wenn Sie erlauben, äfft der Herr nach, klingt tüchtig bürgerlich. Na gut. Is heute wieder so. Kann Ihnen auch den Text hersagen. Ein Holistiker musste alle verordneten Sätze auswendig können:

„Wie es ein sozialistsches Hochdeutsch gibt, das zu sprechen die Ebene der parteilichen Sprachregelung wesentlich ausfüllt, gibt es eine Alltagssprache, und die ist zu überwachen und zu überwinden. Alle unsere mehrgliedrigen sozialistschen Wortbildungskonstruktionen sind schöpferisch gekennzeichnet von den entscheidenden Adjektivattributen, die angeben: Das ist unser schöpferisches gesamtgesellschaftliches Wort, unser sozialistischer Familienklang und

unsere sozialistische Waffe. Kommunistischer Gleichklang aller Brudervölker in Wort und Tat!"

„Sie überwachten also menschliche Rede im Alltag."

„Na! Überwachten, überwachten? Wir hüteten sie! Wir sammelten Dokumente aus unzähligen IM-Quellen. Wie wolln Se sonst den richtigen gemeinschaftlichen Klang erreichen, wenn Se die Rede nicht ermitteln und mit Nachdruck vermitteln?"

„Sind Texte aufgehoben? Ich meine, könnte ich noch heute einsehen, was ....? Auch Worte von mir vielleicht, hatte ja keine Ahnung von Ihrer Arbeit in der Villa, von Ihrer Firma."

„Jedes Wort, das irgendwann und irgendwo in unserem sozialistischen Vaterland zur Rede kam, sach ich. Immer, immer! Von der Arbeit unserer Firma, wie Sie sagten, von der wusste keiner was, wissen Se. Keiner durfte jenau wissen, was der Genosse in der Nachbarabteilung machte, Worte über unsere Arbeit gabs nich. Alles jeheim, so jeheim, dass wir nicht einmal mit uns selber reden durften, ha, ha.

Aber alle in Gebrauch gebrachten sozialistischen Worte sind bewahrt, fest verwahrt, in der sozialistschen Umwelt nach dem Willen der Partei gestaltet und verankert.

Das sind Sätze eherner Hülle und ehernen Inhaltes total ausgefüllt und gerade deshalb von historischer Größe, merken Se das? Unanfechtbar und kraftvoll, in historisch-kommunistischem Beton gegossen, wenn Se heute verstehn, was ich damit meine? Zum Lichte strebend auf festem deutschen Sandsteinfundament! Das gilt seit Marx und Engels!"

„Aber Ihr Haus ist aus den 30ern, wenn ich nicht irre."

„So isses. Wir brachten hier eine neue Sprache zur Geltung, wie in Stein jehauen, fest jefügt als Ausdruck unseres sozialistschen. Siegeswillen. Wir allein standen kampfbereit an der Startrampe der Zukunft! 1936 das Haus? Na ja von 36.

Aber auch in der Zeit galten Sprachverordnungen, bei uns vom Genossen Stalin und bei den NS-Leuten, verbrecherische. Sie dienten der falschen, rassistischen Ideologie wie heute bei den Islamistenleuten.

Wissen Sie, mein Vater, ein alter Kommunist, der hatte sogar am Weihnachtsbaum rote Sterne hängen, der sagte manches Mal: ‚Die unerbittliche Organisiertheit des gesamten deutschen Staatswesens unter der disziplintreuen systemtragenden Partei bei Hitler müssen wir uns als Form merken für die Zeit nach dem Sieg der Roten Armee.'

Ja, ja mal ehrlich, hätt vieles nich sein müssen, nee. Aber ist eben Klassenkampf. Da kannste nich lange überlegen, musstest nach den sowjetischen Vorgaben handeln, sofort von 45 an."

„Ah so. Ich meine, was sie vorhin sagten, sind Dokumente, ich meine Papiere, Briefe verwahrt ...?"

„Aber, aber mein Herr. Der marxistische Begriff ‚aufheben', meint nicht bloß sammeln, sondern zukunftgestalterisch, marxistisch-leninistisch dokumentieren, zu Handlungen formen und in Schrift dokumentieren! Hier etwa, sehn Se, waren hohe Türen, dahinter Arbeitsräume in langer Flucht. Da ungefähr saßen glaub ich die Metaphernbildner", erzählt der Mann etwas atemlos mit belegter Stimme.

„Die durchforsteten das marxistisch-leninistische Schriftgut nach Ausdrücken von Klassikern nach organischen Metaphern, Bewegungsmetaphern, Theatermetaphern, wie Maske, Rolle und so. Da gabs ja viele, die heute im Klassenkampf noch zur Anwendung gebracht werden konnten. Ein machtvolles heroisches Bild wie Schlacht, Front, Sieg, Endlösung, Endkampf übertragen auf unsere Sachverhalte beim Aufbau, das war schon eine sozialistische. Kunst. Unsere Genossen mussten vor allem höllisch auf die politische Situation der Zeit achten, denn ein direkter Vergleich mit Dinglichkeit lag ja nich vor, Schlacht und so. War ja nich Krieg. Schlug einer also vor, über das höhere Tempo an der Front örtlicher Versorgungswirtschaft zu schreiben und es gab jerade nichts von den Dingen, so kein Obst, oder Waschmaschinen oder Baumaterial, kam ja gelegentlich vor, weil naturgemäße sozialistische Entwicklungsphasen nicht zur Beachtung kamen, dann konnte das nach hinten abgehen und der Mann mit. Der hatte einfach den Zusammenhang und Abstand von Bezeichnendem und Bezeichnetem nicht gründlich durchdacht, verstehn Se? Is kompliziert, wa?"

Mein Begleiter bleibt stehen, hält mich am Arm, „ma ehrlich“, sagt er, „ma ehrlich, irgendwas gabs ja immer nich, unter uns jesagt. Aber die Richtung stimmte, die stimmte“, verfällt er wieder in seine Rede mit Marschrhythmus. „Der Mann hätte nur schreiben sollen, dass an der Versorgungsfront neue Entwicklungsreserven in Angriff genommen werden müssen. Schon wär der auf der Linie gewesen.

Hier hockten die Wortbildungskonstrukteure, erkenne ich am Fußboden. Wir nannten die unter der Hand Parkettkomponisten wegen dem Fußboden hier. Nur unter der Hand mal zum Spaß, ha, ha, denn ansonsten galt strenge sozialistische. Disziplin.

Mehrgliedrige Wortbildungen, reihenbildende Komposita zur Auffindung bringen, die ideologisch abgesichert waren, das war schon eine intelligente, schöpferische Verpflichtung. Nicht Staat als Wortform, das jabs überall, sondern Arbeiter-und-Bauern-Staat, Arbeiter-und-Bauern-Regierung zum Beispiel nach dem Vorbild der SU. Die wurden dann zur Vervielfältigung jebracht und den Journalisten als sozialistisches, geprüftes Wörter-Gebot übergeben. Merken Sie, wie ein Bindestrich alle Teile zu einer sozialistischen Gesamtheit schmiedet? Gefühlswortpsychologen hatten dort drüben ihre Denkzellen“, erklärt der Alte im Gehen.

„Die bildeten sich ein, was Besseres unter uns Genossen zu sein. Na, ja, warn junge Studierte. Die mussten schon Keime am Gefühlswort erkennen und diese naturgemäß gefühlsduselige, individualistische, fehlerhafte, dingliche Gegenständlichkeit nach den Prinzipien der sozialistischen, marxistisch-leninistischen Psychologie überprüfen. Hab die alle täglich um mich“, sagt der Alte, sich umschauend.

„Heute, die alle, heute? Wie darf ich das verstehen?“

„Darf ich das verstehen, wenn ich fragen darf, darf, na das is ene alte Redeform“, wiederholt er kopfschüttelnd.

„Sie sind mir einer der veralteten Sorte. In ihrem Alter. Warn doch Pionier, FDJ, sowas. Na gut dann.

„Hier ist mein Leben, bleibt für die Ewigkeit. Sozialistsches Wort ist nicht verklungen, nur übertönt, wenn ich das so sachen kann. Sachen kann, sagen darf, klingt gar nich so schlecht mussch sachen“, murmelt er vor sich hin.

„Es ist eine naturgemäße Entwicklungsphase, dass unsere Arbeit unter einem heute üblichen vielstimmigen Geplärr der Gesellschaft verdeckt wird. Aber die gesellschaftliche Entwicklung am Scheideweg zur sozialistischen Zukunft kämpft gerade eine heroische Schlacht gegen den Weltimperialismus. Der hat momentan einen Etappensieg errungen, nur ne Etappe! Kampf ist nicht beendet, er ist nur unterbrochen! Die evolutionäre Sammlung von Widersprüchen wird eines Tages in revolutionäre Bewegungen umschlagen. Das is dann eine neue Qualität, der Scheideweg sozusagen. Die Dialektik lenkt sozialistische Existenz auf eine neue höhere Ebene der organisch gewachsenen gesellschaftlichen Qualität! Das zu erkennen ist parteiliche Pflicht, mein Herr“, ruft er im Marschtakt atemlos und fuchtelnd.

„Hier wächst in der Tiefe der Materie der Wortschatz und die, äh, die zukünftige kommunistische Zukunft. Na, ohne mich dann, die Zukunft kommt dann ohne mich“, redet er mit leisem Bedauern in der Stimme.

Er bleibt stehen, hält mich wieder am Arm und sagt: „Die Linken, die blicken da durch, sach ich dir, weiß nich. Bei den neuen Linken gibt es Sprachkonservatoren, versteh mal richtig Junge, hatten wir früher auch, dort hinten auf der anderen Seite, da wos zum Keller geht. Sozialistische Sprachkonservatoren sind die, die Lexeme aus der Geschichte der Arbeiterbewegung auszugraben und zur Prüfung zu bringen hatten, so Historiker, oder so. Weiß heute nich mehr genau, was Lexeme sind, aber wichtig war das, sehr wichtig! Darauf kannst du dich verlassen, wenn die Partei eine Wichtigkeit zur Allgemeinerkenntnis gebracht hatte, dann war das eine Wichtigkeit, garantiert, und wurde überall zur Formulierung gebracht, sach ich mal.

Noch heute kommen manchmal welche von den Linken vorbei, wenn ihnen das sozialistische Wortgut in Vergessenheit geraten is. Die könn bei mir Propaganda nachtanken. Sogar aus Brüssel, wo son Europaparlament is, kommt manchmal eine, die so auf die Luxemburg macht, junges Weib. Die tankt hier regelmäßig Parolen, hebt sogar den Rock fürn paar gute Lexeme und verdient gut damit. Na, ja. Ich guck dann nach der Wäsche, mehr is nich mehr drinne. Tja, ich habe die sozialistschen, historischen, in Arbeiterblut getränkten Lexeme alle hier zu Hause jesammelt.“

„Wie, zu Hause. Sie wohnen hier?"

„Wo sonst? Unsere Gesellschaft als lebendiger sozialistischer Organismus ist abgestorben, unser Geist aber bleibt! So ähnlich formulierte schon Genosse Stalin. Hier ist meine vertraute Wörterdeponie, sozialistisches Zwischenlager, sowas. Ich werde nie in einer BRD leben, Feindesland, mein Zuhause ist das sozialistische Wort in Treue!"

Wir steigen eine unvermutete, zwischen Wildkräutern auftauchende Treppe hinab. In Grasnarbe und Unrat halb verborgen liegen Stufen. Unter meinen Füßen knirscht gebröckelter Putz. Ich verstehe kaum noch, was mein Herr des Kellers vor mir hinabsteigend redet: „Wir komm … unsere Zeit … noch lange nicht … historsch …", vernehme ich.

Er stützt sich auf rostiges Geländer und geht im Nachstellschritt von Stufe zu Stufe. Die Treppe wendet sich ganze dreimal in einen Keller hinab. Hier sind Betonwände gekalkt, es ist hell, obwohl unter Grasnarbe und Abbruchschutt verborgen, Regale ziehen sich in langen Reihen durch einen niedrigen Raum. In den Regalen unübersehbare Stapel Papiere, Säcke, Aktenordner, Gläser, Kartons …

„Meine Sammlung!", ruft der Alte mit Sammlerstolz.

„In 40 Jahren haben wir hunderttausende Wörter und unzählige Belege gesammelt, tausend Sprecher registriert oder auch zum Schweigen gebracht. Stecken alle in den Regalen", sagt der Alte.

Er hält sich noch am Geländer und zeigt mit der Rechten auf die tiefe Flucht Aktenordner, mit Bindfaden zusammengehaltene Papierbündel liegen da, einzelne Blätter, Säcke, Schachteln, Kartons, Gläser …

Mein Gesprächspartner setzt sich auf eine untere Stufe.

„Die Knie, wissen Se. Wolln nich mehr, kann mich kaum aufrecht halten, wenns abwärts geht."

Meine Berliner Träume, 1989

Ja, Träume in Berlin!

Inzwischen flippert es überall im Land. Der Süden begehrte auf. Leipzig vor allem. Es hieß, Autos aus dem Norden werden die Reifen zerstochen, weil der Norden schlafe. Sicher: Schon Bismarck stellte fest, alles Geschehen käme im Norden 30 Jahre später. Montagsdemonstrationen und Kundgebungen dann auch hier. Ich arbeitete inzwischen in dem kirchlichem Heim in der Nähe für ein Drittel meines früheren Gehaltes, na gut denn. „Sie sind doch offen für …", hatte die Kreisärztin gesagt. Mit Kind und Kegel fuhren wir zu Demonstrationen, in die Kirche und auf den Markt. Auf den Straßen standen brennende Kerzen und ratlose Polizisten. Wir schoben mit Rollstühlen am Ende des Zuges, fühlten uns bedrängt von Beobachtern, beobachteten unbekannte Beobachter. Unsere Sicherheit und Stärke blieb entschiedene Gewaltlosigkeit. Je mehr der Staat irrig aufrüstete, rüsteten wir ab. Geflügelte Worte, das Bild: „Schwerter zu Pflugscharen". Diese Plastik nach einem Text des Propheten Micha schenkte die Sowjetunion der UNO im Dezember 1959!

Kirchen als Heimstatt mit schützendem Dach für Flipper.

Pfiffe und lauter, anhaltender Beifall, nahmen den SED-Anführern das Wort. Ihre Rede ausgelutschte leere Hülsen. Schon 1953 sagte Brecht: „Wenn der Regierung das Volk nicht gefällt, soll sie sich ein anderes Volk wählen."

04.11.1989, Berlin!

Der Traum von unserem kleinen Ländchen, friedlich, frei, freundlich, ein Reservat in einer zerrissenen Welt. Wir zogen mit Musikern des Deutschen Theaters einen flachen Bauwagen durch die Straßen, Volksarmisten mit Kalaschnikow rechts und links. Eine

Angst beschlich mich nahe der Parteizentrale. Das Volk, wir, rief(en): „Zieht die Uniform aus und reiht euch ein!" Die Uniformen hielten still.

„Wir sind das Volk!". Neben mir ging Heiner Müller vom DT. Ordner vom Theater brachten es fertig, den Zug friedlicher Hunderttausender zum Alex zu bugsieren. Unser Wagen mutierte neben einem Zweiten zur Rednertribüne. Hinter dieser Bühne ging Stefan Heym, die Arme mit knetenden Händen auf dem Rücken. Er schmunzelte, umarmte, winkte. Seit er 1945 als amerikanischer Soldat nach Deutschland gekommen war, erlebte er heute seinen Traum, eine Erfüllung, eine „Zukunft"(?).

Mancher brüllte und murrte zu Reden alter „veralteter" Genossen. Ein Nebenmann rief „Bleib ruhig, lass die reden. Reden darf jeder, wir und die."

„Hast ja Recht. Ich kann die nur nicht ab."

Plakate wurden hoch- und manchem Redner vor die Nase gehalten. War das ein Tag! Der nicht mehr geteilte „Himmel"?

Am Abend des 09.11. fiel die Mauer. Tief atmen, Sektflaschen sprudeln, wo Gewehre hätten knallen können!

Ich erfuhr erst am folgenden Tag telefonisch davon. Ohne Fernseher verpasste ich den Jubel über dieses Weltereignis. In der Wohnung einer jungen Kollegin, mit der ich hundert Jahre sein will, erreichte uns die Jubelnachricht.

Europäische Länder in Sorge. Ein großes Deutschland!? Ein Regierender sagte zur Frage Einheit oder doch nicht: Ich liebe Deutschland, davon kann es nicht genug Länder geben.

Deutschland berauscht. Die Mauer, an der noch kürzlich Menschen zu Tode gekommen waren, wurde mit Hammer und Meißel zerlegt, als Souvenir in die Welt geschickt.

Gerüchte liefen um, Volkseigentum sollte dem Volk gegeben werden, Anteile, Gutscheine.

Aus „Wir sind das Volk" wurde dann aber „Wir sind ein Volk" und verhängnisvoll zog verführend das harte Geld des Westens: „Kommt die D-Mark nicht zu uns, gehen wir zu ihr!" Aus Botschaften rund um das Ländchen DDR hatte sich längst ein Strom junger Leute mit Kind und Kegel in den Westen ergossen. Zahllose folgten.

H. Kohl, eben zum Saumagen-Essen in Warschau, schmiedete 10 Punkte von „Umfassender Wirtschaftshilfe, humanitärer Soforthilfe und konföderativen Strukturen bis zur „Deutschen Einheit". Ein Mantel der Geschichte wehte heftig über das Ländchen. H. Kohl flog mit dem Mantel, Kerzen der Freiheit erloschen am Straßenrand. D-Mark kam und „halbierte" alle Bürger der nun „Ehemaligen".

SPD-Lafontaine redete von einer „nationalen Besoffenheit".

Träume sind eben im Tageslicht nur Nervenhauch, blasse Erinnerung.

Mit dem harten Geld rollten harte Sitten über das „Ehemalige", Ausverkauf à la Treuhand. Aufbruch, Depression. Mitarbeit?

Ich fand eine Stelle im Büro des Oberbürgermeisters. Bürger mit Behinderungen hatten gewünscht, dass ich sie im Büro des OB mit ihren zumeist der Politik unbekannten Interessen vertrete.

Engholm lud uns im Norden ein, auszutauschen, was gut sei in Ost und West. Wir tauschten aus. Ein älterer Herr im Rollstuhl, Landtagsabgeordneter im Westen, ermahnte uns, unbedingt die Plätze für „geschützte Arbeit" zu erhalten. Diese integrierte Arbeit im Osten sei besser als alle Werkstattangebote west! Leider vertrug sich unser Begriff von Arbeit nicht mit dem auf kapitalistischem Markt und demzufolge landeten unsere Worte nur kurze Zeit später in einem Bonner Papierkorb.

Ich dekorierte meine Bürotür innen mit einer Übersicht über das menschliche Genom und mit Vokabeln meiner Traumsprache Italienisch. Bald fahre ich hin …

Ratgeber West und Investoren zogen mit Buschprämie und Bananen ins Land und offenbarten nichts, aber auch gar nichts von der „Ehemaligen" zu wissen.

Ein freundlicher, smarter, eleganter und wohl duftender Herr mit offenem Mercedes zeigte dem Herrn OB eine Liste von Firmen aus der halben Welt, behauptete, heiße Kontakte zu haben und kassierte dafür 5000 Mark im Monat.

Im Büro beim OB erlebte ich Betrüger, helfende Hände, freundliche Kollegen von „Drüben", aber auch denunzierende Stasihelfer. Den Vogel abgeschossen hat eine Nachbarstadt. Dort kletterte ein „Stasimann" zum SPD-Vorsitzenden-Ost, stand mit W. Brandt weinend auf einer Rednertribüne.

Nur für Wochen, nur für Wochen! Auf großer Spur und mit amerikanischem Wortschall bewarb sich ein Theaterdirektor direkt aus New York für unsere örtliche Bühne, schwindelnd hohes Gehalt (Blick von unten). Aus NY! Da herrscht blanke Begeisterung! In NY wollte er eine Schauspielschule haben. Ein einladendes Schild fand sich an einer Tür. Geöffnet hat die Tür nie jemand.

Keinen Termin mehr für russische Oberste, (sie wurden noch kürzlich hier herzlich empfangen).

Parteiengerangel um die echte Größe und saubere, vergangene Historie füllte unsere Gerüchteküche. Es wuchsen mir Zweifel, ob das denn nun der rechte Weg ist?

In einem Bericht schrieb ich: Verhinderten früher Betonstufen den Zugang für alte Bürger und Bürger mit Rollstuhl, sind es heute Marmorstufen. Der erwarteten Korrektheit wegen füge ich hinzu: – Innen (bitte beliebig einsetzen).

„Volkseigene" Betriebe standen zum Ausverkauf. Vor dem Rathaus dröhnten vom Kapital überrollte, demonstrierende Arbeiter. Böse Worte: Auf der Treppe vor dem Rathaus versuchte der OB zu erklären, was ein OB nicht erklären kann. Aus den vielen Köpfen rief einer: „Dich sollte man aufhängen. Du gehörst auch zu denen da oben!" Die „Oben", das war die noch kurze Zeit bestehende Volkskammer. Sie beschloss als Wiedergutmachung fast allen Besitz zurückzugeben, der früher einmal dem einen oder anderen vor der Flucht in den Westen an Haus, Grund und Boden gehört hatte. Vierzig Jahre lebten in den Häusern und arbeiteten in den Firmen DDR-Bürger. Ein Wirbelwind folgte dem Mantel der Geschichte, altes Recht gebar neues Unrecht.

H. Kohl vergaß seine zehn Punkte, zog Gorbatschow und den Rest der Welt über den Tisch.

Europa im Taumel und banger Erwartung. Der kurze Augenblick schien historisch, einmalig und günstig.

Ostländer entledigten sich sozialistischer Geschichte. Der dritte Oktober wurde bei uns Tag der Einheit. Warum der dritte? Egal, keine Zeit zum Nachdenken.

Deutschland verabschiedete Russen samt Panzern und Kanonen mit Do swidanija.

Junges Volk zog aus leeren Betriebshallen, wie meine Schwestern vor vierzig Jahren, nach „drüben". Wer im Osten bleiben wollte, versorgte (klaute) sich für seine Werkstatt mit den Gerätschaften aus sterbenden Betrieben (wie „wir" 45 vom Inventar des Arbeitsdienstes).

Hier warteten irgendwann dreißigtausend Bürger weniger als noch neunundachtzig auf heranrollende blühende Landschaften.

Es sollte dauern.

Geschäfte wichen Supermärkten und Fernsehkanäle flimmerten flach, verführerisch, grellbunt. Fremde Sprachspiele flossen aus den Medien. Das Wort „Westen" wurde zögerlich wieder zu einem geographischen Begriff.

Dritter Teil
Vereintes Deutschland
1990-2000

1990 – Zeit, neue Wörter zu lernen

Die DDR starb an ausgeleerten Worthülsen. Es hätte noch ein jeder vorgeschrieben vom Sozialismus schwatzen können, wiederkäute er nur diese Privatsprache der Partei. Blickte er in das Wort und dann in seinen Alltag, fand er darin keine Nähe, nur wieder das leere Wort, keine Tatsachen, kein Bild, keine Heimat. Wer Gefühle im Sprachspiel pflegte, fand diese nicht im Sein, allenfalls im metaphysischen Sollen.

Die Grenzen der auferlegten SED-Sprache waren die Grenze ihrer Welt und unserer Zeit, einer zu engen, vergangenen Welt.

Ich suche neues Leben, freie Sprachspiele, Begriffe, nicht Geschwätz. „Am Anfang war das Wort", *Johannes 1*!

Ich notiere mit Hoffnung getragene Skepsis – das will ich gestehen – meine Zeit. Alles, was ich notieren werde, ist Inhalt einer Suche nach neuem, vielstimmigem Wort.

9. November 1990

Legte heute, wie seit 88 jedes Jahr, einen kleinen Blumenstrauß an den Gedenkstein. Worte zu finden, ist mir hier nicht möglich. Der Dichter Celan fand das Wort: „schwarze Milch".

Ein Stein erinnert daran, dass hier bis 38 eine Synagoge stand. Ich sehe eine Blume und eine niedergebrannte Kerze, Steinchen auf der Steele.

3. Dezember 1990

Der Oberbürgermeister unserer Stadt ruft mich. Er ruft nicht an, er lässt rufen und so erhielt ich einen Ruf. Interessantes Spiel. Ob eine Anstellung bei ihm sinnvoll ist? Worte wird es dort im Büro unablässig hageln. Beauftragt in dem Schwall zahlloser Sonntagsreden zum Wohle von Menschen mit Behinderungen Dinge zu finden, an denen es zu arbeiten gilt. Das wär eine Aufgabe.

24. Dezember 1990

Ein letztes Weihnachtsfest im kirchlichen Heim im Ortsteil W. Ich bereite ein Festessen. Der Koch ist krank geworden, also koche ich. Drei dicke Gänse schmoren vor sich hin. Die Tafel glänzt. Alle sitzen froh in flackerndem Kerzenschein. Nur ein Mädchen voller Aggressionen räumt immer wieder das Geschirr vor sich klirrend ab. Sie „prüft", ob wir sind wie diejenigen, die von ihr Aggressionen erwarteten und mit Zwang heimzahlten. Wir erdulden, falten die Hände.

Ein jeder zieht sich später mit seinem Geschenk zurück. Die jüngsten gehen zu Bett: „Ich bin klein, mein Herz ist rein, soll niemand drin wohnen als Jesu allein."

Ich erkläre meiner Freundin, die 20 Jahre jünger ist, tausend Bedenken wegen der zwei Jahrzehnte, die uns trennen. Sie möchte Gemeinsamkeit, möchte unbedingt. Sie ist jung, schön …Bin ich nur leichtfertig, aber glücklich aus Einsamkeit geborgen? Mit nunmehr vier Kindern (meinen zwei nur gelegentlich) werden wir uns vertragen!

2. Januar 1991

Arbeitsbeginn mit Anzug und Schlips, arg ungewohnt. Etwas konfus in der Verwaltung, Vielstimmigkeit? Ich bin für alle zuständig, die am Rande der Gesellschaft leben. Menschen mit Behinderungen haben berechtigte und gesetzlich (nach neuem Westrecht) zugebilligte Ansprüche. Sie können diese aber nicht einfordern zum Beispiel bei Bus und Bahn, Parkuhr oder Finanzamt …, da die Behörden noch keine Stempel haben, mit denen ihnen das Recht besiegelt werden muss. Ich telefoniere mit einem Literaturfreund, jetzt Landtagspräsident. Er will sich kümmern.

Worte und Blick reichen nicht. Es muss ein Stempel sein! Fast alle Mitarbeiter und -Innen im Büro des OB waren schon vorher … Sie haben eine komplette Wende vollzogen und sind nun wieder da. Was verrät ihre Sprache?

Wir werden von einer CDU regiert, was die SPD unterstützen muss, denn sonst wäre die PDS stärkste Fraktion. SPD-Genossen sind Lehrlinge im Geschäft. Sie weigerten sich, ehemalige SED-Mitläufer aufzunehmen. Nun sind sie an Zahlen gering. Die CDU nahm Jung und Alt von rechts wie von links. Grüne und Gelbe gibt es nicht.

12. Januar 1991

Friedensgebet in der Kirche. Nur ein paar Dutzend haben den Weg noch erinnert. Die Arche ist im Trockenen gelandet. Noch vor einem Jahr kamen Tausende, befreiende Worte zu hören.

Es ist fern irgendwo ein Krieg! Ist nicht immer irgendwo einer? Heute gilt nicht mehr, was zu Goethes Zeiten mit Kutschengeschwindigkeit lief: „Wenn hinten, weit in der Türkei, die Völker aufeinander schlagen. Man steht am Fenster, trinkt sein Gläschen …" Heute ist die Welt ganz nahe. Wir tragen mit, seit wir angekommen sind. Wo eigentlich?

25. Januar 1991

Verfasse im Auftrag des OB einen Bericht über die neu entstandenen Verbände und Vereine der „Behindertenhilfe". Der Bericht geht an alle Ämter. Postwendend kommt aus dem Sozialamt eine Beschwerde. Ich hätte den Bericht erst intern vorlegen müssen! Das Sozialamt teile kritische Sätze nicht. Inhalt der Beschwerde: „Seit der Wende sei ein fleißiges Aufbauwerk vollbracht worden." Fehlt nur noch „sozialistisches" Aufbauw…

Der Herr vom Amt schrieb derart Phrasen schon, als er noch leitender SED-Genosse war. Er „macht" sein schwieriges Amt allerdings mit Erfolg!

Also, was ist leeres Wort und was Ding, was Begriff? Ein kluges semiotisches Dreieck sagt: Ein Wort erweckt den Begriff und dieser Begriff bezieht sich auf das Ding, zugleich steht das Wort (Symbol) für das Ding. Zu kompliziert, der Hintergrund!

Ich suche fast verzweifelt das neue Wort, das mir eine Bahn öffnet. Kann ich hier finden?

Schwierige Geschichte mit der „Freiheit"!?

Ein Begriff, in dem Fall „neue Vereine, Verbände" ist also umso hilfreicher, je mehr Details das Wort umhüllt, kritische Details. Möglichst kenntliche Merkmale, (damit man mal merkt), sollten enthalten sein. Merkmale können aufgezählt werden. Sie müssen nicht gefallen. Es ist falsch, kritische Merkmale zu verschweigen. Sie füllen den Krug.

27. Januar 1991

An dem Tag wurde Auschwitz befreit, Mozart hat Geburtstag. Kaiser W. auch und meine Freundin. Öffentliches Interesse fand Mozart.

30. Januar 1991

Mein Bericht mobilisiert (entsprechend der Vielfalt an Merkmalen) eine Vielzahl Reaktionen. Das ist großartig. In der CDU wird gemurrt. Die SPD scheint überfordert. Die PDS kann mit fremden Worten wenig anfangen, obwohl sie Kritik an „Oben" immer mag. (wenn sie selbst nicht oben ist). Sie lebt mit Hintergrundrauschen ihrer Zeit. Als Opposition findet sie aber alles gut, was kritisch ist. Aus einzelnen Merkmalen lassen sich Pfeile drehen. Eine Journalistin ruft mich an. Ihr habe gefallen, was ich schrieb. Sie möchte mit mir reden. (Muss ich das nun beim Oberbürgermeister,

Über-Ich, anmelden, erlaubt bekommen, gestehen, vor oder nach melden ...?) Keine Ahnung. In meinem Bericht gefiel ihr am besten der Schlusssatz: Was wir erreicht haben, war nicht zu vermeiden.

1. Februar 1991

Abschied vom kirchlichen Heim. Wir ziehen in die Stadt. Neubauwohnung-Beton. Ich bin froh, für uns vier eine Wohnung zu haben.

Assoziation – Beton: Eine Literaturkollegin veröffentlichte Gedichte, 1980 ff. Sie beschrieb persönliche Merk-male, fürchtete selbst zu Beton zu werden, fremdes Leben in Massenburgen, flipperte öffentlich auf. Das brachte ihr zwei Jahre Z. Verraten war sie vom Literaturzentrum. Auf die Frage des MfS-Offiziers, ob das junge Mädchen, Verfasserin „subversiver Texte", eine sehr große Brille trüge und dort und dort wohne, sagte der Leiter der Literaten. Ja. Ist das Verrat? Er sagte nur Ja.

Wir sangen oft: „Die Gedanken sind frei ...", aufschreiben und dann weiterwirken, aber das durften Worte nicht. „Größter" vielgelobter Autor, Preisträger gestern presste sich in den Siebzigern zur Sache „Biermann" mühsam Worte ab: „Wes Brot ich ess, des Lied ich sing:" Er sang schon zu HH-Zeiten NS-Privatsprache in der Hitlerjugend. Daran denken, nicht mehr daran denken, depressiv die Straßenseite wechseln, wenn der/die von gestern entlang geht? Schweigen oder reden. War ich auch dabei?

20. Februar 1991

Ich treffe „meine" Kinder aus der Tagesstätte. Einige sind heute lang gewachsene Jugendliche, junge Damen und Männer. Wir halfen Ihnen zu leben im Alltag. Sie arbeiteten in geschützten Betriebsabteilungen beim Krankenhaus und dem Dienstleistungsbetrieb, hatten Ein- und Auskommen, waren Mitarbeiter, gehörten dazu!

Sie wurden nun „übergeleitet". Ein sehr schönes Werkstatthaus wird feierlich eröffnet, viel Glas, viel Licht. „Meine" geistig behinderten jungen Leute bekommen jetzt keinen Arbeitsvertrag, sie „verdienen" kaum etwas. Aber das Haus ist sehr modern, „Westniveau". Langsam wächst die Erkenntnis: Was im Leben zählt, kann man nicht zählen.

22. Februar 1991

Leicht ist es im Büro nicht. In der Mittagsstunde fallen mir die Augen zu. Bin depressiv, schlafe schlecht. Treffe ich Kolleginnen oder Kollegen von „früher" im Haus, weiche ich aus. Es ist etwas zerbrochen. Uns geht es gut!!

Mit allen vier Kindern wandern wir im Wald, schlachten ein geräuchertes Huhn. Gregor, mein Sohn, knickt vertrocknete Bäumchen um. „Bin schon ganz Mann!"

5. März 1991

Wir erhalten im Büro eine Arbeitslosenstatistik: Millionen verloren ihre Betriebe. „Auf null gesetzt" ist ein neuer Begriff.

Freiheit konnten wir 1990 gleich mitnehmen. Arbeit mit auskömmlichem Verdienst war fürs Erste nicht im Angebot. Wanderschaft west. In Stadt und Land demonstrieren Belegschaften und Linke. Ein CDU-Dezernatsleiter forderte heute: „Den ständigen Erpressungen der Straße muss endlich Einhalt geboten werden!"

Hat der vergessen, dass er ohne „die Straße" nicht wohlbestallt dort säße, wo er sitzt.

Die Geschichte hat ihn hinter den Schreibtisch gespült. Da wollte er nun ungestört auch sitzen bleiben.

Wieder eine Assoziation zu Gestern, 1988. Die mit dem großen C. (Arno Schmidt hatte geschrieben mit dem großen Zeh) haben mich eingeladen.

Ich erinnere den 1. Oktober 1988

Gesprächsabend bei dem Bezirksvorstand der CDU. Ich redete und las von meinen Kindern mit Behinderungen … Der Bezirksvorsitzende erklärte etwas von der Nachfolge Christi, in der sie stünden. Ich kritisierte die CDU, dass sie am Rande stünde, während Kirchen Horte neuer Stimmen werden. Von Glasnost und Perestroika möchte ich hören und lesen, von der herrlichen Chance eine gerechte Gesellschaft zu schaffen. Eine Gesellschaft in der ein jeder aufgehoben ist, neue Lieder gesungen werden …

Beleg für unseren Mut, so sagt ein Zeitungsredakteur, sei immerhin, dass wir hier in solcher Offenheit miteinander redeten. „Also steht am Montag in ihrer Zeitung, dass wir eingehend über das neue Denken, über Gorbatschow geredet hätten."

„Nun ja, man muss das nicht so nennen. Die Auslieferung der Zeitung könnte verzögert werden."

„Also wird ihre Zeitung von der SED zensiert."

„So können Sie das nicht sagen."

„Nun gut. Steht am Montag wenigstens in der Zeitung das Wort Glasnost."

„Man muss es nicht so ausdrücken."

Ich beuge mich zu dem Moderator des Gespräches und frage: „Sie sind doch Fachmann. Kann ich den Redakteur Pharisäer nennen?" Er zuckt kurz zusammen und wendet sich ab. Am Montag lese ich in der CDU-Zeitung: „K. verwies auf Reserven, die es möglich machen könnten, größere Fortschritte zu erreichen:" Zweifellos sind das Wörter.)

Ostern 1991

Mordprozess in Wien. Eine Krankenschwester gesteht 50-fachen Mord an älteren Menschen. Sie meint „Sterbehilfe" getan zu haben. Sie bittet nicht „um ein mildes, sondern um ein gerechtes Urteil."

10. April 1991

Rechte Gruppierungen fühlen sich von der Leine gelassen. Sie formieren sich mit dem Plakat: Gegen „Polen und Juden", die aus dem Osten „eindringen!" Ihr erstes Opfer ist weder Jude noch Pole. Er stammt aus Mozambique, ist schwarz.

15. April 1991

Meine Kinder sind da. Wir schaffen gemeinsam ein Chaos in unserer Wohnung. Mit den Zweien meiner Freundin verstehen meine leiblichen sich gut. Ein Segen.

Mitunter treffe ich Bewohner des Wohnheimes in W. Ich arbeitete dort zwei Jahre. Günther umarmt mich (wie alle) immer herzlich, fast zum Erdrücken. Peti reicht seine von Feldarbeit gehärtete Hand und sagt: „Jou."

19. April 1991

Zu Buchlesungen in Flensburg. Eine Hauptschule mit freundlichen, aufgeschlossenen Kindern. Der Direktor erklärt mir: Die türkischen Kinder machen heute blau. Sie feiern den Abschluss des Ramadan, ihr Zuckerfest. Da gibt es fremde, neue Begriffe zu erfahren.

Im Keller der Schule sind Räume für körperbehinderte Kinder. Integration ist so kaum möglich, Treppenstufen überall. „Wir würden ja, wenn …"

Vom Mord an „kranken" Kindern in der NS-Zeit hat in der Schule, so sagen die älteren Schüler, noch keiner geredet. Am Abend frage ich den Direktor der hiesigen Bibliothek nach „LTI"- Lingua Tertii Imperii, Sprache des dritten Reiches von Viktor Klemperer. Das Buch ist hier weitgehend unbekannt. Ein Unterschied zum Osten! Wir lebten mit dem Buch, verfolgten unsere Sprache, fanden Spuren mehr und mehr „im glorreichen Ringen unserer Brudervölker um die Erhaltung des Weltfriedens und des heldenhaften Kampfes (nun hätte da bis 45 gestanden) um Lebensraum im Osten!"

Wieder im Büro. Finde keine Ruhe. Bürozeit fließt träge dahin wie Hirsebrei im Märchen.

Muss ich eine Depression behandeln lassen? Mein Hausarzt verschreibt mir ein Aufputschmittel. Mein Bruder, der Psychiater ist, sagt dazu: Das ist das reine Gift!

In der Stadtvertretung wird um die Farbe von Ziegeldächern und die Größe von Nummernschildern für Häuser gestritten. Im Büro beim OB taucht gelegentlich ein adretter Mann auf. Er fährt seinen offenen Mercedes. Meine Kolleginnen möchten gern einmal mit dem offenen Ding durch die Stadt fahren. Was er im Büro tut bleibt unklar.

Urlaub mit der Kinderschar in Italien. Leider nicht bis Benevento, wo mein Bruder starb. Carne da Canone für den „Führer".

Unser Familienquartier liegt in den Ligurischen Bergen. Vierzehn Tage als Geschenk vom vermögenden Onkel aus dem Westen. Wenige Kilometer bis zum Meer. Hier will ich eintauchen, Wiege unserer Kultur!

20. August 1991

Putsch bei den Russen. Dort möchte die alte Garde wieder ihr Großreich, ihre tönenden Wörter. Neue Anführer wollen bloß noch Russen sein. Gorbatschow im Urlaub „verhaftet". Zar Boris soll retten, was zu retten bleibt.

26. August 1991

Unser Oberbürgermeister hat ganz andere Sorgen. Beim Kaffee überlegte er laut, wie er wohl einen Fürsten anreden solle. Ich schlug vor: Eure Hohlheit. Fand er nicht lustig.

7. September 1991

Ganz Deutschland und ein Teilchen der Welt blickten auf unsere Stadt. Das aber nicht der vielen Weltmeister wegen, auch nicht wegen der schnellsten Frau der Welt über 100 und 200 Meter. Auch nicht wegen des Heizkraftwerkes, in dem mit Erdwärme geheizt wird … Nein. Schlagzeilen liefern einige „Republikaner". Sie möchten hier ihren Parteitag abhalten. Beim OB meldeten sich allein an einem Vormittag zwei Fernsehstationen und etwa zehn Zeitungen. Von Bedrohung, tausenden im Aufmarsch ist die Rede. Wir im Büro denken, die Flamme klein halten zu können, denn im Osten sind nur die Arschlöcher braun.

Nachtrag. Von den 5000 bis 8000 war nichts zu sehen. Ich sah 50 glatzköpfige, von Polizei umringt. Ohne Pauken, Plakate und Geschrei schienen sie ratlos, ihrer Potenz verlustig gegangen. Zwei vietnamesische Bürger hatten zu leiden. Die Polizei war zum Glück sofort zur Stelle.

3. Oktober 1991

Fremder Feiertag. Wer ist nur auf den dritten gekommen? Hier tanzt die CDU. Im Haus ist eine „festliche Ratssitzung", weiß nicht genau, wann und wie … Unser Ostherz schlüge für den 4.11. oder den 9.11. Tage banger Erwartung, Hochgefühl dann in Leipzig und auf dem Alex in Berlin. Egal wie das Wetter über uns, Sonnentage deutscher Geschichte! Ohne Gewehrschüsse, ohne Köpfe abzuhacken …, schuf sich eine Gesellschaft Zukunft.

31. Oktober 1991

Reformationstag. Der Oberbürgermeister hat zum Essen geladen. Nicht des Reformationstages wegen, nicht unserer jüngsten Wende und auch nicht der religiösen, die seinerzeit neben Fortschritt auch auf der Straße manches Übel gebar.

Hier leben nun 75.000 Atheisten, 12.000 evangelische. 2.000 katholische Christen und noch einige Häufchen irgendwelcher christlichen Gruppen. Juden am Ort sind mir unbekannt. Sie sind restlos „ausgelöscht". Sogar auf Stadtkarten sind die zwei jüdischen Begräbnisstätten mit christlichen Kreuzen okkupiert.

Besuch vom Runden Tisch. Der mir bekannte Pastor fragt nach einer geeigneten Person in meiner Nachfolge im früheren Amt. Er fragt auch, ob ich nicht wolle?

Nein. Ich will nicht.

Der junge Mann, der nun dort leitet, muss unbedingt entlassen werden. Er hat keine geeignete Qualifikation, ist durch politische Korruption zu dem Amt gekommen. Er trennt eben die „Erbsen" in „Töpfchen" und „Kröpfchen", was ein Übel ist.

Das zerstört den Rest sozialen Lernens, was nur bei einer Integration (Inklusion) möglich wird.

5. November 1991

Ich besuche zum Abschied den Herrn Genossen Doktor, berufener Leiter eines Rehabilitationszentrums. Er sitzt in einem zu großen Büro und ist verzweifelt.

„Herr K. Ich habe immer für richtig gehalten, streng nach sozialistischer Gesetzlichkeit zu handeln. Nun liegt alles, was ich glaubte, in Schutt und Asche. Sie waren wohl immer anderer Auffassung. Dass Sie nun Recht behalten haben sollen, kann ich nicht begreifen. Verstehen Sie mich?" Ich verstehe, auch mir ist, als läge da ein Rest, der zu verteilen bleibt.

9. November 1991

Wieder an der Erinnerungsstätte. Hier stand bis 38 die Synagoge. PDS ist stark vertreten. Von den verbliebenen 75tausend Bürgern kamen etwa 20. Der OB sagt ein paar Worte.

11. November 1991

Habe ich schon notiert, dass ich in die SPD eintreten möchte? Der Antrag am 11.11. passt zu mir und zu dem Ernst, mit dem ich das Leben sehe. Ich „lebte" über zehn Jahre mit sehr schwer behinderten Kindern beruflich zusammen, und ich lernte diese Kinder lieben. Diese Schule lehrte mich nun, Alltagssorgen meiner Zeitgenossen hin und wieder eher lächerlich zu finden.

21. November 1991

Die SPD hat hier zweihundert Mitglieder. Vermutlich ist ein Sportverein oder eine Kleingarten-Gemeinschaft größer. Die Bürger wollen nicht so recht Demokratie „machen".

8. Dezember 1991

Kann in der SPD keiner lesen? Keine Reaktion auf meinen Aufnahmeantrag.

24. Dezember 1991

Michail Sergejewitsch Gorbatschow ist am Ende. Das „Haus Europa" bleibt im Büro ihres Architekten als Entwurf liegen. Wünschen wir ihm ein schönes Jolkafest und nowui god.

Wir sitzen zu sechst „unter" dem Glitzerbaum und teilen Kleinigkeiten mit liebevoller Freundlichkeit.

9. Januar 1992

Die Frau ist dunkelhaarig, nicht sehr groß. Sie ist Ungarin, sagt sie. Und: „Plötzlich ändern sich die Menschen hier. Ich werde schlecht behandelt, überall. Bei der Polizei, beim Arbeitsamt. Besonders dumm ist, dass die Beamten die alten sind. Sie begegneten mir noch vor einem Jahr freundlich. Was ist geschehen?"

13. Januar 1992

Kurz vor Acht. Ich betrat gerade mein Büro. Das Telefon klingelte. Ein Mann gab an, vom „Neuen Forum" aus Berlin zu sein. „Wir beabsichtigen ein Täter-Opfer-Gespräch in N. zu organisieren." Er nennt den Namen einer bekannten Familie. „Die haben", sagt er, „dem Staatssicherheitsdienst verraten, was es nur zu verraten gab. Daran sind Menschen zerbrochen, wurden inhaftiert." Eine üble Denunziation. Das „Neue Forum aus Berlin"!? Sehr fraglich. Nur der OB erfuhr davon. Wir schweigen. Die Denunziation schien zu offensichtlich nicht glaubwürdig.

Ohne Datum, (vergaß diese Szene gerne, auch Tag und Zeit!)

Mit einem Dezernatsleiter zur Elternversammlung in der „Schule für individuelle Lebendbewältigung", früher „meine" Tagesstätte. Es geht um die Zukunft des maroden Hauses. Ich trage meine Idee vor, die Kinder mit denen der Schule für Körperbehinderte zusammen zu bringen und diese Schule für Kinder des Stadtgebietes im Sinne der Integration (heute Inklusion) zu öffnen. Lehrerinnen, Erzieherinnen und Eltern im Raum kennen mich noch aus unserer gemeinsamen Zeit, 15 Jahre vor der „Wende". Vehement wendet sich eine Mutter gegen jede Form von Inklusion. Mütter (fast nur Mütter im Raum) sind in Sorge um ihre dann unterlegenen Kinder. Meine früheren Kolleginnen schweigen.

Ein aus dem Westen zugezogener junger Mann erklärt, er habe in einem Rehabilitationszentrum in Heidelberg gearbeitet. Er schimpft uns Bürokraten, die im Büro hocken und von der schweren Arbeit mit „Behinderten" keine Ahnung haben. Der Mann, Typ Macho, sitzt neben einer Zahnärztin. Deren sehr umtriebige Tochter kenne ich noch sehr gut. Das freundliche Mädchen, Ina, litt unter einer Mikrozephalie, einem viel zu kleinen Gehirn. Bei Spaziergängen nahm Ina gern meine Hand. Offenbar ist der Herr bekannt mit Inas Mutter. Er beschimpft uns heftig. Eine Mutter, die schon früher alle, samt ihrem Mann für schuldig und inkompetent hielt, bläst heftig mit in das Horn.

Die Schulleiterin, zu dem Posten gekommen, weil ich dem Runden Tisch sie als fachlich geeignet nannte, sagte kein Wort.

Leise widersprach nur eine Person. Sie fiel mir früher immer auf, weil sie so still auftrat.

Irgendwann, bald darauf, bat ich den befreundeten Landtagspräsidenten um Hilfe und Termin für die Eltern. Es entstand ein erster sehr schöner Schulneubau. Leider keinerlei Inklusion.

24. Januar 1992

Besuch in der neuen „Werkstatt für Behinderte",(WfB). Sehr viel Holz, Glas, sehr hell. Ein schönes Haus! Abgesehen von dem Namen missfällt mir die Größe. Das Haus ist für 120 Mitarbeiter aus der ganzen Umgebung. Es wäre nur so wirtschaftlich zu betreiben, stellt die Obrigkeit fest und ordnet per Gesetz an. „Wirtschaftlich?" Das mag sein. Aber für das Leben brauchen meine früheren Kinder soziale Kompetenz. Sie ist so kaum zu pflegen.

Wir hatten zu DDR-Zeiten gewiss zwei Dutzend Werkstätten und Betriebsabteilungen im Land. Kleine Gruppen, mitunter mitten in einem Betrieb. Das war wirtschaftlich sicher kaum tragbar, aber sozial ein Segen. Ich erkläre das einem Herrn der CDU, pensionierter Offizier, jetzt Geschäftsführer der CDU-Fraktion. Er sagt: "Ach, in der DDR wurden die „Behinderten" doch nur in Anstalten versteckt!" Da nagt jemand an meiner Toleranzschwelle.

28. Januar 1992

Habe ich eine Depression? Ich suche nach Begriffen, wenn ich Worte höre. Verzweifle an Leere. Stimmen, von überall Stimmen. Familiengeburtstage überstanden. Ich meide Menschen.

28. Januar 1992

Ein kleinwüchsiger Herr klopft noch kurz vor 18.00 Uhr an meine
Bürotür. Ihm sei im Sozialamt Hilfe verweigert worden, erklärt er.
Er braucht Geld, um nach Hause nach Heidelberg fahren zu können, denn ihm sind in der Bahn alles Geld und die Papiere gestohlen worden.

Jeder Zweifel wäre hier berechtigt.

Das Recht, eigene Zweifel oder Gutdünken, Verdacht über ein
Gesetz zu stellen, ist allerdings nicht erlaubt.

Ich gehe mit ihm zum Sozialamt. Die stellvertretende Amtsleite-
rin ist noch da. Sie sitzt dick und breit wie eine Erdkröte hinter
ihrem Schreibtisch. „Können wir das gleich hier klären oder müssen wir zum OB?", frage ich. Dieser Satz wirkt. (Ich komme mir
dumm vor, den Satz gesagt zu haben).

Der Herr bekommt, wessen er bedarf oder worauf er tatsächlich einen Anspruch hat.

Ob ich mit meinem Urteil im Recht bin oder auf allzu flachem
Wasser segelte, keine Ahnung. Ich meine, so muss ein Sozialstaat
handeln.

29. Januar 1992

Peter ist ein alter Freund. Mit ihm konnte ein Jeder über Gott und
die Welt reden, wenn ein paar Flaschen Bier vorrätig waren. Er
schrieb winzige Büchlein mit kunstvollen Sätzen. Eine Biographie
von Albert Einstein schrieb er mit wenigen Sätzen bester Literatur.
Er gehörte zu einem Kreis um die Autorin Christa Wolf, aktiv mit
einem Stasiauftrag, wie die Zeitungen nun entdeckten. Er, inzwischen Kreistagspräsident der CDU, bietet eine großartige Ziel-
scheibe. Nie hätt ich gedacht, dass Peter ….

Berichtet wurde, P. hätte sich in kürzester Zeit totgesoffen. In
einem Abbruchhaus wurde er gefunden.

3. Februar 1992

Gregor, mein Sohn, hat einen Freund aus Berlin. Der Junge ist in Berlin geboren und lebt schon immer in Berlin. Das von einem CDU-Innenminister verkündete Problem ist, der Besucher im Dorf heißt Ördal und weil er Ördal heißt, ist er plötzlich ein Stein des Anstoßes für die deutsche (sehr deutsche) Gesellschaft des Dorfes.

Gregors Schulfreunde leihen sich Worte von ihren Eltern, (per se hätten sie keine) und vom Innenminister und ziehen einen Graben.

5. Februar 1992

Zweites Kinderbuch in Österreich erschienen. Es ging mir um Integration, das Buch zeichnet eine Schule in aller Freiheit. In der DDR hätte das Buch nicht erscheinen können. Margot Honecker wachte über „Ihre" Volksbildung ohne Integration.

10. März 1992

Eine Ausschusssitzung. Der Amtsleiter berichtet: Das Innenministerium kündigt an, in der Stadt müssen 6000 bis 7000 Asylbewerber aufgenommen werden. „Die können morgen vor der Tür stehen!" Noch ein paar Bemerkungen und dann gehen Worte zur Jagd: „Ich will ja nicht von Asyltourismus reden. Einer vom Balkan oder aus Rumänien bekommt hier aber Geld geschenkt, wovon der zu Hause nur träumen konnte." Seine Akten neben einem großen Handy demonstrativ auf dem Tisch platziert: Ich bin erschöpft und verzweifelt, soll seine Physiognomie demonstrieren. Er greift kurz das Handy und legt es wieder zu seinen Papieren. Der gewünschte Effekt wurde verdoppelt. 1. Wer sich, wie er, der wahnsinnigen Aufgabe stellt, ist so etwas wie ein Held. 2. Es bricht eine Heuschreckenplage herein. Sollte man da nicht …

Der anwesende Dezernatsleiter (CDU) beschwert sich (wie immer) wegen des fehlenden Geldes. Katastrophendiskussion: Turnhallen-Unterkünfte; deutschen Kindern wird der Turnunterricht gestrichen. Zeltstätte, Containerdörfer …

Wer wird denn auf dem Balkan verfolgt? Wer will da an unser Geld? Da kommen auch Rumänen, Ägypter, Albaner. „Zigeuner" auch noch!

PS: Weder am folgenden Morgen noch an einem der kommenden Tage standen 6 bis 7000 vor der Tür.

10. April 1992

Noch ein wenig im „Wendefieber" ist die SPD tatsächlich eine Kampfkoalition mit der CDU eingegangen. Sie hätten ohne diese Ehe nicht genug Stimmen vor der PDS gehabt. Nun ist alles gut verteilt und man macht Politik mit Getöse à la Herbert Wehner (Altkommunist mit Decknamen „Funk") im Bundestag mit Rede und Widerrede. Die große Politik um hehre Ziele flackert durch den Saal. Jetzt kann jeder mal seine Sau raus lassen, wie im Fernsehen …

Hohe Wellen wurden schnell flach, als jemand nach Hundesteuer, Parkautomaten, Marktsatzung und ähnlichen Kleinigkeiten fragt.

Wir, als Ratgeber auf hinteren Bänken, beobachten das Schauspiel nebenher. Mit der Gleichstellungsbeauftragten spiele ich Schiffe versenken. Die Schiffe heißen CDU, PDS, SPD.

17. April 1992

Ob das Datum stimmt? (Vergaß manches Ereignis einzutragen. Im Sinn blieb es mir).

Irgendwann beauftragte ich die örtliche Fachhochschule einen Plan zu erarbeiten. Er sollte Wegweiser für Stadtvertreter sein und helfen, Menschen mit Behinderungen zu Integrieren. Meine lieben Professoren schrieben den Plan in moderner, wenig bürokratischer Sprache, westdeutsche Sprachspiele, Spätachtundsechziger! Unser

Schulrat (noch DDR sprachsozialisiert) u.a. beschwerte sich heftig, des freien Tones wegen. In jedem dritten Satz sagte er: „Ich bin Germanist!"

27. April 1992

Genscher nicht mehr Außenminister. Ist das schade? Er goss damals eine Menge Wasser auf die diplomatische Mühle.

8. Mai 1992

Habe wieder einen Tätigkeitsbericht zu geben. Das ist mehr ein Untätigkeitsbericht, denn in den Ämtern geht alles so seinen DB (Durchführungsbestimmung) gepflasterten Weg. Wozu dann „Beauftragte"? Man frage mal nach dem Inhalt des Begriffes? Nicht, dass ich mich beschweren will. Ich sitze in der 10.Etage, habe einen schönen Blick über die Stadt. Übe Vokabeln des Italienischen …

Die Fraktionen im Stadtparlament sollten einmal darüber nachdenken, ob ich wegen des schönen Blickes beschäftigt werde oder wegen unzähliger Hindernisse für Bürger im Rollstuhl, für Seh- und Hörbehinderte …

Also Nein!! Das hat sich bis heute noch keiner geleistet. Das bei einem satten Gehalt auch noch in harter DM.

Der Fraktionsvorsitzende der CDU, er mimt den Gralshüter bundesdeutscher Treue, meint, ich müsse sofort entlassen werden, die PDS weiß nicht so recht, ob heute einer widersprechen darf, der nicht in der PDS ist, die SPD reagiert verhalten süßsauer. Ja, eigentlich aber …

Aussprache beim OB. Er versteht mich doch tatsächlich. Das ist erst einmal gut.

„Illusionen, Wendeideen, treibt Sie das um?"

„Ja, all die Merkmale, die wir einer neuen Zeit zudachten. Wo sind sie?"

„Ich verstehe. Aber verstehen Sie mal auch, dass ich nur mit den Menschen hier etwas aufbauen kann und die Menschen sind die, die immer hier waren, die geblieben waren."

„Ich weiß das. Wir müssen den Ämtern aber sogenannte ‚kritische Attribute' zur Wahl stellen. Der Begriff erhält seine Berechtigung nur durch das ‚kritische Attribut'. Wer wirklich die neue Zeit ausfüllen will, ist daran zu messen."

„Ach Gott, Ihre Wissenschaft. Überfordern sie mal nicht unseren Verstand und unser Haus."

„Wissen Sie, ich arbeite 60 bis 70 Stunden in der Woche. Gemeinsam wollen wir ein schönes Ländchen aufbauen, das wäre es. Aber glauben sie, dass all die Mühen anerkannt werden?

Keine Spur. Ich muss mich täglich hüten vor all den Gruben, die von Parteien gegraben sind.

Ihre „kritischen Attribute" sind vermutlich, wenn ich recht verstehe, importierte, auf einem anderen Mist gewachsen. Sie werden, wenn ich recht deute, noch längere Zeit in einer Defensive stehen.

Ganz pragmatisch: Wir leben hier! Immerhin ist es gut, wenn Sie aufmerksam machen auf unsere Hängepartie und die Rolle von Beauftragten.

Verstehen Sie sich als Stürmer im Spiel. Nicht jeder Schuss führt zum Tor. Das wissen Sie."

10. Mai 1992

Einsicht in „meine" Stasiakte beantragt. Ich nenne sie Flipperakte.

Eine Zeitung meldet: Die Veranstaltungsreihe „Jugendcafé im Soziokulturellem" Zentrum entfällt ab sofort.

Den Mitarbeiterinnen ist es zu gefährlich mit Jugendlichen zu reden, die nicht nur bespaßt werden wollen.

Sie haben eine eigene Meinung und äußern die auch noch. (siehe „kritische Attribute").

12. Mai 1992

Eine Mitarbeiterin beim Behindertenverband, die mindestens 25 Jahre Erdkundelehrerin war, (bis 90 arbeitete sie im Bezirkskabinett für Lehrerweiterbildung,) gestand heute, das Wort Synagoge noch nie gehört zu haben. Mir schien der Eintrag buchenswert.

Neuerdings fahre ich monatlich einmal in die Landeshauptstadt. Mit dem Bürgerbeauftragten zusammen sprechen wir in Ministerien vor.

19. August 1992

Schäuble war hier. Ich fragte den Fahrer des OB, wie sie Schäuble in das Haus bekommen haben. Ging ganz fix, ein paar Personenschützer und schon war er über die viele Stufen im Haus. Ich bete dafür, dass der CDU Fraktion ein Licht aufging. Sie sahen mir übel nach, weil ich öffentlich kritisierte, dass DDR-Betonstufen vor Geschäften nunmehr zu Marmorstufen wurden.

1. September 1992

Lehrer werden entlassen. Krippenerzieherinnen und Kindergärtnerinnen bekommen kein Geld. Sand im Getriebe. Medien warnen vor „Überfremdung". Sogar meine Kinder stellten in Italien fest, dass es hier nur so von Ausländern wimmelt. Sie verstehen den Witz.

Politiker reden vom Sparen, als sei ihnen eben mal das Geld verbrannt. „Blühende Landschaften" – dürres Nichts oder vage Zukunft? Ein Dezernatsleiter, der das „Neue Forum" mit begründete, erklärte mir: Er habe am Ende der DDR den Eindruck gehabt, dass das Land nicht weiter bestehen könne. Einen ähnlichen Eindruck habe er jetzt.

Üble Schandtaten in Rostock! Woher kommen solche rechten Gewalttäter? Der Begriff „Freiheit" trägt auch verheerende Merkmale in sich.

2. September 1992

Im Sozialausschuss: Alle verfügbaren Gelder werden für den Bau eines Asylheimes verwendet. Das klingt, als verschwände alles Geld aus den Taschen der Bürger. Und das gebiert Widrigkeiten: Was könnten wir (uns) leisten, wenn es „keine Ausländer" gäbe, keine „Behinderten", keine „Pflegefälle".

Bald wird der Begriff „sozial verträgliches Ableben" gedacht werden und irgendwo auch praktiziert. Das Asylheim entsteht als Containerdorf weitab vor der Stadt. Eine ebenso hübsche wie verzweifelte Abgeordnete der PDS beschreibt den Tränen nahe, welche Sorgen eine Familie im Asylheim hat. Nie wird sie Geld genug haben, um mit Kind und Kegel in die Stadt zu fahren. Soll so Integration aussehen? Verbände der freien Wohlfahrtspflege beschweren sich über stetige Kürzungen. Dazu erklärt der Herr Amtsleiter: „Was wollt ihr denn. Ihr habt das doch 1990 gewählt!"

Das „Flensburger Urteil" billigt einer Familie Entschädigung zu, weil sie im Urlaub den Speiseraum mit „behinderten Menschen" teilen mussten. Wir müssen nun zu verstehen versuchen, dass ein Richter Recht spricht, nicht Gerechtigkeit. Gerechtigkeit kann ein Mensch nicht sprechen, dass obliegt allein einem Gott.

17. Oktober 1992

Brandt am 8.10. gestorben. Letzte große Gestalt junger Geschichte.

29. Oktober 1992

Manchmal treffe ich Werner in der Stadt. Ich möchte ihm nicht begegnen. Fast zehn Jahre standen wir 6 Uhr zehn gemeinsam an der Bushaltestelle. Wir blickten über den See auf das nationalsozialistische Dorf Alt Rhese. Werner ist seit der Wende arbeitslos. Er

167

trägt einen Beutel in der Hand, der die versteckte Flasche betont. Mit ungelenkem Gang geht Werner auf sein Ende zu.

2. November 1992

Die katholische Kirche rehabilitiert Galileo Galilei. Der Vatikan nahm 360 Jahre Anlauf. Für meine Begriffe fehlt nun noch M. Luther, aber im Falle Luther geht vermutlich eher ein Kamel durchs Nadelöhr.

8. November 1992

Ein schwarzer Tag für Europa. In Berlin wurden friedliche Demonstranten von wenigen linken und rechten Randalierern so gestört, dass die Welt Dank der Medien nur Störungen zu sehen bekam. Haben wir am Vorabend des 9.11. nicht bessere Gedanken zu bieten? Morgen werde ich den Erinnerungsstein wegen der Reichspogromnacht besuchen.

12. November 1992

Das Hohe Haus, genannt Stadtvertretung, streitet über die Beteiligung an einer Demonstration. Junge Linke hatten sie vorbereitet und es geht nicht darum, welche Partei die schönste ist.

Asylproblematik, gewöhnliche Menschenrechte für jedermann und jede Frau, darum geht es. CDU und SPD bemängeln, an der Vorbereitung nicht beteiligt gewesen zu sein. Ein Protestpapier wurde von der PDS vorgestellt.

Das sei, so sagt die CDU, zu radikal formuliert.

Die PDS war bereit, Änderungen anderer Parteien einzuarbeiten. Das lehnten CDU und SPD als Zumutung ab. Gemeinsam gegen „Rechts" und „Fremdenfeindlichkeit" wird also nichts.

Hatten wir so etwas landesweit nicht schon einmal 1933?

23. November 1992

Während neu entstandene Demokraten noch über Worte streiten, schaffen andere Tatsachen. In Mölln sind drei türkische Bürgerinnen verbrannt. Neonazis hatten das Haus angezündet. Medien in aller Welt berichten darüber. Der Bundeskanzler erschien nicht am Ort des Mordes an drei „Ausländerinnen".

Für den NDR ist heute Thema: Zerfall der CSSR.

8. Dezember 1992

Mit einer Druckvorlage für die Stadtvertretung (à la Leimrute) spielt die CDU. Sie schlägt vor, den Karl-Marx-Platz in Willy-Brandt-Platz umzubenennen.

Mit einer weiteren Vorlage eröffnet sie ihr Sprachspiel. Sie wünscht, dass untersagt werde „Vor unserer Zeitrechnung" zu schreiben. „Vor Christi Geburt" hat das zu heißen! Wäre das SPV?

Der Mehrheit unserer Stadtbürger ist der Inhalt des geforderten Begriffes fremd oder egal. Ein Fünftel der Städter sind mit sehr losem Faden kirchlich gebunden. „Gebunden", interessantes Wort in dem Zusammenhang.

12. Januar 1993

Bin nun irgendwann in die SPD aufgenommen worden, hatte ich das schon notiert?

30. Januar 1993

Jahrestag, Machtergreifung des Herrn 88 mit seiner Ganovenmeute. Goebbels sagte am Ende 1945, es wäre der Wille des Volkes gewesen, dem Führer zu folgen. Wenn ich an die Reden meiner älteren Geschwister erinnere: Ja, so klangen ihre Worte. Sie wussten, was sie zu sagen hatten, wessen Bild im Zimmer zu hängen hat. Ihnen waren Begriffe hingezeichnet und sie hegten kaum Zweifel an ihrer Abrichtung, in die NS-SPV.

Heute ist Kranzniederlegung am Gräberfeld des NKWD-Lagers. Die Russen sperrten dort 7000 Nationalsozialisten ein. Ihre Sprache verriet verdrängte oder verleumdete Tat.

Um 17.00 Uhr treffen sich anders redende Bürger am Standort der 1938 verbrannten Synagoge. Ich sammle verschiedene Worte.

Es gibt auch einen Soldatenfriedhof. Freunde meines Bruders liegen dort. Wer findet Worte für diesen Ort?

Junge Kommunisten ziehen noch zu der Gedenkstätte des schwachen kommunistischen Widerstandes gegen Kriege. Sie brüllen: „Hoch, hoch die internationale Solidarität!" Ihre Worte verhallen.

9. Februar 1993

Das Unwort des Jahres wird verkündet. Es lautet „Ethnische Säuberung". „Den Volkskörper zu reinigen" war auch Programm der NS-Zeit. Gegen das Wort „reinigen" ist ja kaum etwas einzuwenden. Wer reinigt nicht gelegentlich Körper, Zähne, Zimmer …

10. Februar 1993

„Der Satz ist Instrument und sein Sinn dessen Verwendung:" Wer immer Begriffe oder Worte vorschreibt, zwängt jede Rede in einen vorbestimmten, äußeren Sinn. Nachdenken darüber.

Aber: „Ich spräche nicht so kühn, wenn man mir folgen müsste." Ich sagte den Satz von Erasmus einmal in einer Buchlesung und wurde danach „Feigling" genannt.

15. Februar 1993

Willy Brandts Sätze teilte ich. Ich bin Mitglied in der SPD.

24. Februar 1993

Mit der Parteigruppe zu Gast bei russlanddeutschen Aussiedlern. Sie kommen aus Kasachstan und aus Sibirien. In Kasachstan traf ich vor Jahren deutsch sprechende Bürger auf einem Basar. Ihr Traum war immer die Heimat Deutschland. Unter dem Krieg und dessen Folgen litten sie, als seien sie persönlich Nazis gewesen. Sie begleite immer Worte übler Feindschaft in den Medien. Egal, was geschah, ob Autounfall oder Mord, schuldig waren immer „die Deutschen."

„Zu Hause", also hier, leben sie in kleinen Zimmern, müssen dafür 400 Mark von dem wenigen Geld abgeben. Der Begriff „Willkommen" enthält nicht nur freundliche Merkmale. Ein Buch haben sie über tausende Kilometer mitgebracht. Deutsche Kirchenlieder schrieben sie heimlich bei Kerzenschein mit kyrillischen Buchstaben auf. Ein ganzes Buch! Ihre Augen leuchten, wenn wir zum Abschied sagen: „Pokoinoi nostchi" – gute Nacht.

9. März 1993

Vom Bürofenster aus sehe ich in den Hof. Dort fegen und werkeln fast täglich Männer und Frauen für 2,50 pro Stunde. Sie sind Facharbeiter im Metallgewerbe, Maschinenbauingenieur, Laborant, Ökonom, ML-Philosoph … Ihre Arbeit verschwand unter dem Mantel der Geschichte. Im Sozialamt werden MitarbeiterInnen nicht müde, zu betonen, wie schwer es sei, „die von der Flasche weg zu kriegen".

15. März 1993

Der Dezernatsleiter für Soziales legt einen Plan vor, Asylbewerber unterzubringen(wieder einmal). Der Plan enthält zahlreiche Varianten von Zeltstadt bis Containerdorf. Ein Katastrophenszenarium entsteht, Millionen Kosten. Wer oder was und warum uns da plötzlich eine „Flut" heimsucht, wird nicht erklärt.

Ergebnis: Abwehr eines Überfalls (der nicht stattfand)!

2. April 1993

Unter beifälliger Zustimmung einiger Stadtvertreter teilt der Sozialamtsleiter mit, wie er sich den Umgang mit Obdachlosen vorstellt: „Ich will keine Typen in der Stadt herumliegen sehen. Schon am Bahnhof müssen die von der Polizei empfangen und zum Asylheim geleitet werden. Wir haben eine saubere Stadt. Da wird keiner auf der Straße liegen.

Kleine Wohnungen mit sehr niedrigem Standard sind denkbar, „Schlichtwohnungen" mit Ofenheizung. Solche Angebote müssen nicht in besserer Wohngegend liegen. Wegelagerer und Stadtstreicher sind der Beginn einer Drogenszene. Das müssen wir im Keim ersticken!" Diese Rede hätte der Mann auch als Nazibeamter halten können. Das Alter hat er nicht, den Geist ja!

7. April 1993

Flipperakte von MfS-Verwalter bekommen. Das heißt, ich durfte die wenigen Papiere einsehen im Lesesaal unter Beobachtung. Wie oft ich aneckte war vermerkt. Ich „gründete einen Stützpunkt der Brandt-Scheelschen Ostpolitik in Mecklenburg".

Der Hintergrund, ganz konkret: Ich forderte meine Schriftstellerkollegen auf, mit „Westkollegen" ins Gespräch zu kommen. Meine Befürchtung blieb, wir sprächen inzwischen nicht mehr die gleiche deutsche Sprache. Ich zum Zweiten „unterlaufe das Kulturabkommen zwischen der DDR und der BRD".

Wie laufe ich unter einem Kulturabkommen? Der Hintergrund, ich besorgte für autistische Kinder und deren Familien ein Curriculum (Lehrplan) im Austausch für Bücher z. B. von Wygotzki. Ziel der Stasioffiziere war, mich irgendwann mit juristisch gedrechselten Drohungen als Herr (oder nicht Herr aber auch nicht Genosse) „Ambition" zum IM zu kreieren.

Es kam nicht mehr dazu.

28. April 1993

Ein Abgeordneter der SPD möchte ein grandioses Wohnungsbauprogramm „ins Land setzen". Kleinstsiedlungen für alte Menschen und für „Behinderte".

„Ins Land setzen", diese Worthülse sagt nichts und alles.

Unser Amtsleiter für Soziales möchte für „Behinderte eine Rehabilitationskette entwickeln". Machtvoller Klang hehrer Worte. Mich stört allerdings die „Kette".

Ich lerne: In einer Demokratie darf ein jeder (auch leeren Unsinn) reden.

3. Mai 1993

Engholm ist von allen Ämtern zurück getreten. Das ist schade. Gern erinnere ich mich des Austausches zwischen „Ost" und „West", nicht klimatisch, sondern politisch.

Engholm hatte uns eingeladen zu Gesprächen. Wie es sich zeigte nur für einen Bonner Papierkorb. Kohls schwarzer „Mantel der Geschichte" löschte unsere kleinen Kerzen.

13. Mai 1993

Frühlingsfest im Heim der Diakonie. In herrlicher Unbekümmertheit fahren Dorfkinder mit Rollstühlen um die Wette. Mal sitzt ein Heimbewohner im Stuhl, mal einer aus dem Dorf. Eine Journalistin fragt mit heiliger Scheu im Gesicht, ob es denn gut sei, wenn Kinder mit Rollstühlen spielten?

Pfingsten 1993

Im staatlichen Pflegeheim liegt eine alte Dame im Sterben. Sie ist 90. Alle ihre Lebenstage waren davon bestimmt, ihre körperlich behinderte Tochter zu pflegen und mit dem Fahrrad in die Schule zu bringen. Ehe sie sterbe, so sagte sie, sei es ihr sehnlichster Wunsch, ihre Tochter noch einmal zu sehen. Auf Anraten der Ärzte und Schwestern unterblieb das aus „Rücksichtnahme". Verschwiegen blieb, dass diese Tochter schon zehn Tage vor der Mutter gestorben war.

17. Juni 1993

Zwei wirklich dumme rassistische Witze in der Tageszeitung.

14.10.93

Der Fraktionsvorsitzende der CDU sagte etwas, was durchaus als Diskriminierung „Behinderter" verstanden werden kann. Ich schrieb einen offenen Brief zur Sache an die örtliche Presse. Eigenartig: Der Brief, obwohl nur an die Zeitung adressiert, kam zeitgleich im Büro der Partei wie bei der Zeitung an. Wer sortiert hier Briefe?

Für den Brief bekomme ich eine dicke Schlagzeile: CDU fordert K's Rücktritt! Ein Flippertreffer!

In meinem Büro übe ich den Rücktritt. Wenn ich vom Schreibtisch aufstehe und einen Schritt zurücktreten will, falle ich immer wieder in den Sessel.

Erkenntnis: Ich hätte auch ein Gespräch mit den Herrn suchen können, sollen? Wollte ich flippern?

25. Juni 1993

Berichtet wird, ein für Ordnung und Sicherheit zuständiger Mitarbeiter sagte: „Ich habe nichts gegen die Republikaner und andere Rechte, wenn diese sich gesittet benehmen." Ist hier die Grenze unserer Demokratie im Kopf des Beamten (überschritten?)

17. Januar 1994

Monat der Geburtstage zu Hause. Kann wenig mit Geburtstagen anfangen. Den Grund erkannte ich sehr spät. Eine meiner Schwestern, die nur wenige Tage nach mir geboren wurde, aber zehn Jahre älter ist, gestand. Es wurde des „einen Abwaschs" wegen immer unser beider Geburtstag zugleich gefeiert, am 10.1., drei Tage später. An „Feiern" erinnere ich mich nicht. Ein Stück Kuchen gab es vielleicht und eine Kerze zu Gottes Segen. So ist seitdem mein Geburtstagswunsch alljährlich.

20. Januar 1994

Zeitungsbericht, ein junges Mädchen mit Behinderungen habe ein Hakenkreuz in eine Wange geritzt bekommen. „Vermutlich" leitet die Zeitung eben mal ihre verfügbare Vorstellung ein: Es ist ein „Skin-Überfall", rechte Untat. Das übliche Medien-Sprachspiel.

Der Grund ist vermutlich: Das Mädchen litt an sozialem Defizit, Einsamkeit, mal wahrgenommen werden.

Verwirrtes Mädchen, denn, wie sich zeigte: Sie fügte sich das böse Zeichen selber zu.

15. Februar 1994

Am 2.2. stürmte der „Staatsschutz mit einem Sondereinsatz-Kommando" (ruhig, ruhig. Wir schreiben 94, nicht 39!), maskierte behelmte Männer mit Maschinenpistolen und Motorsägen, in das Haus einer linken Gruppe. „Anfangs", so erklärten die Jugendlichen, „hätten sie befürchtet, es sei ein Überfall der Nazis um 6.05 am Morgen."

Der Staatschutz suchte Waffen, Rauschgift usw. Was man so sucht. Küchenmesser fand der Sondertrupp.

Die behelmten Schützer könnten bei mir zuhause fündig werden, Küchenmesser, ein Dolch meines Italienbruders und auf dem Müllhaufen Hanfpflanzen sprießend aus dem Abfall vom Vogelfutter.

6. Februar 1994

Besuch bei „der Treuhand". Wir wurden von einigen bulligen Wachmännern geprüft. Kräftige Herren vom Sicherheitsdienst, heißt nun Security. Sie gestatteten, dass wir das Haus betreten, nach Taschenkontrolle und gründlicher Visitation …

So ähnlich unterlag ich Kontrollen vor Jahren beim Besuch eines staatlichen Sicherheitsbetriebes. Ich suchte dort einfache Arbeit für Menschen mit Behinderungen. Das gleiche Ziel führte mich heute in das Haus. Ich finde freundliche Worte. Im Haus wird von Herren im dunklen Anzug verständnisvoll gelächelt, Kaffee angeboten. Grüße an den Herrn Oberbürgermeister kann ich mitnehmen.

Das Wochenende

Ich spaziere durch unsere nahe Kleingartenanlage. Sie beginnt unmittelbar hinter einem verlassenen Industriegebiet und unweit eines Stadtwaldes. Vor dem Vereinshaus auf einem Parkplatz sind Bänke aufgestellt, eine kleine Bühne und zahllose roten Fahnen flattern im Wind, PDS-rot, soweit das Auge reicht.

„Herren in dunklen Anzügen sind damit beschäftigt", höre ich einen Redner, „während wir hier unseren Protest demonstrieren, nach einer Enteignung des Kapitals von 1945 nun ehemalige DDR-Bürger zu enteignen. Der Imperialist kommt zurück und greift nach dem, was uns vierzig Jahre Volkseigentum war!"

Ich erinnere mich: Irgendwann predigten aus dem Staub der Straße Aufgestandene, jeder DDR-Bürger hätte Anteil an unserem Volkseigentum und bekäme seinen Teil.

„Hier wird an den Westen also verkauft, was der Treuhand gar nicht gehört. Die Kunden bekommen für wenige D-Mark wahre Reichtümer geschenkt. Gelegentlich für eine DM, was zu Millionen werden kann. Land, Acker, Wald, alles steht feil!", ruft ein Redner mit Seidenschal und Anzug aus bestem Tuch.

Ein paar alte Damen und Herren sitzen auf den Bänken, Kinder rennen um die Bühne haschend herum.

Ich erkenne meinen betagten, leicht verwirrten OL-Nachbar, einer der alten Männer auf den Bänken.

Er beklagte sich immer wieder bitterlich im Aufzug und auf der Straße, wenn wir uns trafen:

„Du bist doch bei denen da oben in Arbeit, kannst mal was sagen beim Oberbürgermeister. So geht das nicht, sach das denen, sach das mal. Man kann doch nicht alles verkaufen. Wir ham das aufgebaut, vierzig Jahre gepflegt. Wollen die mir jetzt noch den Kleingarten wegnehmen, verhökern an Westleute, die nie ein Bein auf unsere Erde gesetzt haben? Soll ich das Gemüse jetzt kaufen in der Kaufhalle von meiner Rente? Wird so allerhand gemunkelt. Ich mach das nich mit, hörst du, ah Sie! Sach das mal den da oben, sach das mal!", rief er mir unten noch im Flur nach.

„Das wollte doch keiner! Die solln mal komm, solln mal komm!"

Intermezzo 11 – Was mir ein Alptraum eingibt

Das Reservat

Stunde 0

Ein Bonner Beamter, dessen anbefohlene Aufgabe es nun war, im Norden und weit, weit im Osten ehemalige DDR-Anwesen zum Verkauf für die Treuhand aufzulisten, stieß auf ein geheimes Gebiet, das mit zahlreichen Verbotssymbolen gekennzeichnet war. Es handelte sich um eine beachtliche Beinahe-Insel mit finsteren Wäldern und unübersehbarem Schilfgürtel nahe dem Meer.

Hinter den Wäldern lebten auf dem Land friedliche Bürger ihre Tage in einer Stadt und in einer gepflegten Kleingartenanlage, genannt „Frohe Zukunft". Ein beachtliches Stück Stadtwald lag oder stand da auch. Die ehemals fast große, neuerdings schrumpfende Stadt unweit.

Als Grenze sumpfte ein mooriger Bach seine Bahn. Er goss faulige Brühe in das Brackwasser. Auf seinem kurvenreichen Weg schnitt er die Halbinsel zur Insel. Das so natürlich abgetrennte Eiland wurde in den vergangenen Jahrzehnten von kaum einem gewöhnlichen Bürger je betreten. Wachsoldaten, so hieß es, stünden rundum. Erst zur Wende berichteten Bürgerrechtler von Jagdhäusern, Bunkern, vielleicht verborgener Munition und so weiter. Sie waren über Sumpf und Bach gestiegen ohne jemanden zu fragen.

Wachmannschaften waren gerade dabei, ihre sieben Sachen zu packen und zu verschwinden. So konnten aufmüpfige Bürger mal die Terra incognita in den Blick nehmen. Ein Gerücht besagt, Einzelne seien der Idylle und Ruhe wegen gleich dort geblieben, hätten Häuser besetzt und ein eigenwilliges Gemeinwesen begründet.

Wir kommen ausführlich darauf zurück.

Es galt das Stück ja eigentlich als verbotenes Land seit Menschengedenken. Historiker wussten: Nachdem slawische Siedler vertrieben waren, frönten dort begüterte Herrschaften in steter Folge, Grafen und Barone, Könige und Kaiser, Naziobere, anschließend Russen und zuletzt neu erstandene Kommunisten ihren Jagd- und anderen Leidenschaften.

Neben einer gepunkteten rötlichen Linie zeigten Wanderkarten die Aufschrift „Geheim", „Betreten verboten", „Naturschutzgebiet", „Militärische Sperrzone" und das eigenwillige Kürzel: „GVS von Ho." Derart gekennzeichnete Gebiete waren unserem Beamten in siebzig Dienstjahren nie begegnet.

Was hatte er nicht schon für riesige Länder im Osten in eine Schublade mit der Aufschrift „für später" abgelegt? Nun diese, so völlig fremde Ostlandschaft!

Ja, leicht war sein Amt nicht, nein es war nur verlustreich!

Ein Trost blieb. Heute ging es erstmalig(!) um Zuwachs, nicht um Verlust.

Allein Durchführungsbestimmungen waren ihm nicht parat (DB). Sie hätten dem Beamten eine vorgegebene Schneise der bürokratischen Handlung in das plötzlich eingemeindete, fremde Ostgebiet schlagen können.

Das anheimelnd säuselnde Wörtchen „VON" allein, jenes adelnde Wörtchen vor dem Kürzel Ho. deutete vielleicht in eine verschüttete historische bedeutsame Richtung. Diese Richtung adelte gleichsam des Beamten Feder, Hoheiten, Hohenzollern, Hohenstaufen …?

Was gab es doch für stolze Fürstengeschlechter in unserer großen deutschen Geschichte! Handelte es sich hier gar um ein unter roter Diktatur verdorrtes Reis deutschen Hochadels, das nun in eine bürgerliche Ordnung rückzutragen ist?

179

Obgleich im Dienst Gefühlsregungen nicht erwünscht sind, floss jetzt doch mit dem Wörtchen „von" dem dienenden Bearbeiter eine hohe Ehrfurcht ins Herz. Treue, Gehorsam paarten sich mit wärmenden Wallungen und lebendigem Sinn für deutsche Adelstradition. Bei aller höchster Hochachtung aber, es harrte eine bürokratische Entscheidung bundesstaatlicher, durchführungsbestimmter Ordnung. Nüchterne staatsrechtliche Verfügung stand an! Seit nämlich jener historische Glücksfall über Nacht das kleine Ländchen, ehemals DDR, in den gesamtdeutschen Schoß gelegt hatte, galt entschlossenes Handeln, nicht träumen. Auf abertausenden Staatsdienern lastete die Pflicht, den hohen Rang kapitaldemokratischer Übungen in ein kommunistisch verwildertes Land zu tragen.

Allerdings, die konkrete Frage für unseren Bonner Beamten blieb vorerst unbeantwortet:

Was steht da in kommunistischem Landkartenmaterial? Was heißt denn nun „GVS von Ho". Und wie ist solch Stück zu vermarkten?

Verwaltungsaugen drangen tief in das aus Berlin (Hauptstadt der DDR) überlassene Landkartenmaterial ein. Ist dem überhaupt zu trauen?

In Ost wie in West muss doch Landkarte gleich Landkarte sein! Was hatten die im Osten für Legenden? Militär, russische Übungsplätze, verbotene Zonen, Grenzgebiete, weiße Flächen, GVS von Ho? Alles fremd, sehr fremd, es war ihm schier zum Haare raufen.

Was tut ein Beamter aber, wenn keine Vorschrift (DB) zum Handeln greifbar ist? Was tun, wenn Eile geboten ist, höchste Eile auf Kanzlergeheiß?

Rückgabe galt als erstes Gebot, schnellstens Besitzer, echte wie unechte, schossen Pilzen gleich aus der Landschaft und warteten auf ihr rechtes Recht.

Wie also soll ein Beamter im Falle eines so unerhörten fremden östlichen Sachverhaltes, GVS von Ho, entscheiden?

Für unseren Regierungsbeamten ergab sich also die Herausforderung, auftragsgemäß über etwas zu verfügen, was ihm gänzlich unbekannt sein muss. Bundesdeutsches Kartenmaterial verharrte in fast vergessenen Grenzen von neunzehnhundertachtunddreißig!

Das eben fast zufällig gewonnene deutsche Stück Land lag jenseits der Elbe, schon zur Zeit Karls des Großen kulturelles Grenzland, vermischt-slawisches Siedlungsgebiet.

Erschwerend kam hinzu: Es war den Beamten im Dienst seit der verlustreichen Zeit ab 1945 nicht gestattet, oder zumindest war es nicht erwünscht, von Bonn aus über die Elbe zu spähen. Auf Transitwegen konnte einer (nicht ohne Sorgen um sein Wohl) durch den Osten fahren. Rechts und links erkannte Bilder müssen absichtsvolle Täuschungen sein, denn wenn dort ein undurchsichtiger Vorhang aus Eisen ist und hinter dem eisernem Vorhang nichts, ja, gar nichts sein kann, ist jedes beobachtete Bild Propaganda, Graffiti oder bemalte Pappgehäuse a la Potjomkin. Der war auch ein Russe!

Dort drüben ist einem Beamten demzufolge alles, aber auch alles schlichtweg „ostisch", kommunistisch, rot, zutiefst fremd und schwer ideologisch kontaminiert.

Es gebrach ihm mithin an jeglicher vorbestimmten Einsicht. Er litt.

Was nun?

Er, der gute Rat, befand sich also unbedingt auf irgendeiner Seite zahlreicher Bestimmungen. In einem viele Bände umfassenden Handbuch mit Vorschriften von „A" wie Anerkennung bis „Z" wie Zurückerobern, wird eine Durchführungsbestimmung zu finden sein. Als tägliche Übung blieb allein die dienstliche Herausforderung, unzählige Seiten, geradezu ein Meer juristisch gedrechselter

Sprache auf die jeweiligen Zeiten und deren Umstände hin zu drechseln.

Unser Beamter tauchte also umgehend in das DB-Meer ein. Ihm blieb die Hoffnung, irgendwann vielleicht nach zahllosen Irrungen und Wendungen schließlich mit einer zutreffenden Dienstanordnung zwischen den Lippen atemlos aufzutauchen.

Zuerst galt es den leicht revanchistischen, bräunlich schimmernden Gründungsschlamm jener ersten DB der Bundesrepublik: 1,266, BVG1/49; (277); 3,288/319/f.J.; 5,85/126/; 6,309/336,363/ zu durchtauchen.

Eine kurze Beschreibung des improvisierten Landes Trizonesien, (drei Westzonen im Zusammenschluss), in einer Alliiertenanordnung gefasst, folgte.

Hinweise auf eine Whisky-Wodka-Linie durch das ehemalige Reich zeigten, wo Stacheldraht und später eine Grenze zu errichten ist. Ausgeklammert blieb (noch!) das von Polen und der Sowjetunion verwaltete deutsche Gebiet im ferneren Osten (Danzig, Königsberg, Breslau …)

Die strikte Verfügung zur Rückgabe bezog sich jetzt nur auf ein wildfremdes Gebiet mit verwirrender Namensvielfalt: Sowjetzone, DDR, Ostzone, „DDR", sog. DDR, Sowjetdeutschland, SBZ, Zone, Mitteldeutschland.

Also was denn nun? Wo denn nun? Wie denn nun, fragte sich ganz Bonn?

Unser Beamter war's zufrieden, denn er erkannte endlich den vorbestimmten Weg. Offensichtlich galt das Kürzel, „von Ho." und die zahlreichen geheimen Verbotshinweise einem alten großdeutschen Adelssitz. Hier gilt unbedingt, die DB im Sinne des Einigungsvertrages Nr. 007; XY; R/90, und also Rückgabe vor, Rückgabe vor, Rü…

Sie wissen schon.

Selbstredend kannte jeder gewissenhafte Staatsdiener die unmenschliche Willkür, wahre Enteignungsorgien der Kommunisten seinerzeit im Osten. Es druckte nun nach 1990 jede Zeitung fast täglich vom grauenvollen Blick hinter den eisernen Vorhang, was für ein autoritäres Unrechtssystem eben dort untergegangen war!

Wir hatten ja keine Ahnung, welch Terror gegenüber altem Adel bis ins gemeine Volk von moskauhörigen Kommunisten in der SBZ verfügt und durchgepeitscht wurde! Man stelle sich vor: Roter Terror ist östlich einer denkbaren Whisky-Wodka-Linie diktatorischer Alltag für jedermann gewesen, für jedermann!! Drangsalierung, Enteignung, Vertreibung etc. jeglichen Großgrundbesitzer, Landherren, Kapitalisten, Kulaken (was war das nochmal?) usw.

Zu tilgen ist ein für alle Mal rote Diktatur, die den Schatz menschlicher, deutscher Gesittung mit Füßen trat, über Jahrzehnte jeglichen bürgerlichen Lebensstil verrohen ließ! DB-Recht war also nun wieder(?) herzustellen! Unzähligen Bestimmungen (DB), mittels derer dem Beamten eine nie versagende Dialektik zur Verfügung steht, ist Geltung zu verschaffen! Welch stolzes, heimliches Gefühl erfüllt dann doch die bald schon mit Verdienstorden geschmückte B-Brust unseres Bonner B-Dieners. Ist einem Beamten derart Wärme unterm Wams zu verzeihen?

Es ist vermutlich einmalig in einem Dienstleben, am gewaltigen historischen Hebel mit dem Kanzler und Gott (oder Gott und Kanzler?) gemeinsam Hand anlegen zu dürfen.

Man ist schließlich christlicher Mensch!

Vom Karnevalsglanz alter Adelsgeschlechter mild beschienen und von unbeugsamem Willen geführt, endlich im Osten für Gerechtigkeit zu sorgen, las in unserem Rückgabefall der Beamte „von Ho." als Hinweis auf einen Adelssitz. Hier war weder etwas zu verkaufen noch zu verschenken, hier war Eigentum zurückzutragen!

Was der Herr im Regierungsdienst wegen des Eisernen Vorhanges vor seinem Angesicht nicht wissen konnte:

Es handelte sich bei „von Ho." um die Notiz irgendeines Offiziers vom Staatssicherheitsdienst. Der kennzeichnete seinerzeit für den Dienstgebrauch, dass dort ein Jagd- und Urlaubsgebiet von einem Herrn Honecker war.

Herr Ho., sprich Honecker, meinte wie zuvor Ulbricht, Ziel einer Revolution sei, sich endlich auf den vergoldeten Platz setzen zu können, auf dem vorher eine andere Obrigkeit hockte.

Von den Russen eroberte Jagdgebiete nannte man nunmehr Eigentum des Volkes und ließ sich auf dem hohen Sitz (Hochsitz) nieder.

Und so kam der bundesdeutsche Beamte des „von" wegen zu einem folgenschweren Irrtum.

Einmal entschieden und verfügt, zur Entscheidung gebracht, wie Politiker und Beamte gerne sagen oder besser noch formulieren, verschwand das Stück DDR, „von Ho" genannt, unter einem Aktenberg. Es war ein Stück „Rück".

Allein so ist zu erklären, dass dieses Gebiet, weil schon uraltvergeben, dann einfach unter Papierbergen ruhend, vergessen wurde.

Jenes beachtlich große Wassergrundstück abseits fast aller Wege fiel endgültig unter einem Aktenberg der Historie anheim.

So oder ähnlich ist schlussendlich zu erklären (wir kommen ausführlich darauf zurück), dass Bürger, deren eroberte Heimat die genannte Beinahe-Insel mit der Wende geworden war, bei allen Zählungen der Bevölkerung Deutschlands vergessen wurden.

Vergleichen Sie einmal Zahlenangaben. Es gibt eine sehr kleine, aber deutliche Differenz.

Jenes erklärt sich aus diesem!

Kap. 1

Welches vom Stand und der Lebensweise eines verdienstvollen Oberlehrers handelt, der nach seiner Wende in üble Stimmung und wachsende Verwirrung geriet. Unsere liebe, kleine, so friedliche Revolution sah er vom Straßenrand und fürchtete nun um seinen Kleingarten.

Noch rüstig, wenngleich ergraut, bemüht aufrecht in blau und grau gekleidet, ging er früher fast täglich über die schon sichtbar vom Zahn der Zeit angenagte Brücke. Hemd, Anzug, Schuhe sorgsam farblich abgestimmt, war noch das Werk seiner Frau. Solange sie lebte entschied sie darüber, was zu tragen recht ist. Ihr Gatte trug folglich Kleidung in grau und lichtblau zum silbrig werdenden Haar. Sie, Martha, schmückte ihr Haar bis zu ihrem tragischen Ende mit einem Hauch violett.

Nach 1990 nahte unweit ihrer Wohnung das erschütternde Unglück. Von einem der ersten Westautos im Stadtgebiet war sie an der Kreuzung vor dem Häuserblock überfahren worden. Noch nie hatte an dieser Stelle eine Ampel gestanden und schon an die dreißig Jahre war sie über diese Straße gelaufen! Die neue Ampel zeigte rot für Fußgänger, grün für plötzlich zahllose neue PKW.

Seit der Herr Oberlehrer ohne seine vom Fortschritt dahingeraffte Frau Martha lebte und ihn bald ein weiterer Schicksalsschlag ereilte, hegte er Zweifel am Segen der Wieder(?)-Vereinigung.

Er, Oberlehrer für Geschichte, war noch keine sechzig Jahre und dennoch in den vorzeitigen Ruhestand geschickt worden. Das brachte ihm freie Stunden für sein Hobby, alte griechische Geschichte, Obst und Gemüse aus seinem Kleingarten am Stadtwald und den geliebten Angelsteg.

Erlittenes Ungemach grub ihm einige Falten ins Gesicht und einen keimenden Unwillen in die Seele. Gelegentlich halfen einige Tabletten für den Schlaf. Er schluckte sie in leicht bitterem Gedenken an seine Martha. Noch hütete er sich, aus dem Griff in den Tablettenschrank eine tägliche Übung zu machen.

Lehrer war er also gewesen, Oberlehrer für Geschichte. Bis zur friedlichen Revolution, er sagte neuerdings „sogenannte Wende", galt in der Schule sein Wort. Aber auf allen Schultexten lag plötzlich nicht der hehre Purpurstaub einer glorreichen Geschichte, sondern vierzig Jahre Straßenstaub.

Immerhin philosophierte er gelegentlich mit wissenschaftlichem Höhenflug: Die eben durchlebte historische Situation könne als Wirklichkeit und Möglichkeit zugleich genommen werden. Es hätte der unvoreingenommenen Hinnahme und behutsamen Gestaltung bedurft. Große Geister hätten in dem Geschäft eine Waage halten können …

Nun aber schien alles aus der Balance geraten zu sein. Plötzlich stand die halbe Welt (Ost) zum Verkauf. Sogar die Erde, auf der er ging, und die an seinen Schuhen klebte galt wohlfeil.

Es zählte nicht mehr, was er in vierzig Jahren leicht zweifelnden aber ehrlichen Herzens gelebt hatte. Vierzig Jahre in den Wind? Verlosch eben in buntem Licht einer neuen Zeit ein hoffnungsvoller Leipzig-Berliner Revolutionsblitz nach kurzem Aufleuchten? War er höchstselbst nicht irgendwie am Rande beteiligt gewesen? Blieb tatsächlich vom Traum nur noch eine historische Sternschnuppe? Sollte irgendwann und irgendwo vielleicht doch das ewige flackernde Licht Hoffnung vom Leipziger Funken eine kühne Bahn erlangen?

Genau in jener Zeit beobachtete er, der Herr Oberlehrer, plötzlich irgendwie eine bisher gänzlich unbekannte Angst. Er erlebte die hohe Brücke zur Stadt hin als bedrohliche Herausforderung. Bis zur Mitte hin, wo seitlich eine Treppe hinab führte, schaffte er die halbe Brücke ohne fremde Versuchung. Lief er weiter auf dem ansteigenden Bogen, begleiteten jeden Schritt ungekannte Stimmen. Die gewölbte Brücke ganz zu überwinden war ihm peinigender Kampf, bei dem ihm Marthas Tablettenschrank kaum noch helfen konnte. Nicht, dass ihm einer jetzt nach der Wende den Weg verwehrte, nein, nein allein aus seinem Inneren, seinem Wesen, Seele, Gedanken, wie auch immer, rief eine Nötigung zum immerhin denkbaren Sprung in die Tiefe.

186

Bald fühlte er sich gegen seinen Willen gezogen von aufkommender Verführung. Hatte er wenigstens die hinab führende Treppe auf halbem Weg erreicht, fiel alle Höhenangst von ihm ab. Wenn er die ersten Stufen der Treppe betrat, war ihm, als löse sich nun jede verführende Spannung.

Auf dem Weg zur Stadt aber, zum Markt, zum Angelsteg, immer stand die alte Brücke vor ihm auf. Sie ersetzte hoch, sehr hoch mit elegantem Schwung in Beton einen Bahnübergang. Zum Angelsteg, er nannte diesen Ort seine zweite Heimat, musste er täglich gar zweimal über die hohe Wölbung. Mitten auf ihr fasste ihn aber immer wieder eine heftige Verlockung. Ging er dicht beim Geländer, spürte er ebenso unerklärlich wie unvernünftig eine peinigende Kraft, ja sogar Stimmen hörte er: Spring, spring!

‚Jetzt, jetzt nur einen Sprung, nur einen Schritt, ein einziger selbstbestimmter‘, rufen Stimmen! Er hörte diese fremden Stimmen ganz deutlich aus seinem Inneren, tonlos. Selbstbestimmt, selbstbestimmt!‘

Er versuchte die Rufe zu verdrängen, sie zum Schweigen zu bringen. Aufdringlich lauteten sie still und stetig, als säße da ein Alp, der ihn verlockt und zieht ohne ihn je zu berühren! Die Stimmen sind. Sie sind, sie sind!

Die Höhe ist es, stellte er bald in nüchternen Momenten fest, die Höhe schafft Stimmen, nur die Höhe.

Hält er auf dem Gehweg breit Abstand vom Geländer und richtet seine Augen streng und nur auf den Rinnstein, kann er den Rufen wehren. Bald wusste er, es sind sechshundertsiebenundfünfzig Rinnsteine insgesamt über die Höhe hinweg. Er beobachtete, dass alle Kantsteine mit wulstigen Teerfugen getrennt waren. Diese Beobachtung hielt ihn in der Spur!

‚Hinabzustürzen, hinabstürzen! Nein, stürzen nicht! Springen, ja, springen! Du allein hast es in der Hand, spring!‘ So raunt von irgendwo ein fremdes Ich:

‚Jetzt, jetzt! Das schaffst du sicher! Du wirst entscheiden, du allein. Du kannst alles überwinden, dich überwinden, du wirst frei sein, endlich frei!‘

Mit dem ersten Schritt auf der bald hinunterführenden Treppe etwa in der Mitte der Wölbung endlich verstummte dann jegliche Verlockung. Überwundene Pein verriet allein das Fingerknöchelweiß seiner fest auf das Treppengeländer ge-

pressten Hände. So gänzlich unerklärlich blieb ihm in hellem Licht besehen, dass er glaubte, nach einem Sprung in die Tiefe begänne ein neues, freies Leben. Mit keiner Silbe dachte er daran, tot und zerschmettert dort unten zu liegen. Die Vorstellung an ein schmerzvolles Ende blieb ihm fern.

Noch auf den ersten Stufen der hinab führenden Treppe stand er dann, atmete ausgiebig und sah beiläufig zurück unter den Eisenstäben des Brückengeländers hindurch auf den eben verlassenen Gehweg. Oft verweilte er auf der jeweiligen Stufe mit einer Hand am Geländer aufgestützt. Und genau da entdeckte er oben Beine längs laufen. Manches Mal nahm er sich vor, auf Beine in eng anliegenden Hosen zu warten, oder auf solche aus einem Rock ragend. Er liebte den Blick leicht über die Knie hinaus. Ja, er liebte die Knie junger Damen in seinen unschuldigen Sinn zu nehmen.

Das verführerische Bild von schlankem Bein aus kurzem Röckchen hob er sich auf bis zum Abend.

Er stellte sich dann vor, mit den Händen auf glatter Seide entlang zu fahren wie er das bei seiner Martha getan hatte, und er spürte ganz deutlich die Glätte auf seinen Handflächen. Kühn, allzu kühn stellte er sich vor, ein Schaufensterbein mit faltenloser Strumpfhose zu Hause bereitzustellen. Dazu fehlte es ihm aber dann doch am Dreist.

Jüngst fesselten ihn hinter dem Gitter entlang gehende fremde, sehr feine Schuhe. Mit Schuhwerk kannte er sich aus. Er erkannte jeden Schuh seit dem gelegentlichen Produktionsunterricht mit Schülern in einer örtlichen Schuhfabrik. UTP zu lehren war nicht eigentlich sein Amt. Neben dem Geschichtsunterricht fehlten ihm einige Stunden an der Pflicht. Dafür dann also UTP. Er lehrte UTP also in verfügbaren Stunden aus Verlegenheit. So entging er, als Parteifreund einer Blockpartei, der Zumutung etwa „Stabü" (Staatsbürger-Kunde) zu geben, mithin eine Sache zu lehren, die er doch mit etwas Skepsis sah.

Daher die tieferen Kenntnisse menschlichen Schuhwerkes. „Rotbanner" hieß die Fabrik.

In einer Wolke Explosionsstaub war seine Fabrik kürzlich verschwunden. Es stach ihn dann doch ein wenig ins Herz, von der Brücke aus seine Fabrik zerstört zu sehen, wenngleich eine in die Höhe schießende Detonation ihm im Augenblick doch irgendwie imponierte.

Von seiner Treppe aus erkannte er also anfangs zufällig fremde Schuhe in Füßen entlang kommen. Eine wachsende Zahl, neue, gänzlich neue.

Sein Leben lang hatte er jeweils etwa zwei Paar Schuhe besessen. Eines „für fein", wie Martha sagte. Das trug er beim Spaziergang am Sonntag. Ein Paar für den Alltag. Nicht gerechnet die kräftigen Arbeiterschuhe, die er gelegentlich für verdienstvolle Arbeit mit seinen Schülern in der Fabrik erhielt. Diese standen im Kleingarten fürs Grobe.

Solche neuen, glänzenden Schuhe auf der Brücke mit glattem Absatz faszinierten ihn. Sichtbar unter dem Eisengeländer liefen sie auf ihn zu und gingen vorüber in ihrem spiegelnden Glanz. Eben aus dem Geschäft die Schuhe, eben erst, sagte er sich! Wie sonst wäre zu erklären, dass sie nicht einen auch nur leicht abgetretenen Absatz hatten, keinen Kratzer. Ob hell, schwarz oder braun, in sonst einer Farbe keinen Kratzer, kaum ein Staubkörnchen!

Unter dem Eindruck dieser unerhört neuen Schuhe beschloss er, sein leicht von der Flüssigkeit des Alters getrübtes Auge täglich auf dieses Phänomen zu richten.

Bis zu seiner Treppe eilte er also streng nach innen blickend fast täglich über den Gehweg. Von seinem Treppenblick aus zählten fortan nur diese unerhört neuen Schuhe. Acht bis neun Stufen stieg er ab, sah sich um und suchte sein Ziel. Auf den Stufen stehend konnte er genau unter dem Eisengeländer hindurch auf den Gehweg spähen. Er stand dann und sah unter dem Eisengeländer hindurch.

Spaziergänger werden gedacht haben, der Alte kommt nicht so schnell über die Stufen. Die Luft, oder die Beine, das Knie, Raucherbeine … Es kam auch vor, dass jemand störende Hilfe anbot. Im Schutz solcher Anteilnahme – mitunter täuschte er auch vor, Schnürsenkel richten zu müssen – stand er auf einer oberen Betonstufe und suchte durch das Eisengitter hindurch spähend unter den vielen vorüberlaufenden Schuhen das fremde, ladenneue Schuhwerk! Zu Anfang stand er täglich beobachtend!

Ja, er, ehemaliger Oberlehrer, erklärte sein Ansinnen kurzerhand zur wissenschaftlichen Arbeit. Er suchte und registrierte geordnet täglich nach Anzahl, Farbe und Geschlecht, Material oder Machart fremdes Schuhwerk.

Wissenschaftliche Erhebung nannte er sein Manöver standesgemäß. Zuhause notierte er gezählte Schuhe in ein kleinkariertes grünliches, altes Schulheft. Er gliederte gewissenhaft alle Einträge nach Farbe, Form, Geschlecht und so weiter.

In seiner leider nun im Schutt liegenden Schuhfabrik galten seinerzeit derart noble Schuhe nur für den Export. Dergleichen sah einer im hiesigen Geschäft nie. Dank gewissenhafter Erhebung schlussfolgerte unser Oberlehrer bald: Erst mit der Wende tauchen diese Schuhe auf!

Sie laufen über die steile Brücke zu einem neuerdings mit Drahtzäunen abgesperrten Bürohaus.

Ihr Auftauchen ging jedenfalls einher mit Neuerungen, die ihm seit der „sogenannten" Wende in die Augen fielen. Zahllose Schilder, ausländische Worte, auch fremde Gerüche registrierte er. Anscheinend grundlos neue Warntafeln platziert an Stellen, wo nie ein Hinweis gestanden hatte!" „Privat" war da geschrieben oder „Betreten auf eigene Gefahr", weil eine Gehwegplatte wackelte, locker war oder gar fehlte, ein Zaunfeld undicht, eine Bordkante schief …

Fremde und unbekannte Begriffe leuchteten plötzlich überall an Geschäften. „Center, Shop, Phonehouseshop, Women by Redoc". Junge Leute redeten auffällig, als hätten sie heiße Kartoffeln im Maul. Wer soll das verstehen? Englisch oder Amerikanisch wird so ein unverständliches Zeugs sein, schlussfolgerte er, als immerhin wissenschaftlich qualifizierter ehemaliger Oberlehrer, der er gewesen war.

Nie hatte einer in seiner Lehrerzeit und über die vierzig Jahre DDR auch nur annähernd so viele ausländische Vokabeln in maßloser Flut gehört. Nicht einmal im halbvertrauten, angeordneten Russisch.

So oft er irgendwo entlang gegangen war, und das war gewiss täglich, Jahrzehnte, hatte dort kaum ein Schild gestanden! Keine Warnung vor irgendeiner Unfallgefahr: Auf eigene Gefahr und so. Nein, da flackerten

190

auch keine unverständlichen Leuchtschriften in ausländischen Sprachen über den Geschäften.

Nun, zugegeben, Gehwegplatten wackelten hier oder da, kleine Unebenheiten wölbten sich gelegentlich im verschütteten Teerbelag, ja, auch Putz bröckelte von manchen Fassaden. Man kannte das, stieg dann eben über die Unebenheiten, hob die Beine etwas und wusste sich zu Hause. Ein jeder kannte die graue wackelnde Platte am Bürgersteig. Geradezu ein markanter Punkt! Wusste einer seinen Weg nicht genau, so hieß es: Da liegt eine Gehwegplatte locker, dem Weg folgst du längs. Und gut. Jede Unebenheit war vertraut, geradezu intim, eben Heimat! Und jetzt? Alles Neue sah gleich latexneu aus, alles eben, gänzlich unterschiedslos glatt. Wer sollte da noch einen Weg erkennen? Ja, woran erkennt sich einer denn, ja, wer sind wir denn?

Gewissenhaft und pflichtbewusst übertrug der Herr Lehrer i.R. zu Hause wie gesagt die gezählten Schuhe in ein grünliches Schulheft. Seine Statistik verriet auf engem Karo: Nur von Dienstag bis Donnerstag laufen neue, brandneue Schuhe über die Brücke. Männerschuhe in Männerfüßen zu 97,3%! Verschwindend gering ein weiblicher Anteil demnach.

Und ihm sollte in einer hellen Stunde klar werden, woher so taufrische Schuhe, wie auch unzählige bunte Plastiktüten, Bündel umherfliegender Werbeblätter, Blechbüchsen, gefährliche Bananenschalen und so weiter kommen. Sogar an seinem stillen Angelsteg tief im Schilfgürtel schwammen neuerdings Reste von Tüten, große und kleine Plastikflaschen neben manchem Fisch.

An jeder zweiten Ecke, so fiel unserem Oberlehrer auf, entstand plötzlich eine Apotheke. Sind denn die Leute jetzt so krank, fragte er sich kopfschüttelnd? Rechtsanwaltbüros wuchsen wie Spargel noch und noch. Die nannten sich Kanzlei. Ist heute der eine des anderen Feind?

Er jedenfalls hatte noch nie etwas mit einem Gericht zu tun gehabt als anständiger Bürger. Wozu braucht's dann Anwälte in solcher Zahl?

Und jüngst registrierte er auf seiner Treppe stehend ein ganz ungewöhnlich aufregendes, fremdes Schuhwerk. Neben ladenneuen Herrenschuhen gingen

191

zwei auffällige Frauenfüße dort oben in cremefarbenen Schuhen an ihm vorüber. Ein Traum, ein Traum! Unerhört hohe, pfeilspitze Absätze krönten schlanke Beine, oh wie schlank! Er ertappte sich dabei, wie er den Kopf weit vorstreckte und so tat, als inspiziere er etwas auf dem rostigen Treppengeländer. Seine Augen aber folgten dann den Beinen. Sie führten schlank über die herrlichen Knie hinaus, glatt in heller Feinstrumpfhose und verschwanden irgendwo in eines dunkelbeigen Rockes Dämmerung.

Diese und ein zu ihm wehender, betörender Duft zogen ihn nun tatsächlich und unverzüglich von seiner Treppe zurück auf die Brücke. Jetzt folgte er dem Duft in einer unsichtbaren nachwehenden Wolke. Umhüllt vom Duft rechnete er schnell: Gemessen an Länge der einzelnen rostigen Geländerfelder dürfte der Parfümduft etwa zwölf Meter dreißig weit hinter der Dame her wehen. Allein der Schuhe wegen aber weckte die untere Hälfte der jungen Dame sein wachsendes Interesse.

Leicht vorgebeugt fixierte er die vor ihm steigenden cremefarbenen Damenschuhe. Sie schwenkten jeweils über den großen Zeh, wie das ein Model auf dem Laufsteg ein wenig albern zelebriert. Er versuchte den Beinschwenk zu kopieren und wäre beinahe ins Stolpern geraten.

Jetzt sah diese Frau sich kurz nach dem leicht strauchelnden Verfolger um. Blond das Haar, sah er, dezent geschminkt um Augen und Mund. Kam ihm dieses Gesicht nicht irgendwie bekannt vor?

Am Rande ferner Erinnerungen, meinte er, ein solches Gesicht schon einmal gesehen zu haben. Unmöglich! Doch, aus sehr früher Zeit erinnerte er sich einer Lehrerin ähnlichen Antlitzes. Das war wohl 1945, Flüchtlingsströme kamen aus dem Osten. Aber nein. Zu viel Zeit ist ins Land gegangen und die blonde Lehrerin verschwand nach den Ferien irgendwann nach dem „Drüben". Eine Tochter?

Bemüht aufrecht und zügig – man bedenke die Jahre! – ihr nacheilend, grübelnd den Blick auf die spitzen Absätze gerichtet, zog es ihn den Weg über die halbe Brücke, den er zuvor gegangen war, zurück.

Am Ende der Brücke verschwanden die verführerischen Schuhe in einem neuerdings wieder belebten und ehemals volkseigenem Bürohaus.

Kap. 2

Worin berichtet wird, wie die junge Dame diese modischen Schuhe
erstanden hat. Warum sie über die hohe Brücke schritt und welchem Ziel zustrebend sie in das Bürohaus trat.

*Die eben vorgestellte junge Dame, streng genommen war sie nicht mehr ganz so
jung, erblickte in Hamburg das Licht der Welt. Die Stadt glich damals noch
einem Trümmerhaufen. Ihre Mutter fand nach jahrelanger Flucht von
Königsberg über ungezählte Notstationen bis nach Hamburg. In HH erlangte
sie eine neue Heimat und später eine Schwangerschaft.*

*Verfolgen wir nun die ebenbildliche Tochter, die des Gesichtes wegen unseren
Oberlehrer irgendwie fern erinnerte.*

*Über den längst wieder hergerichteten Gänsemarkt in Hamburg schlenderte
sie eben, als ihr ein alter Freund begegnete. Dieser Herr trug noble Kleidung
und neue Geschäftsideen mit sich.*

*‚Den wollt ich heut nun gerade nicht treffen‘, war der erster Gedanke, als ihr
eben hier Manfred in der Nähe eines Denkmals zulief.*

*‚Übel sieht Manfred nicht aus‘, stellte unsere Dame ein wenig verwundert
fest, denn nach zahlreichen Pleiten in seiner immer wieder mit viel Goldschrif-
ten und eindrucksvollem Schnickschnack großspurig beworbenen Anwaltskanz-
lei hatte sie einen eher gebeutelten Herrn erwartet.*

*Tadellos geschnitten saß der dunkle Anzug, dezenter Nadelstreifen, viel-
leicht ein wenig out of date, wie kürzlich ein Modezar im Fernsehen bestimmte. Schuhe glänzend neu. Ein zu groß geratener Goldring mit grünem Stein
schmückte seine wurstigen Finger. In bestimmten Kreisen kannte man den Ring
und kannte die Behauptung, es handele sich um einen sehr teuren Smaragd.*

Schon aus zehn Metern Entfernung rief der Freund:

„Moin, Moin schöne Frau, lange nicht gesehen!“

„Haben wir ein Date?“

*„Mit einer schönen Frau immer und überall, sogar unter Wasser, schöne
Nixe!“*

193

„Oh, charmanter Herr, wie geht's?", fragte sie, obwohl sie sah, dass er offenbar wieder gut im Saft stand.

Zuletzt war jedenfalls eine haarsträubende Story über ihn durch die lokalen Zeitungen gegangen. Von derben Unregelmäßigkeiten mit erotischem Beiwerk und gerichtlichem Nachspiel war die Rede.

Er allerdings schien sich mit solchen lokalen Sensationen zu schmücken, diese gar als Auszeichnung zu nehmen. Sie dekorierten den Horizont seiner Existenz.

Er galt in der Szene als Aufstehmännchen, Partyheld, gewiefter Verführer. Letzte Sensationen waren nur die letzten einer schier endlosen Kette. So kannte man Manfred in HH.

„Hast du Zeit für einen Cappuccino?"

„Danke, danke, gern", erwiderte sie und dachte zugleich: Das hat mir noch gefehlt, eigentlich wollte ich zum ABC etwas shoppen.

„Deine Familie, alles paletti?"

„Da ist wiedermal was schief gelaufen", sagte er lächelnd. „Passiert mir halt, kennst mich doch, lebe jetzt vorübergehend im Osten."

„Was, im Osten", rief sie erschrocken, ist das nicht gefährlich. Was willst du dort bei den Russen?"

„Gefährlich ist das dort nicht, sind gut bewacht im Gefängnis „Zur Treuen Hand", wie ein Kollege sagte. Wohnst im Hotel. Es riecht da bisschen komisch drüben. Die haben vielleicht kein Deo. Aber kannst 'ne Menge kassieren, weißt. Habe bei der Treuhand 'nen guten Posten, Buschprämie, wie wir sagen, dazu. Nur von Dienstag bis Donnerstag, eine super bezahlte Drei-Tage-Woche! Die im Osten haben eh keine Ahnung vom Geschäft, da brauchen Kanzler Kohl und Weigl uns vom Fach."

„Muss ich Fred erzählen, er hält eh ein gutes Stück auf dich", sagte sie, und dachte: ‚Noch gestern Abend sagte Fred zufällig: Der Manfred wird sicher bald mal einsitzen, wie der es wieder treibt.'

Sie gingen über den Markt an einem Denkmal vorüber und jedes Mal, so auch heute, fragte sie sich, wer da wohl in Bronze sitzt?

Wie immer vergaß sie, wer dort sitzend die bronzene Ehre genießt.

194

Mit halbem Ohr hörte Sie Manfred schwadronieren:

„Weißt, unser Chef hat den Schampus immer stehen. Wenn wieder einhundert Millionen über den Tisch gegangen sind, gibt es eine Flasche französischen. Manchen Tag waren wir super gut betankt! Man, hatten wir ein supertolles Schlachtfest! Stell dir mal vor, kannst ein ganzes Land zu Geld machen, und das ohne lästige Prüfung. Einfach weg mit dem Salat und Provision einstecken. Gibt nur eine Regel von Kohl, Rückgabe an die alten Besitzer, meist welche, die jetzt in der BRD wohnen. Da braucht der Kohl Juristen von hier. Wär einer aus dem Osten, müsste der den Stuhl verkaufen, auf dem er sitzt. Die haben außerdem keine Ahnung von Marktwirtschaft und die Gesetze sind ja auch alle neu. Von dort drüben sind nur Wachmannschaften. Seit sie den Rohwedder erschossen hatten, brauchten wir Wachschutz.“

„Ostwachleute? Sind die nicht alle Kommunisten?“, fragte die blonde Dame, während Manfred dem Kellner winkte.

Manfred bestellte einen kleinen Roten und Cappuccino.

„Porentief rein sind die vom Security! Die kriegen hartes Geld, dann halten sie die Klappe. Wie alle im Osten. Bananen und D-Mark sind wirksame Beruhigungspillen.

Ein paar Arbeiter demonstrierten gegen uns, welche aus Großbetrieben, wenn die abgewickelt wurden. Aber da half eh nichts, ihre Produktion war Schrott. Was von hier kam, schnitt immer besser ab und Konkurrenz brauchen wir nicht.

Weißt, die Demonstranten gingen nach ihrem Gebrülle gegen den Kapitalismus auch ein Westbier trinken, im Supermarkt einkaufen und so. Weißt, seit die die neue D-Mark haben, ist Ruhe im Land. Ostsachen kauft keiner mehr. Fabriken gehen für 'ne Mark über den Tisch und werden dann in die Luft gejagt, braucht keiner mehr, muss was Neues hin. Das Ostzeugs wollte eh von dort keiner mehr kaufen. Pappkisten als Auto, sowas. Der Export für D-Mark wär eh zu teuer geworden. Stell dir vor, Supermärkte bauten Zelte für Absatz und die Leute rannten da rein. Westangebote auf Parkplätzen. So geht's da zu! Wir haben noch für Jahre Schnäppchen zu vermarkten, erzähl das dem Fred.“

„Kannst uns ja mal anrufen, wenn …“

„Anrufen?“, unterbrach Helmut seine Begleiterin lachend, „anrufen ist kaum. Die haben dort ja fast keine Telefone.“

„Nimmst so'n Mobilding.“

„Da kann ich nur lachen, die wissen dort gar nicht, was ein Telefon ist“, rief Manfred, nahm einen Schluck vom Roten und erklärte:

„Die elektronischen Dinger aus der schönen neuen Welt sind dort unbekannt. Echt tote Zone in der Zone, fehlt auch am Netz, kriegst keine Verbindung, musst vielleicht auf einen Berg oder 'nen Turm, damit das Ding Verbindung bekommt. Stell dir vor, dort fahren sogar noch Straßenbahnen, wie bei uns vor dreißig Jahren!“

„Na, da könnt ich nicht leben.“

„Leben musst du ja dort nicht, aber einkaufen, sage ich dir. Tolle Geschäftchen wie seinerzeit im wilden Westen, wenn du mich recht verstehst? Wird nicht viel geprüft, ob einer ein paar Mark auf dem Konto hat. Kriegst 'ne ganze Fabrik oder ein Schloss für nichts, du! Nee, nee, du, teuer sind die Sachen nicht, echte Schnäppchen, sag ich dir, eine Jahrhundertchance! Ich hab da noch ein Wassergrundstück und Jagdgebiet im Auge, erzähl das dem Fred!“

„Oh, 'ne Jagd, das wär was für meinen Freddy!“

„Zugreifen, sag ich nur, zugreifen! Wo einer grad sein Geld her hat, egal. Das geht flott ab. Prüfung ist nicht, keine Zeit dafür. Nur bei jüdischem Eigentum ist das umständlich zu prüfen. Weißt, is dann so politisch heikel, heute. Oft stören die Juden Investitionen, weil die alle zerstreut leben, is rechtlich mühsam, handelst mit rohen Eiern. Sind einige Sachen, Grundstücke, schon von den Nazis zwangsverkaufte Häuser, dumme Sache. Kannst du lange in Akten suchen. Besser lässt die Finger davon, oder schiebst das einem in der oberen Etage auf den Tisch. Die Juden haben siebzig Jahre gewartet, da kommt es auf ein paar mehr auch nicht an“, referierte er, klopfte an sein Weinglas und zog eine sehr schmucke lederne Brieftasche hervor.

„Im Osten ein Stück Wald, sagte Fred neulich, für die Jagd, das wär was. Komm doch mal längs. Wird Freddy freuen.“

196

„Stimmt so", sagte er zu dem heraneilenden Kellner und zu seiner Dame: „Haste ein feines Geschenk. Denke, da lässt sich was arrangieren."

„Kann denn jeder bei euch einsteigen, mitmachen?"

„Kaufen kann jeder. In der Firma arbeiten, da brauchst nur Schlips und Kragen. Bei dir weiß ich das nicht, Frauen haben wir wenige. Mancher verdient sich 'ne goldene Nase. Aber es gibt auch Spinner. Einen Typ haben wir nach Hause geschickt. Der Verrückte trieb sich lange in der Stadt rum mit Kaffee und Schokolade im Beutel. Er sagte, zum Anfüttern. Weißt, früher nahm einer Glasperlen mit nach Afrika. Der Typ trug immer ein Buch, so'n dickes Buch von Marx und Engels in der Hand wie ein Pastor die Bibel. Der belegte alle Leute in den Verwaltungen, wollte unbedingt ein Hochhaus kaufen und ein Bordell aufmachen, hatte sich schon ein Plattenhochhaus ausgesucht. Er meinte die reichen Investoren aus dem Westen, wenn sie dann kommen. Eh, entschuldige mal."

Er beugte sich zu ihr und flüsterte.

„Der Verrückte mit seinem Marxismusbuch schwadronierte über Investoren, die, wenn sie dann kämen, entschuldige mal, dicke Eier hätten und ein Bordell brauchen. Eben das wollte er in einem Plattenbau einrichten."

„Aber Manfred!", rief seine Begleiterin mit gespielter Entrüstung und reckte sich kokett um zu erkunden, ob es sich wohl lohne, aus einem leichten Erröten mit mädchenhaftem Augenaufschlag bei den Gästen rundum öffentlich Gewinn zu erheischen.

„Tschüss denn", rief Manfred vor dem Café, und hauchte einen Handkuss auf die Rechte der blonden Dame.

Seine Begleiterin zog es zum noblen ABC-Viertel, wo sie von Boutique zu Boutique schlenderte und Geldscheine umwandelte in ein Paar sündhaft teure cremefarbene Schuhe mit sehr hohem Absatz.

Mit dem Vorsatz, ihrem Freddy von dem zufälligen Treffen und den tollen Chancen im Osten zu berichten, trug sie noch einige Geldscheine in das Bermuda genannte Einkaufsparadies, das sie mit einem Taxi schnell erreichte. Sie erstand ein zu den neuen Schuhen passendes beiges Kostüm und fuhr zurück zu ihrem Fred.

Kap. 3

Worin aufgezeigt wird, was in dem Bürohaus am Ende der Brücke früher einmal getrieben wurde und was jetzt neue Mieter hinter den Fenstern verhandeln.

SED-Genossen hielten über vierzig Jahre das Haus besetzt. Sie nannten es eine Kaderschmiede. Die dort sitzenden Genossen meinten kurzerhand, beauftragt von einer führenden Partei zu sein. Ihre Auftraggeber nannten sie Arbeiterklasse. Das gemeine Volk ließ sie mehr oder weniger willig über die Jahre fristen.

Der Russe stand hinter ihnen, was gab es da noch zu fragen.

Halbwegs glaubhaft hatten Genossen, nicht mehr Volksgenossen(!), in Ahnentafeln geschönt und radiert, um alte Zugehörigkeiten zu tilgen und eine gewünschte Zugehörigkeit zur sogenannten Arbeiterklasse behaupten zu können.

Jetzt sollte ein jeder nach russischem Vorbild glauben!

Genossen kommandierten nun im Namen einer Klasse, die nicht dagegen protestieren konnte, da sie kaum mehr auffindbar war.

Der Rest des Volkes wechselte die politische Grundfarbe. War gestern braun angesagt, schwamm heute ein Meer von Plakaten in rot. Manche rote Fahne hatte in der Mitte einen etwas gedunkelten Kreis.

Neunzehnhundertneunundachtzig riefen irgendwelche bisher unbekannte oder versteckt lebende Bürger zuerst aus den Kirchen und dann auf den Straßen: „Wir sind das Volk!“ Vom Gehweg aus begleitete auch unser Herr Oberlehrer wachsende Menschenströme.

Sein Anteil am Kampf: Es versengte ihm eine von Dissidenten auf die Straße gestellte brennende Kerze das linke Hosenbein vom hellgrauen Anzug. Martha, seine Gattin, veranlasste das feuergeopferte Hosenbein, am Sinn der Revolution zu zweifeln. Regierende Genossen im Bürohaus hörten dann auch die Rufe: „Wir sind das Volk!“ und räumten überraschend prompt ihre Büros. Die Zukunft und alle rotgoldenen Verheißungen nahmen sie mit. Plakate, Spruchbänder, Abzeichen, zahllose Orden und Wanderfahnen landeten wie schon vor etwas mehr als vierzig Jahren wieder im deutschen Müll. Eine beachtliche Abfindung noch in DDR-Mark, die sie später eins zu zwei zu Westgeld

198

waschen konnten, versüßte ihren Abgang. Das Geld entstammte schließlich einem Volksvermögen, was dem Kapitalisten nicht in die Hände fallen sollte.

In jenem Haus war die Dame mit den aufregend hohen Stöckelschuhen verschwunden. Berichtet wird in zahllosen Schriften, wer in der siegreichen rheinischen Westrepublik gerade keine angemessene Arbeit, aber halbwegs Hemd, Schlips, Kragen und neues Schuhwerk beisammen hatte, konnte als neuer Mitarbeiter in das freigewordene Bürohaus einziehen. Trugen frühere Bewohner als Kennzeichen ein Parteiabzeichen, genannt Bonbon, so trugen nun folgende Schlips zum Anzug.

In diesem Haus zu dienen beseelte die Herren, wie ihre Vorgänger, vermutlich ein sehr ähnlicher allzu menschlicher auf eigenem Konto zählbarer Grund.

Neue Garderoben zogen also ein. Das Haus nannte sich Treuhandanstalt, Nachlassverwalter des von den zuvor erwähnten Genossen hinterlassenen kleinen Ländchens, ehemals DDR. Wie sich schnell zeigte, traf der neue Name den Charakter der Unternehmung nur bedingt. Treu klang aber gut.

Manfred, Freund der Dame mit den aufregend hohen Schuhen, knüpfte seine Fäden in einem der vielen Büros des Hauses.

Es bewarben sich also Herren mit tadellosen Schuhen und Damen für zahlreiche lukrative Aufräumarbeiten im Osten.

Wegen der hohen Brücke und fehlender Parkplätze rund um das genannte Haus blieb die Staffel dunkler, dicker, viereckiger Autos, die alle aussahen wie Schließfächer bei der Deutschen Bank, jenseits abgestellt.

Parkplatz- wie Automangel waren ja in der Tat geradezu kennzeichnend für den erbärmlichen Rückstand in dem weitgehend unbekannten Land Ostzone jenseits der Elbe. Die „Zovjetzone", wie Adenauer zu sagen beliebte, hieß nun Anschlussgebiet Ost. Chronischen Parkplatzmangel stellten Herren mit den neuen Schuhen zu ihrem Leidwesen fest. Sie mussten über die Brücke laufen. Ihre hohe Würde in Blech stand ein Stück vor der Brücke auf Sand und Schotter.

Bloß der misslichen Parksituation wegen aber war es unserem Oberlehrer nun möglich, jenes neue erstaunliche Schuhwerk zu entdecken und wissenschaftlich zu verfolgen.

Von Dienstag bis Donnerstag liefen neue Schuhe über die Brücke. Das er-mittelte unser Oberlehrer von der Treppe aus spähend. Und nur Dienstag bis Donnerstag, so stellte er mit Hilfe seiner Nase fest, füllte sich die Luft über der Brücke mit betörendem Parfümduft. Zwölf Meter dreißig nachwehend schnüf-felte er eine Wolke Westodeur.

Nur sechs bis acht Meter übrigens wehte bei ehemaligen Ostdamen der Duft schlichten DDR-Parfüms. Abgetretene Schuhabsätze von ehemaligen Bürgern der ehemaligen DDR, notierte der OL beiläufig, gingen täglich diesen Weg.

Soweit erste wissenschaftliche Erkenntnisse unseres Oberlehrers.

Das Wort ehemalig feierte übrigens Hochkonjunktur. Das notierte der Herr OL als dilettierender Linguist, als ihn auf Werbeblättern fremde Worte stö-rend ansprangen. Es werden Arbeitsstellen für niedere Pflichten beworben: Ein Nourishment Production Assistent werde gesucht. Ob sich je eine Küchenhilfe meldet oder auch eine Reinigungskraft, die vielleicht eben an der Papiertonne gelesen hat, eine Environment Improvement Technician stehe zur Anstellung. Küchenmitarbeiter oder ReinigerInnen werden gesucht, übersetzte der Herr Oberlehrer mühsam. Ob er, im Englischen ungeübt, richtig verstand?

Bananenschalen flogen übrigens zeitgleich aus neuer Wohlstandsfülle(seit Herrn Tucholsky höchst gefährliche ausländische Objekte). Bunte Plastiktüten (im Osten Plastetüten genannt), bunte Schachteln und Getränkebüchsen zierten Straßen, Hecken und Parkanlagen.

Betörende Gerüche und englisch-amerikanische Worte wehten landauf landab. Ich berichtete das schon kurz. Developer war da zu lesen, klingt nach Pferderennen, Shopping dazu für den mehr oder weniger sinnvollen Einkauf, klingt eher wie eine Art Tischtennis, Center wo ein Zentrum sein wollte. Edles Schuhwerk und neueste Wortschöpfungen kennzeichneten eine neue Zeit.

Soweit erste Anmerkungen aus Notizen des Oberlehrers.

Vorhin genannter Büroplattenbau galt nun fortan als Anstalt. Ihr Auftrag: Zerlegen und Verkaufen all des Ehemaligen, was da so wuchs und stand an Fabriken, Wäldern, Feldern. Die ganze eher lästige DDR galt es rück-zu-

übertragen. Wer irgendwann in unserer gemeinsamen Vergangenheit irgendwo einen Quadratmeter Eigentum besessen hatte, dem gehörte auch heute das Stück. Egal, wer oder was momentan auf dem Stück stand, Fabrik, Acker-land, Haus, Wiese et al. Es kam fast jegliches Ehemalige ins Regal zum Verkauf für „ab" eine Mark Mindestgebot.

Als Lehrer war ihm schon zu Zeiten der DDR aufgefallen, dass im Han-del das Wort „noch" oder „noch nicht" eine überragende Rolle spielte. Das Wörtchen wurde nun abgelöst von „nur". Lagen auf einem Tisch zum Beispiel hundert Socken, ein einziges Paar davon kostete 1,50 Mark, so stand dann „ab 1,50" Mark. Aha, sagte sich der OL, derart Gesellschaftsspiel gilt es dann zu erkennen und sprachwissenschaftlich zu analysieren.

Die Ausnahme sei manch unlauteres Geschäft. So kaufte ein am Meer herz-lich willkommener Werftunternehmer gleich eine Reihe Werften. Er erhielt dafür an die achtzig Millionen Fördermittel, die er eigentlich für die Erhaltung von Arbeitsplätzen Ost verwenden sollte vom neuen Staat (west/ost).

Leider steckte dieser das Geld in seine heimischen Pleiteunternehmen im Westen. Ostwerften schrumpften nun wegen Geldmangels vor sich hin. Und wenn der Westherr nicht gestorben ist, so lebt er noch heute gut betucht.

Tausende Retter bedienten sich solcher und ähnlicher Methoden bei der Abwicklung der Ehemaligen. Einschlägige Prozesse laufen bis heute. Man spricht von zirka viertausend gerichtlichen Verfahren, open end.

Vermutlich verlaufen die endlosen lästigen Verfahren sich im staatsan-waltlichen Getriebesand. Kanzler und Finanzminister höchst persönlich nämlich erteilten weitsichtig nach katholischer Manier vorab Absolution. Bonitätsprüfung, das heißt, ob jemand sauber sei oder ein paar D-Mark auf dem Konto hat, war nicht vorgesehen. Man war „zur gröblichen Au-ßerachtlassung der im Geschäftsverkehr üblichen Sorgfalt" ermächtigt. Eile war außerdem geboten, denn es stand eine Wahl an.

Der Rest bleibt dem Jüngsten Gericht vorbehalten. Das hat dann ja noch so seine Zeit. Erfolgstaumel und Eile wurden Inhalt rheinischer Poli-tik. Mit wehenden Firmenfahnen folgte ein erwarteter Wahltriumpf.

Treuhänderische Projekte begleitete des Nachts der eine oder andere „Unternehmer". Er rettete sinnlos in Parkanlagen herumstehende Kunst aus der kommunistisch kontaminierten Zone.

Halb Europa Ost sprang in den vorgegebenen Wind des Mantels der Geschichte, wendete sich vom großen Bruder Russland ab und suchte eine neue Heimat in ihrem Europa.

Spätere Zeiten sollten zeigen, dass sich Europa an der tollen Größe gehörig verschluckte, die EU kaut bis heute an dem Brocken.

Kap. 4

Wie der OL streng nach innen blickend über die halbe Brücke bis zu seinem Beobachtungstandpunkt auf der Treppe geht und dem Weg zum Gartenverein „Frohe Zukunft" folgt. Mit Freunden, Strauchwerk, Petersilie und Ostkohl wächst ihm im Kleingarten eine verquere revolutionäre Idee.

Ein Glück bloß, dass wir unser Stück noch haben, Wald und See nicht weit, riefen sich die Herren und Damen Kleingärtner(Innen) über die auf ein fünfundzwanzig beschnitte Gartenhecke zu. Sie richteten sich vom Jäten kurz auf und entlasteten die vom langen Leben gestauchten Bandscheiben. Das kleine Stück Land samt Gemüseprozenten, exakt vermessenen Hecken, Bäumchen und Beerensträuchern sollte ihnen als geschrumpfte Heimat bleiben. Bestandsschutz für vierhundert Quadratmeter? Vierhundert Quadratmeter ehemaliger DDR.

Wie lange noch konnte einer zu Hause sein in seiner Sparte „Frohe Zukunft"? Pacht war bezahlt für das Jahr, neununddreißig siebzig in Ostmark. Eine kleine Laube maß streng nach Gartengesetz nicht mehr als vierundzwanzig Quadratmeter, und die Hecke jährlich rundum war exakt auf eins fünfundzwanzig geschnitten.

Mit den Nachbarn konnte jeder über den Liguster hin Neuigkeiten samt neuerdings politisch motiviertem Kopfschütteln tauschen. Mit jedem Tag, der den Seniorinnen und Senioren im Anschlussgebiet zuwuchs, mehrten sich

Zweifel, ob es denn recht erstritten war, wofür manche Bürger aufbegehrt hatten. Nur ins Blaue gefochten in Leipzig, in Berlin?

Aus dem Dunst einer Gerüchteküche wehten fragliche Gewissheiten zu unseren Senioren.

Enteignetes Gut sei auch der angrenzende Wald, Stadtholz genannt, dicht bei ihrer „Frohen Zukunft", nur einige Kilometer hin zum See und zur Insel. Eine Druckerei für Parteipropaganda stand hier nahe bei. Das volkseigene Terrain, auf dem ihre Gärtchen zum Teil parzelliert waren, soll privatisiert werden oder zurückgegeben an Eigentümer von früher, oder irgendetwas?

Mit dem Frühling flattert im Volkslied ein blaues Band durch die Lüfte, hier waren es Gerüchte von Enteignung, auch von Klassenkampf, von Rache des Kapitals. Sie trafen mitten in die Seelen derer, die gehört hatten, wie Bürger „Wir sind das Volk" riefen noch vor Monaten. Beinahe hätten sie vom Straßenrand sogar mit gerufen. Das war.

„Hab ich's euch nicht gesagt", rief über die Ligusterhecke eins fünfundzwanzig der ergraute Herr von nebenan. Er, ein eben selbsternannter Gartenjurist, Militär der Volksarmee a.D., erbot sich entschieden gegen Heckenhöhe über eins fünfundzwanzig, sonstige Verstöße wie Missachtung der Gemüseprozente, Übernachtungen im Gartenhaus und ausgestreute Gerüchte vorzugehen!

„Endlich ein angemessener Gesetzesauftrag für mich wie früher in der DDR!", tönte er.

Plötzlich und unerwartet schien ihm höchst aktuell aufgetragen, gegen die bodenraubenden Imperialisten zu kämpfen.

Soll das der bundesdeutsche Begriff von Freiheit und Demokratie sein, entrechteten Bürgern der Deutschen Demokratischen Republik redlich gepflegtes Kleingarteneigentum zu nehmen? Über volkseigenem Grund und Boden schwebte ein drohendes Schwert der Enteignung.

Nein! Kampf oder zumindest entschiedene Ansage ist gefordert!

„Halt mal an, lass dich mal unterbrechen, die DDR gibt es nicht mehr. Das Geschäft hat der dösige Krenz vermasselt", erwiderte der Oberlehrerfreund hinter seiner Hecke. „Das siehst du schon am Kleingartengesetz, an den vielen Kaufhallen, die sich Supermarkt nennen, an Fußgängerampeln mit steifem grünen Männchen, an englischen Schriften, Verbotsschildern überall, PRIVAT, an Zeitungen, Anwaltskanzleien, Geld, das die Taschen ausbeult, vom Gewicht her und an gesprengten alten Fabriken.“

„Aber es gibt uns, den entrechteten Bürger, da sach mir doch eins! Zwei Millionen vernichtete Arbeitsplätze, DDR-Vermögen an Westleute verschleudert, wilder Westen sach ich nur, wilder Westen, und im Osten hunderte Selbstmorde! Reicht das nich zur Anklage“, rief der ehemalige Major mit beängstigend rotglühendem Gesicht.

„Was willst du also gegen machen?“, fragte der Oberlehrer.

„Und wenn's unsere machtvollen Demonstrationen sind, wie die neunundachtzig.“

„Durftest du doch gar nicht mitlaufen.“

„Aber das Volk der DDR, unser mutiges, stolzes Volk!“

„Kannst heute stundenlang, tagelang demonstrieren. Ist Demokratie, Verfassungsrecht, sage ich dir als Geschichtslehrer, und wegen deines Kleingartens wird keiner auf die Straße gehen, denk ich.“

„Das klingt typisch Lehrer. Demokratie! Da kann ich nur lachen, Demokratie, die Kleingärten verschlingt.

Erinnerst dich, was Demokratie heißt? Volksherrschaft, wie wir sie hatten in der DDR, sach ich mal.

„Danke, danke. Die SED-Demokratie, die wir hatten meinst? Nee danke.“

„Widerstand hat gewaltige Formen, sach ich nur.“

„Kommst nicht weg vom Kampf.“

„Red ja bloß“, gab der ehemalige Offizier nach. „Schon gut, schon gut. Lass bloß meine Frau nichts hörn. Die sitzt in der Laube und guckt ihre Serie im Fernsehen, sagt immer: Deine Kriegsspiele sind vorbei!“

So stand es zur Linken des Kleingartens. Zur Rechten trat ein Senior hinzu, stimmte ein in den Gesang und steuerte noch bei: Sein Sohn sei seit der Wende arbeitslos, ein studierter Mensch!

Er wollte ein Unternehmen gründen, aber unglücklicherweise auf einer Fläche, die einer jüdischen Erbengemeinschaft gehört. Die sind über die ganze Welt verstreut. „Die Juden sind ein Investitionshindernis, sagt mein Sohn.“

„Entschuldigt mal, aber der Westen is' nun mal und wo haste denn sonst Arbeit?“

„Lat mal die Juden ausem Speel, lass die mal aus. Wer hat die wohl in alle Welt getrieben, he? Wär mancher hüt noch da und dat wär gaut so!“

„Also machen wir nu hüt 'ne Runde Skat?“, rief von gegenüber der Klempnermeister.

Damals staatlicher Handwerksmeister, heute mit rückübertragener Familienfirma.

Es war Mittwoch, Skattreff im Spartenheim „Frohe Zukunft“ zu viert um den Pfennig.

Kap. 5
Wie der anwachsende Kapitalismus verhinderte, dass beim Spiel um den Pfennig (west) eine runde Summe in die Gemeinschaftskasse floss.

„Angedacht, aber leider nicht zu Ende gedacht war, will ich nur mal sagen, dass jeder auch im Osten was hat von der Wende. Das gab es schon in der Antike mal“, erklärte der Oberlehrer. „Von Gutscheinen war die Rede, Stück Volkseigentum für jeden, sowas in 'nem neuen, kleinen, sauberen Ländchen.“

„Ja, angedacht, aber nich zu Ende gedacht, sach ich“, erwiderte der Offizier a. D. „Kennst wohl den Kapitalisten nich, Aasvögel sind das all, sach ich bloß, Aasvögel! Da hilft nur ne Bombe, Dynamit oder sowas“, rief er hochrot im Gesicht.

„Spiel 'mer nu oder mach'mer in Politik“, fragte der Herr ehemaliger Verkaufsleiter der HO.

„Und ich sage dann achtzehn.“

„Gehe mit, und zwanzig, will einer mehr?“

„Nee, Scheißblatt das, hat die Stasi mitgemischt.“

205

„Na, na. Sicherheitsorgane brauchst du überall", belehrte der Major a. D.

„Aber nicht Spitzel „IM". Ist, als stände einer hinter dir und sagte uns, was du für Karten hast; feines Spiel dann, was? Meine Mutter sagte immer: Der größte Lump im ganzen Land, das ist und bleibt der Denunziant", erinnerte der Lehrer.

„Ich sag, schickt doch die Stasileute alle rüber. Die liefen doch immer dahin, wo's das meiste Geld gab. Wir brauchen die hier nich. Und ich sage nu' Grand, spieln 'mer endlich?"

„Guck an, da stecken die Buben. Leg ich dir ein Ass vor!"

„Lässt mir keine Ruhe mit dem Gartenland, so kann man das nicht machen. Man hört von Rückgabe und Stilllegung allemal, Stilllegungs-Agentur schrieb einer zur Treuhand", wusste der Lehrer.

„Willste en Kleingarten still legen?"

„Da wird einfach alles nieder gemacht, keine Stunde und deine vierzig Jahre sind weg geplant", erklärte der Herr Lehrer a.D.

Der Stich geht an mich. Für den Kapitalisten ist die ganze DDR bloß ein Kleingarten, sach ich mal!"

„Große Politik wedder!", rief die Klempnersfrau, die eben Petersilie von einem Beet schnitt.

„Nu' hat in jeder Straße ein Anwalt sein Büro und verdient gut mit dem Schlamassel. Aber deine Zehn musste schon selber rausschneiden, da hilft kein Anwalt", rief der Major auflachend und griff den Stich vom Tisch.

„Die war blank, weist!"

„Rechtsverdreher west helfen nur ihren Leuten. Betriebe gehen hier den Bach runter, die großen Konzerne drüben haben kein Interesse an unsrer Wirtschaft und wir können nicht mithalten mit den Westangeboten."

„Red nicht von Betrieben. Meine Schuhfabrik, wo ich im UTP war, ist gesprengt, hoch, ne Menge Staub und weg. Das ist mir noch heute ein Schmerz. Na spielch mal."

„Betriebe hier warn schon vorher pleite, sech ich mal. Meine Klempnerei is Handwerk, dat brauchst. Schieten muss jeder! Gerecht is' dat irgendwie mit dem Familieneigentum. Bin nu' zu olt für'n Betrieb, aber mien Sohn hat gaute

Arbeit im Familiengeschäft, is' doch wat. Noch ein Bube, noch ein Ass, die Runde geht an mich, rechne mal die Pfennige zusammen", rief triumphierend der Klempnermeister.

„Ja, du hast was davon. Die in Bonn ham nur die nächste Wahl im Auge, die von oben. Man, das reicht gerade für ein Null. Gut, ist auch was. Die DDR hatte ein Vermögen von sechshundertzwanzig Milliarden, da hätt' was bleiben könn für jeden, sach ich mal. Mach'mer die Null?", fragte der ehemalige Offizier in die Runde.

„Was kümmert die da oben unser Kleingarten, dann mach die Null", rief der HO-Mann unwirsch. „Treue zum Kapital, gib mal das Blatt her, ich misch, zu treuen Händen, das hat Rohwedder anders verstanden, Kohl und Weigl fanden das einwandfrei", erwiderte der Offizier a. D.

„Rohwedder, war das der, den einer erschossen hat?", fragte der HO-Mann.

„Ja, irgend son Linker oder rechter Radikaler von ganz außen wahrscheinlich. Nichts Genaues weiß man nich! Nu misch mal bisschen flott. Kennste das Denkmal in Altenburg?"

„Wie, von dem Rohwedder?", fragte der HO-Mann.

„Ne von dem, der sich totgemischt hat."

„Macht mir mal die Linken nich' so schlecht, warn wir gestern alle! Die sin gegen das Kapital und gegen die amerikanischen Imperialisten, und das ist gut so."

„Mord is was andres, sag ich nur. Ich war nicht links, war in einer Blockpartei. Heute treibt mich die Treuhand nach links!", erklärte unser Lehrer i. R.

„Ach, sin mer jetzt wedder in 'ner Politschulung? Denke, wir spieln Karten, ich geh mit, zwanzig auch zwo", rief der Klempner i. R.

„Profitierst wie die Westleute, Leichenfledderer, hast wieder die Hand voll Buben", höhnte der Offizier a. D.

„Nee, die hab ich diesmal nicht auf der Hand."

„Sag mal, hat nicht einer ein Bier in der Laube?"

„Klar, heff ik, en Westbier, ha, ha", rief der Klempner und verschwand in seiner Vierundzwanzig-Quadratmeterlaube.

„Weißt, die marktwirtschaftlichen Kräfte mussten greifen", schreiben die in der Zeitung.

„Die schriewe, wat se wolln", rief der Klempner, als er mit ein paar Bierflaschen in den Händen aus der Laube kam.

„Woher willst das wissen?", erwiderte der ehemalige HO-Direktor und warf wieder eine Sieben auf den Tisch. „Na, will einer 'ne Sieben?"

„Die Treuhand hat einige hundert Miese gemacht, Milliarden, kannste gar nicht zählen und beschissen wirst du überall von Ganoven, da bleibt dir nur eine Sieben!"

„Stimmt schon, Hosen runter, hab einen Null ouvert, da kommt ihr nicht ran."

„Mal sehen wo die Lücke is?"

„Bestimmte große Betriebe sind nur nach Einspruch der Landesregierungen gerettet worden. Der Rest liegt brach, wurde zerstückelt und verkauft ging Richtung west, wie immer gingen zu fünfundachtzig Prozent nach west."

„Na, na, das duldeten wir Sicherheitsorgane nich, fünfundachtzig Prozent Republikflucht, nach dem Westen abgehauen. Da standen wir vor an der Grenze", protestierte der Major a. D. sofort.

„Ja, ja, und Stasi dazu im Hinterland. Ich mein' jetzt die, die heute unser Ländchen aufkaufen, Geldmachen mit Tricks und Drehs. Da geht's bestimmt nicht sauber zu! Ich meine die Käufer heute, nicht das, was hier Republikflucht genannt wurde. Die meisten sind Geldleute von drüben, fünfundachtzig Prozent, sagt man. Kannst 'ne Menge hören!", korrigierte der Oberlehrer.

„Erinner dich mal. Hast du dat nich auch Republikflucht genannt", wollte der Klempnermeister wissen. „In der Schul noch vor kurzem noch?"

„War mal so inner Schul", gestand der OL, „gab's Anweisungen für Worte."

So ging der späte Mittwochnachmittag hin. Der Skatnachmittag im Spartenheim „Frohe Zukunft".

208

Kap. 6

Wie dem Oberlehrer fast das Herz stille stand, als er auf dem Weg zum Garten seinen gewohnten Weg am Waldrand mit einem Schild PRIVAT und BETRETEN VERBOTEN abgesperrt fand und nun die Welt zu befreien beschloss.

Martha aß gern Fisch mit Dillsoße und obwohl sie schon länger nicht mehr lebte, plante ihr Mann heute Dill nachzusäen. Das Saatgut vom Frühjahr war der Nachtkälte wegen nicht recht aufgelaufen, wie der Gärtner sagt.

Den Fisch zum Dill, einen Hecht oder Zander, wird er noch aus dem See angeln, dessen war er sicher.

Mit dem Gedanken ging er zur hohen Brücke. Dort den Blick auf den Rinnstein heftend, lief er bis zur Mitte und stieg die Treppe hinab. Auf der Brücke gehende Schuhe beachtete er heute nicht. Es war späterer Nachmittag und Donnerstag ohnehin, nicht die Zeit für zugewandertes Schuhwerk.

Ein Stück lief er unter der hohen Brücke längs, dann neben einer Bahnlinie bis zu einem Übergang über die Schienen und dort zu seinem Weg am Waldrand. Auf diesem Weg, den er wie seine Freunde Jahrzehnte schon ging, lief er immer im Schatten hoher Buchen. Plötzlich stand vor ihm ein an die zwei Meter hoch reichendes Eisengitter. Er besah sich das Hindernis, rüttelte an ihm, suchte rechts oder links daneben zu steigen, rüttelte noch einmal an dem Zaun und rief: „Ist ja unerhört, war hier noch nie! Also nein! Wer hat das gebaut? Was soll der Unfug?" Und während er noch so vor sich hin redete und die Absperrung rüttelte, kam hinter dem Zaun ein Mann mit einem Hund auf den Zaun zu.

„Nu sage mal, was soll das? Ich war mal für vierzehn Tage Enkelkinder besuchen und schon ist hier der Weg dicht. Was soll denn das? Wir sind immer hier längs, 40 Jahre!"

„Is en Grenzzaun. Das Land is verkauft. Ich bewach das nur."

„Was heißt da Grenze, willst du eine Mauer bauen? Ich lauf hier schon seit Jahrzehnten lang, meine Kollegen auch, kann doch nich einfach abgesperrt werden

ohne was zu sagen. Verkauft, was heißt da verkauft, wir haben den Weg angelegt und gingen hier alle Jahre!"

„Bin nur Wachschutz, kann nichts zu sagen", erklärte der Mann gegen-über. Es war ein stämmiger Kerl mit gewölbter Brust und runden Schultern unter einem zu engen Hemd. Er ähnelte sehr seinem großen Hund, stellte der Lehrer beiläufig fest.

„Das ist doch Unsinn. Wer hat dich denn beauftragt hier abzusperren?"

„Kann ich nicht sagen, wenden Sie sich an das Anwaltsbüro Meier & Meier."

„Ne, ne, den Zaun werde ich wegdrücken, sag ich dir, mein Jung. Das ist unser Weg! Werde den Zaun wegdrücken wie das Solon schon vor mehr als zweitausend Jahren gemacht hat", rief der Lehrer und machte sich an dem Drahtgeflecht zu schaffen.

„Ich warne Sie, lassen Sie das fremde Eigentum in Ruhe. Hier ist Privat-wald. Lasse den Hund los!"

„Das wollen wir doch mal sehen, wollen mal sehen! Ich komme wieder mit anderen und mit Zange und Säge. Aber wie! Sie werden sehen, ich komme wieder!", rief der Lehrer im Abwenden und ging heftig atmend zurück bis zu einem Sandweg, folgte diesem zwischen einigen Gärten bis zur Straße und von da ein gehöriges Stück zum Haupteingang neben dem Spartenheim „Frohen Zukunft". Wilde Reden, Bomben, wehende Fahnen, Revolution und heißer Zorn wirbelten ihm im Kopf, nur im Kopf, wie das so seine Art war.

„Ach, da kömmt unser Urlauber!", rief der Klempnermeister, der eben mit dem ehemaligen Offizier aus dem Spartenheim trat.

„Der ist in Brass. Wetten, der hat den Weg eben erst abgesperrt gefunden. Der ist jetzt in Brass, geht gleich hoch wie'n Böller!"

„Habt ihr, Mensch ja habt ihr denn, ich wollte eben zum Garten, unsern Weg, habt ihr nich!", suchte der erregt mit den Armen fuchtelnde Lehrer nach Worten.

„Ham wir, sach ich, ham wir lange!", riefen ihm seine Gartenfreunde ab-winkend zu. Und der Klempner ergänzte:

„War grad das dritte Gespräch mit dem Vorsitzenden und einem Anwalt, ohne so einen geht ja hüt nichts mehr. Is Alteigentum. War mal ne Druckerei

45, sowas. Da führt kein Weg rein, secht der, und der Gartenvorstand secht dat ok. Wir liegen grad so an der Grenze, paar andere müssen schöne Waldstücke und Lauben wohl verkaufen. Schade um dat, was sie da angelegt haben. Rückgabe, kennst du ja. Unser Weg geiht nu über dat Land, das verkauft is. Steht so im Grundbuch is nicks tau maken, kriegst vielleicht ne Abfindung für."

Kap. 7

Wie es nun endlich zu dem verabredeten Treffen Freddys mit dem Treuhandanwalt in HH kommt, wie einer aus treuen Händen nach Art des Hauses Gewinn zieht und insgeheime geschäftliche Reisen bucht.

„Also, für die Jagd reicht das Stück Wald, wo die Druckerei stand nicht. Da geht der Schuss quer durch", sagte Freddy seinem Freund, dem Treuhandanwalt. Sie saßen auf der Terrasse mit Blick auf die Alster und schlürften einen Drink. Auf dem Tisch ausgebreitet lag eine Karte mit Grenzlinien im Norden nahe dem Meer.

„Habe da noch ein Stück im Auge, konnte das nur auf den Verkaufslisten nicht finden, du. Das ist eine Insel oder Halbinsel. Kennst doch den Spruch: Reiche kaufen sich eine Insel, arme eine Halbinsel. Du, das ist ein tolles Jagdgebiet. Ein Ende weg ist dein Stadtwald sage ich mal, deine frühere Druckerei. Paar Kleingärten stören auf dem Gelände. Danach kommen nur noch Hochwald und der See. Ich bleib da dran. Lass dir das gesagt sein! Ein Jagdgebiet, das wär doch was. Der Quadratmeter ist bares Geld, hör mal", erklärte Manfred mit Jagdeifer.

„Was soll ich mit ner alten Druckerei, Schrotthaufen? Kenn das Ding gar nicht. Das kostet doch nur Investgelder, frisst mich auf, alte Bude."

„Nein, nun hör mal genau. Du nimmst die Fläche, so abgewirtschaftet ist es übrigens nicht. Aber egal. In der Nähe is noch ein interessantes Gebiet, VEB, hieß das, volkseigener Betrieb, sowas."

„Das fehlt mir noch, Ostarbeitsplätze, Tarife, Gewerkschaft. Nee, nee damit will ich nichts zu tun haben. Wissen die dort überhaupt, was Arbeit ist?", unterbrach Freddy seinen Anwalt, und rief: „Schätzchen, bringst uns noch einen Drink und bisschen was zwischen die Zähne?"

„Noch mal Fred, lass dir das erklären. Spiele mal mit. Du bist ein geachteter Mann, wenn du dort drüben Arbeitsplätze erhältst."

„Ja, ja, Wohltäter. Ich lade mir doch nicht", …unterbrach lachend Fred.

„Hör mal einen Moment zu, Partner!", rief nun Manfred und klopfte mit seinem leeren Whisky auf die Landkarte vor sich auf dem Tischchen.

„Nochmal. Du musst nur so tun als ob. Du übernimmst das Gebiet. Ich zeige dir das hier, und du sicherst eigene Investitionen zu. Vergiss nicht, die Quadratmeter hast du und der Wert wird steigen, sei sicher! Hab auch noch Geschäfte mit Übersee im Plan, da wird was fließen!" Sie beugten sich beide über die Karte. „Das Areal ist deins und hier die Linien verschieben wir ein Stück weiter, so und so. Ich mach davon ne Ablichtung, die ist dann wie echt, verstehst?"

„Ist das nicht Betrug? Braucht doch nur einer in das Grundbuch zu gucken, alte Grenzen!"

Manfred griff mit der linken Hand zum Auge, zog das Augenlid etwas herab und sagte mit dann gestrecktem Zeigefinger: „Ist leider fünfundvierzig verbrannt, verstehst? Die Kommunisten haben Eigentum nie geachtet, sagt die Politik, und im Krieg brannte manches Archiv. Das bleibt immer mein bestes Argument, verstehst? Außerdem, wenn keiner klagt, tagt auch kein Gericht, weißt."

„Gibt es da nicht Kopien, Filme oder sowas? Muss mich ja absichern!"

„Natürlich. Aber unser Manöver fiele nur bei einer genauen Nachprüfung auf. Dafür hat heute keiner Zeit. Kohl und Weigl drängen zur Eile.

„Gehen wir aber auf dünnem Eis, und meine Konten sehen momentan bisschen flach aus, hörst du? Die werden wachsen, frag mich wie?"

„Wart ab. Spielt gar keine Rolle, was du auf dem Konto hast. Egal, jetzt guckt keiner in deine Konten, keine Sorge. Wir sind froh, wenn der Kram weg ist. Und du tust so, als ob du hilfreich am Aufbau Ost mitwirkst, weiter nichts, verstehst? Für den Erhalt von Arbeitsplätzen kriegst du Fördermittel, und was du mit den Mäusen machst …Na, da lassen wir uns doch noch etwas einfallen. Gute Reise . Hab da so Kontakte bis in wärmere Gefilde und so."

„Klingt schon besser. Aber ob du was auf der hohen Kante hast wird doch immer geprüft, ist Vorschrift, hast du früher immer behauptet", rief jetzt Fred.

„Ja, früher und normalerweise gilt das, aber bei der Treuhand geht es um schnelle Vermarktung. Kohl und Weigl haben extra festgelegt, dass wir nicht lange prüfen müssen. Nur weg mit dem Schrott im Osten", erwiderte Manfred. „Rückgabe ist der Weg, verstehst, kostet nicht viel an Zeit. Der Eigentümer hat seinen Kram wieder und nun soll er sehen, was damit zu machen ist!

Gibt jetzt schon manchmal Krach mit Arbeitern, Demonstrationen, Anschläge. Je länger die Schose dauert, umso schwieriger wird das mit den Arbeitslosen, den Linken. Du verstehst? Kennst die Sache mit Rohwedder. Unsre Politiker sagen, der Kohl hat die ersten gesamtdeutschen Wahlen im Auge, will glänzen, wenn alles am Mann ist."

„Ach, an den Mann", sagte eben Freds Frau, die mit neuen Drinks und paar Kaviarhappen auf die Terrasse trat. „Nur an den Mann, immer nur Mann, wa? Und wer muss sich im Osten die Beine wund laufen und den Gestank ertragen?"

„Halt die Klappe, Schätzchen. Stell die Drinks auf den Teewagen."

„Wo warn wir stehen geblieben. Ach so, Prüfungen. Da ist also nichts zu befürchten, weißt. Ein Stück Land mit Paar Fabrikanlagen in der Nähe, paar größere Häuser, hier etwa", zeigt Fred auf der Karte. Das würde dazu kommen. Ich habe eine gute Ablichtung der Gemarkung, keine Ahnung wo die her ist. Im Ernstfall schieben wir das der Kommunistenbürokratie zu, verstehst?", nahm der Anwalt das Thema wieder auf und zeigte auf die Grenzlinien.

„Was, Platte? Alles Beton?", rief Fred empört.

„Keine Angst. Die Abrissbirne steht schon bereit. Da gibt's Leerzug noch und noch. Das Arbeitsamt zahlt sogar den Umzug, wenn einer nach dem Westen arbeiten geht. Wirst sehen, so ein Haus steht leer, wenn die Fabrikanlage leer steht."

„Birne ist gut, passt zum Kohl, ist er die ostdeutsche Abrissbirne?"

„Guter Witz, aber mal Spaß beiseite. Ich stelle noch bisschen dazu und du kaufst. Fördermittelanträge mach ich dir."

„Nun lass mal die Katze aus dem Sack. Wie viel ist da zu machen und was hast du von?"

„Reden wir nicht darüber, ein Anteil wirst du geben, oder? Sechs Nullen können damit rum kommen, genau kann ich das noch nicht sagen, aber paar sechs sicher."

„Sagen wir mit fünfundzwanzig bist du dabei. Das Viertel mehr nicht. Ich muss schließlich den Kopf hinhalten."

„Kopf nich, mehr das Konto, ha, ha. Gut, die fünfundzwanzig für jedes Teil ist gemacht. Noch eins aber: Du weißt, ich habe so'n paar Erfahrungen mit dem Fiskus gemacht. Mein Rat: Überschreibe deinem Sohn die Anwesen hier, pro forma. Sollte was schief laufen gibt es da keinen Schlamassel, Haftung und so!"

„Fünfundzwanzig Prozent auf alles, sagte ich eben, hörst du, fünfundzwanzig und Schluss!"

„Will nicht streiten, also abgemacht, sind ja mehrere Teilstücke, gut denn. Wichtiger ist aber, wir müssen alles, was du jetzt in der Hand hast, überschreiben, jetzt schon. Du bist also auf dem Papier so gut wie mittellos, Sozialhilfe ha, ha."

„Was überschreiben?"

„Deine Häuser, dein Restaurants, Kneipen. Auf dem Papier bist du ein armer Mann, und dem kann man nicht in die Tasche greifen, wenn's heiß wird. Keine Sorge. Ich spicke den Vertrag mit Klauseln, kommst du immer gut weg. Weißt, wir müssen das aber vorher abwickeln, nur auf dem Papier, weißt, am besten gleich. Hinterher, irgendwann erst, da könnt's Verdacht geben. Will nur sicher gehen! Neuerdings sind paar Geschäfte gelaufen, die waren zu dreist", erklärte der Anwalt, zog seinen Aktenkoffer unter dem Flechtsessel hervor, klappte ihn auf und legt einige Papiere auf den Glastisch.

„Muss ich drüber schlafen du, hörst!"

„Ich sage dir, schlaf nicht zu lange, habe noch paar Geschäfte in Übersee im Auge, Partner, und wer schläft, den bestraft die Geschichte, sowas hat Gorbatschow, der Russe, gesagt. Kannste drüben hören, recht hat er. Ich lass die Papiere hier. Du weißt, es muss schnell gehen. Bei uns fliegen die Millionen nur so über den

Schreibtisch, Tag für Tag! Ruf mich hier an, nicht im Osten. Wer weiß, was es da für Mithörer gibt bei den paar Telefonen, die die drüben haben. Freitag bis Montag bin ich immer hier. Tschüs denn!"

Als die zwei am Pool vorüber über die Terrasse gingen, legte Manfred seinen Arm über Freddys Schulter, wendete sich ihm zu und sagte leise:

"Noch eins im Vertrauen. Unsere Freunde in Übersee, die mit Schnee handeln, brauchen hier ein paar Konten, eine Waschanlage sozusagen. Ich mach aus dem Geld Ländereien im Osten, verstehst? Also Tschüs denn!"

Kap. 8
Der Gegenplan oder die milde Nacht einer Ein-Mann-Verschwörung. Wie unser OL i. R. versucht, seine wirre Idee auf eine zu dünne Schnur zu fädeln.

Mit Zange, Taschenlampe und Säge, wie angekündigt, zog er bei Nacht und Nebel zur Gartenanlage. Still war es. Auch die letzten Grillfeuer auf Terrassen waren erloschen. Das Spartenheim lag dunkel. Zügig schritt unser Held durch verlassene Gartenwege und die dunkel aufziehende Nacht.

Ein Zeichen galt es zu setzen und sich zur Wehr! So hatte er sich selbst verkündet, so schritt er zur Tat. Oder besser schlich er! Unweit der Stelle, an der er hatte erleben müssen, dass sein gewohnter Weg vom Westkapital abgesperrt war, hielt er inne. Er lauschte in die Finsternis. Stille rundum. Nun öffnete er seine lederne Schultasche, zog Zange und Eisensäge heraus und näherte sich noch immer lauschend dem verhassten Eisenzaun mit den Schildern "Privat" und "Betreten verboten".

Wie er eben ein paar Schritte auf den Zaun zugegangen war, flammten plötzlich weißgrelle Lampen auf. Er hockte sich im Schreck hin und harrte. Wie er aber so etwas seitwärts tief hockte, verlosch das weiße Licht. Von einem Bewegungsmelder hatte er schon gehört. "So etwas brauchst du in räuberischen Gesellschaften", murmelte er für sich. Zur Probe streckte er sich etwas, hob den Kopf, wendete sich seitwärts zum Zaun und das Licht flammte auf. Zog er den Kopf ein und duckte sich, erlosch es wieder. Schließlich spielte er eine Weile seine entdeckte An-Aus-Übung, endlich fiel ihm wieder ein, warum er mitten in der Nacht zum nahen Wald gekommen war.

Er setzte seine Eisensäge halb aus dem Liegen an das Gitter und zog, schob, zog, schob. Ein durch alle Gittermaschen vibrierender Ton kreischte wie hundert leidende Katzen. Spuren auf dem Stahldraht blieben rar. Dann nahm er seine Ost-Kombizange, steckte sie durch das Gitter und kniff beherzt zu. Plötzlich leuchteten, weil er sich der nötigen Kraft wegen etwas hoch gereckt hatte, die Scheinwerfer wieder auf. Seine Zange aber war dem Kruppstahl nicht gewachsen. Er erinnerte sich in dem Augenblick vieler Bilder aus seinen Geschichtsbüchern. Kanonenkrupp aus Zeiten des Krieges. „Aha", sagte er leise, „aha, das ist der harte Kanonenstahl des kapitalistischen Kriegsgewinnlers."

Schließlich gab er seine Einbruchsversuche auf, warf Zange und Säge in die braunlederne Schultasche, kroch gebückt etwas zurück und hielt grübelnd inne.

Ziel- und ratlos schlich er dann im Nachtdunkel zwischen Bäumen und Sträuchern jenseits des Baches um das von fremder Hand besetzte Gebiet nahe der Gartenanlage. Zweige schlugen aus dem Dunkel wie Peitschen, hohe Brennnesseln brannten durch die Hose. Spinnweben streiften sein Gesicht, klebten ihm im Haar. Er wollte der Feinde wegen unbedingt vermeiden, mit seiner Taschenlampe vor sich durch das Dickicht zu leuchten. Er fühlte sich jetzt im Kampf, seine Berufung, ein vielleicht letzter Kampf!

Plötzlich spürte er nachgebenden Grund und Wasser an den Füßen, hielt gerade noch inne, ehe er im Bach gestanden wäre. Irgendwo heulte durchdringend ein Polizeiauto mit dem neuen aufgeregten Westton durch die Nacht.

Er war sich sicher: Das gilt gewiss meiner geheimen Mission. Aber die werden mich nicht erjagen. Mein Kampf wird heroisch sein!

Bei jedem Knacken im Gehölz fühlte er sich ein bisschen ertappt. Er kämpfte verbissen gegen schwarze Schatten an. Die rang er mit der Taschenlampe nieder, trat sie unter sich in das welke Laub. „Alle Mächte der Finsternis werden mich nicht aufhalten", rief er leise. „Ich habe das Ziel vor Augen trotz der kämpfenden Feinde im Dunkel! Klar im Blick, klar im Blick. Sollen sie kommen und wüten, wie seinerzeit die Flügel von Windmühlen gegen den Ritter wüteten. „Sollen sie kommen!", rief er.

Dann wurde ihm leicht übel. Eine innere Nacht legte sich schwarz vor seine Augen. Später sah er den Nachthimmel über sich. Er lag in welkem Laub. Rundum roch es nach Pilzen. Aber im heftigen Gefecht strebte er bald unverdrossen weiter. Bewegte sich im Fernen irgendein Lichtschein, sah er Waffen auf sich gerichtet. Flüchtig streiften ihn feuchtglänzende Blätter und schlanke Zweige aus dem Dunkel, irgendetwas flatterte hastig vorüber, Laub raschelte. Jetzt strichen die breiten Lanzen eines Autoscheinwerfers über ihm durch die Bäume.

Er sah verwundert, dass sich seine Arme ohne eigenes Zutun in heftiger Abwehr bewegten und dann bizarr plötzlich steif verharrten. Nach Augenblicken sah er sich selber im Wald zwischen Bäumen und Sträuchern laufen. Schon wollte er nach sich rufen, aber im selben Augenblick fand er zurück.

Jetzt gab er sich seiner beliebten und bewährten Übung hin. Gedanken und Bilder revolutionärer Schlachten tobten, Kampfszenen. Stolz sah er sich, mit stählernen Ketten gebunden und vorgestreckten Armen winkend, im Jubel einer Menschenmenge. Unter den unzähligen Demonstranten tauchten immer wieder und nur die verzerrten Gesichter seiner Gartenfreunde auf, während er mit von Tau und Bach kniehoch nassen Hosen, schlammigen Schuhen und Strümpfen einen Weg zurück suchte. Er atmete hastig: „Mein erstes Gefecht! Mein erstes heftiges Gefecht!"

Die folgenden Wochen widmete er sich unbeeinträchtigt von wirrer Bilderflut wieder seinen Gartenbeeten. Niemand in seiner Umgebung wusste vom nächtlichen Kampf.

Er allerdings selbst spann insgeheim an seiner epochalen Schlacht.

Der Sommer ging langsam zur Neige, zahllose bunte Blumen standen schüttern, Astern und Chrysanthemen, die ihn immer an Friedhof und an Marthas Grab erinnerten, begannen im Garten zu herrschen.

Spätes Gemüse stand zur Ernte. Allein, es fehlte dem Lehrer am Sinn mit dem Grünzeug zu werkeln.

In allen Kaufhallen, die Supermärkte hießen, glänzendes Obst und Gemüse in farbigem Licht. Ungleich stattlicher als es seine Gemüseprozente, die er vor-

schriftsmäßig angebaut hatte, je erlangten. Es leuchtete auch noch das letzte Radieschen im Supermarkt hell und glatt. Jahreszeiten schienen vergessen. Aus aller Herren Länder waren Früchte und Gemüse herangeschafft, exotische wie heimisch vertraute.

„Tomaten zu Weihnacht, was das soll?“, fragte er sich.

„Wer zum Weihnachtsfest gar noch frische Birnen oder vollkommen geformte große Erdbeeren wünschte, konnte sie leuchtend rot, dick und fad bekommen.“

„Weiß der dann noch die Jahreszeiten mit Wetter und Geschmack, lebt der noch hier und jetzt?“

Die Täuschung in Supermärkten hatte er längst erkannt. Dennoch, seine Gartenarbeit schien ihm irgendwie überflüssig. Und er referierte für sich: Ja, Fülle und blendende Farben sollten blenden, damit kein Blick für des Übels Kern bleibt. Licht und Glanz zum Schaden südlicher Länder fügt sich in eine weltumspannende Knechtung. Menschen werden gelockt, gezogen. Sie sinken satt im Wohlleben dahin, schmeißen mit Plastikverpackungen um sich. Gemeines Volk rennt nach Genuss bis es fett des Genusses überdrüssig wird. Wer alle Sinne mit Wohlstand zugestopft bekommt, kann kaum noch denken. Die große Verführung bedarf nicht einmal eines Führers.

„Weiß nicht, was los ist mit mir. Ist irgendwie alles nicht mehr im Lot“, klagte er zum Gartennachbarn über die Hecke eins fünfundzwanzig.

„Hatten wir nicht auch Sonne, den Regen für den Garten vierzig Jahre? Haben wir nicht ordentlich gelebt, unsre Freude gehabt, Träume, Glück und Unglück, wie das so ist im Leben? Haben ordentlich was aufgebaut, geschafft, wovon noch heute manches gelten könnte? Ich lass mir das nicht nehmen. Nicht vom harten Geld und nicht von Privatbesitz, lass mich nicht in eine Schuldknechtschaft treiben. Solon ließ schon vor zweitausendfünfhundert Jahren Grenzsteine ausreißen, ein Geschichtslehrer weiß das, kennt Vorbilder aus den Jahrhunderten. Sie wurden Utopisten genannt, nein Realisten wie ich, Kämpfer wie ich!

Freiheit verheißt der Westen, dabei sind wir bedroht! Meine Martha geopfert, meine Martha, überrollt wie wir alle, alle. Ich schreie nein, nein!“

Verblüfft sahen die Gartennachbarn zum OL, der eben laut etwas gerufen hatte, verwirrt, wie ihnen schien, stand er hinter seiner Hecke, ließ dann die Hacke einfach fallen und ging ohne einen Gruß aus seinem Gartenstück.

„Was schad denn dem?", fragte der Klempnermeister verblüfft.

„Dem läuft das Fass nun über", rief lachend der Major a. D.

„Mit mir nicht, mit mir nicht. Ich werde springen, allein entscheiden, nur ich!", murmelte der Oberlehrer wie in einem Tunnel gehend vor sich hin.

„Die kriegen mich nicht ins Hamsterrad, so nicht! Die Brücke hat mich gerufen, hat mich wach gerüttelt", resümierte er auf dem Weg zu seiner Wohnung. „Mein Vater ist bis nach Stalingrad im Hamsterrad gelaufen, ich vierzig Jahre einer dünnen kommunistischen Idee nachgetrottet, die am Ende in papiernen Phrasen stecken blieb. Wir sind am Ende, Wohlleben sättigt uns nicht! So seh' ich das und das reicht dann mal."

Und er wiederholte im Takt eines Marsches leise: „Zum Handeln, zum Handeln, zum, zum …"

Beschlossen war ihm, auszuziehen zur Wehr, nicht grübeln, jetzt die Tat, und er zog nun aus, eine Welt oder gar die Welt oder nur seine Zeit oder irgendetwas zu retten, zu retten … Schon auf dem schmalen Grasweg zwischen Kleingärten begann er den entdeckten Feind in scharfen Blick zu nehmen, ja akribisch zu registrieren. Ins Visier nahm er Schilder, wie seinerzeit ein spanischer Ritter Windmühlen. Neue Schilder auf denen PRIVAT stand schienen ihm die Luft zum Atmen zu nehmen. „Da steckt der Feind, da verbirgt er sich!"

Und er spürte jetzt hautnah, wie aus den Schildern eine Knechtschaft spross. Der Feind!

Sieben Tafeln fand er schon auf dem Wegstück bis zur Brücke. Nur zwei davon durch aufgesprühte Kritzel oder Verbiegen unschädlich gemacht. An der Brücke stieg er die Treppe hinauf, ging oben ein Stück nach rechts, so etwa dreihundert Rinnsteine weit.

Als er den letzten Rinnstein passiert hatte merkte er plötzlich, dass seine peinigenden Stimmen auf der Brücke schwiegen, ja, dass ihn keine Stimme aus dem Abgrund rechts oder links rief.

Er blieb abrupt stehen, schaute flüchtig und etwas verwirrt zurück.

Entschlossen kehrte er um und lief zügig über die ganze Brücke bis zur höchsten Stelle. Dort beugte er sich über das Geländer und sah tief unten glänzende Eisenbänder zweier Bahnschienen. Sie liefen, was ihn als Kind immer fasziniert hatte, in der Ferne immer enger werdend ohne sich je zu berühren.

„So wird unser Wohlstandsleben hinlaufen. Eia popeia! Verharrend immer auf eisernen Bändern, allzeit zu unerreichbarer Zukunft hin, in der wir nie ankommen werden", stellte er leise flüsternd fest. „Eine festgekettete Zukunft!", ergänzte er und klopfte auf das leicht rostige Geländer.

Auf der Höhe stand er Minuten. Wie aus einem Videoclip flogen Bilder aus Filmen und immer wieder gelesenen Büchern seiner Jahre. Stolze Revolutionäre, Kommunisten schritten auf Feinde zu, standen noch durchsiebt von zahllosen Kugeln, stolz und trotz der vielen Geschosse im Leib irgendwie siegreich, Panzer rollten, Marianne mit halb entblößter Brust stieg, eine dreifarbige Fahne schwenkend, über Barrikaden, Thomas Münzer stand unter seinem Regenbogen auf einem trockenen Grashügel, der heute noch Schlachtfeld heißt. Unüberschaubare Menschenmassen wälzten sich als dunkles Band lindwurmgleich durch Leipziger Straßen. Athener in weißen, langen Kleidern deklamierten in Theaterarenen.

Plötzlich trübten sich ihm Bilder und Sentenzen. Ihm war für Augenblicke übel. Er begann zu zittern und zu schwanken, ihm war, als verlöre er in beiden Beinen alle Muskelkraft. Eine Hand an die Brust gedrückt lehnte er sich gegen das Eisengeländer. Dann atmete er tief, sah in den Abgrund, wendete sich mit einem Ruck ab und ging schnell, seinem Traum wie einer flatternden Fahne folgend, über die hohe Brücke.

„Was zu tun ist, was zu tun ist: Ist zu wissen, meinte er nun, zu wissen, sinnierte er. „Ja", rief er sich selber zu, „ich weiß!" Hammer werde ich sein, nicht Amboss. So steht es in meiner Urkunde zur Jugendweihe: „Du musst steigen oder sinken, du musst herrschen und gewinnen, oder dienen und verlieren, Leiden oder triumphieren, Amboss oder Hammer sein."

Beseelt von Goethes wohlfeilem Appell, Solons Ideen im Sinn, gab er sich berauschenden und demzufolge vielleicht doch untauglichen Zielen hin.

Zügig und befreit schritt er nach Hause. Nachbarn auf der Straße und im Aufzug sah er nicht,

„Ich war gesprungen, hatte die Leichen in der Tiefe gesehen, nun bin ich frei, frei zum Flug!", rief er wie einen Singsang.

Von keinem Menschen beschrittene Wege eröffneten sich seinem kämpferischen Geist. Mit einem Stoß Adrenalin, einer fixen Idee und einem Bündel arger Einfälle gelang es ihm, revolutionäre Vorstellungen auf schmale Gleise zu schieben.

„Die Welt wird von mir reden!"

Kap. 9
Über die vergnügliche Geschäftsreise Hamburger Freunde nach vollbrachtem Treuhanddeal in der Ehemaligen. Auf einer fernen karibischen Insel lockten verführerische berauschende Perspektiven.

Als unser Lehrer zu allem entschlossen eben über die Brücke eilte und seine große Tat wie eine Fahne vor sich her trug, verließ die Dame mit den cremefarbenen Schuhen und sehr hohen Absätzen das Domizil der Treuhand ganz in der Nähe. Manfred, ihr Freund und Rechtsbegleiter, verabschiedete sie vor der Tür, ging mit ihr noch ein Stück weiter vom Haus weg: „Man kann nie wissen, Feind hört mit, ha, ha."

Er bedauerte dann, dass sie nicht noch eine Nacht bei ihm bleiben wollte. Aber sie meinte, Freddy sei das eh schon verdächtig, wenn sie so lange im Osten bliebe.

„Die paar Stunden mit dem Auto sind immer am Tag zu machen", meinte er. Und: „Nun gut, sage dem Fred, es ist alles paletti. Bisschen Geduld noch, dann machen wir den dicken Schnitt."

Ein paar Wochen vergingen und die Nummernkonten auf einer Bank in lieblicher Ferne füllten sich beachtlich. Vier Millionen Summa Summarum für bloße Schriftsätze und Verheißungen blühender Landschaften.

Einige hundert Arbeitsplätze zu schaffen war überzeugend aufgezeichnet. Ankündigungen in einer Fabrik, Bürgern eine Arbeitszukunft zu geben, galten als sicher. Manfred ergriff von Partnern eine ihm zugetragene Idee, mit

Freddy zusammen eine Bleistiftproduktion für die Welt auf dem rückübertragenden Land zu schaffen. Er ergriff einen Bleistift von seinem Schreibtisch und zeichnete ein Stück ostdeutscher Zukunft auf das Papier: Simple, dem Vernehmen nach dringend, allerdringends benötigte Bleistifte in Massen für den gesamten europäischen Markt sollten hier in Kürze vom Band rollen. Dass an Bleistiften so absolut kein Mangel im Land und rundherum bestand, kümmerte Treuhand und Fördermittelverwalter der Regierung keinen Deut. Höchste Beamte besuchten eine von Manfred präparierte Bleistiftproduktion weit im Osten. Eine recht angenehme Reise mit reizvollem Beiprogramm, so recht geeignet, Männer unterhalb des Gürtels zu beglücken.

Darüber vergaßen die Herren Aufsichtsräte oder Oberräte, nach der Sinnhaftigkeit einer etwas albernen Bleistiftfabrik zu fragen. Sie bewilligten schweres Geld für eine gemalte papierene Investition, und da sie das Projekt bewilligt hatten, galt es als Aufbauwerk, an dem nur grünlinke ewig Gestrige herumnörgelten. Beschlossen ist besiegelt, mithin richtig und Punkt!

Dass später nie auch nur ein Bleistift für irgendeinen Markt produziert wurde, sei beiläufig erwähnt. Die Idee ist eben bei jedem auch noch so wohlklingenden Projekt noch immer das, was nicht genügt.

Manfreds Spesenkonto belastete schlussendlich noch eine insgeheim geplante Ausgabe. Bei der flotten Bereinigung Freddys alter Druckereiruine kam diese derart planmäßig zu Schaden, dass das Gemäuer nun wirklich nur noch abgerissen werden konnte. Auf dem asbestverdächtigen Schutt einer ehemaligen Druckerei im ehemaligen Ländchen blühte eine Landschaft üppiger Kräuter und leuchtender Trümmerblumen.

Eine noble Bank verwaltete Trümmerfelder im Auftrag zahlloser Investoren, darunter Freddy. Ostfirmen entsorgten die Reste und Freddy gab Parzellierungen für Eigenheimflächen im Grünen in Auftrag.

Inzwischen saßen unsere Aufbauhelfer Freddy, Manfred und die schöne Tochter mit den cremefarbigen Schuhen im Flugzeug einer britisch westindischen Fluggesellschaft und steuerten dem fernen Trinidad zu, wo sie für einige Zeit in anderen Geschäften wahrhaft berauschende Erfahrungen sammeln konnten.

Port of Spain, San Fernando, das klingt nach endlosem Urlaub in karibischer Sonne, klingt nach Schlagerschnulzen, Karibiktraum.

Freunde Manfreds mit weit reichenden geknüpften Seilen über Kontinente, empfahlen ein lauschiges Quartier an der nordwestlichen Küste der Insel. Dort, im dschungelnahen Versteck, ließ es sich gut erholen vom kräftezehrenden Aufbau Ost. Zwischen Palmen und wuchernden Bananenstauden liegt es sich himmlisch im vergoldeten Ruhebett kommenden Reichtums.

Am Airport empfingen noble Gastgeber unsere Hamburger. Sie fuhren im Jeep quer durch die Insel. Angekommen in der karibischen Villa begrüßte sie eine Steelband. Junge Musikanten hämmerten gekonnt auf firmeneigene Fässer ein und erzeugten erstaunlich gelungen zum Tanz auffordernde karibische Klänge. Manfreds Geschäftsfreund und Eigner der Villa ließ grüne, etwas geköpfte Kokosnüsse zum erfrischenden Trunk reichen.

Ein verwegener schwarzer Bursche griff die eben angereiste blonde Dame aus Hamburg und schwenkte sie gekonnt in hüftdrehendem Rhythmus über die Steinfliesen der Eingangsterrasse.

Freddys Schätzchen hüpfte angesteckt von Musik und Jugend mit dem schwarzen Kerl. Später fragte sie sich, ob es recht sei, wenn eine blonde Hamburger Dame mit einem schwarzen Diener umherhüpfe?

Nachdem sie ein von drei ebenfalls schwarzen Mädchen serviertes Abendessen – Bulljo, Riesengarnelen in Chili-Limette-Öl geröstet und zum Dessert flambierte Ananas – genossen hatten, saßen sie mit einem Drink Cuba Libre auf der Terrasse und bewunderten den Blick über Palmen auf blaue karibische See.

Sehr in der Ferne funkelten schwache Lichter, Inseln und etwas weiter war südamerikanisches Festland zu denken, mit dem sich später einige prekäre lukrative Seilschaften aufleben ließen.

Pelikane glitten behäbig über der nahen Küste zu ihrem Nachtquartier und letzte Fregattvögel schossen am wolkenlosen Himmel, wie zu Hause Schwalben oder Mauersegler in den hellen Abendstunden.

Plötzlich schwand das Löschblattrot des Abends, Dämmerung und kurz darauf Dunkelheit ergossen sich tintenblau über den Himmel, erste Sterne und bunte Partylichter flammten auf. Eine sehr warme karibische Nacht schwebte über der Terrasse.

Am folgenden Tag trugen schwarze Diener ein buntes Frühstück mit viel Obst und erfrischenden Getränken in einer schweren Kühlbox zum nahen Privatstrand. Zum Bad servierten sie hübsch angerichtete Speisen, sehr starken Kaffee, allerhand heimische Spezereien, und zogen sich dann diskret zurück.

Jenseits des privaten Sandes blieb der Strand dicht mit Plastikmüll bedeckt.

Einige hundert Meter entfernt, zwischen unvermeidlich angeschwemmtem Müll, nahm die schwarze Dienerschaft dann auch ein Bad. Verwundert sahen unsere europäischen Gäste, dass ihre farbigen Diener samt der langen weißen Hemden und Kleider in die karibische See stiegen.

Fred hätte gern die dunkelhäutigen Mädchen am Strand etwas näher betrachtet, sie, Schätzchen, recht gern den jungen Mann, der sie am gestrigen Abend zur Musik der Steelband im Tanz gewirbelt hatte.

Während Fred samt Frau am Strand lag, war Manfred mit ihrem Gastgeber nach San Fernando gefahren. Verhandlungen stünden an, denn auch ein Besuch auf einer romantischen Insel will verdient sein, sagte Manfred. Der Kern solcher Verhandlungen, streng geheim, war, an einem weit reichenden Netz zu knüpfen. Schnee galt es zu fischen. Von Venezuela her floss auf geheimen Wegen Kokain, auch Koks oder Schnee, Persil, Coca, weißer Koks oder Charli genannt, aus kolumbianischen Höhen über versteckte Labore mitten im Dschungel bis zur Insel und von dort aus in die weite Welt. Für das Kilo sind zwanzig bis vierzigtausend Mäuse durchaus zu machen, flüsterte Manfred Fred gelegentlich zu. Schwarzes Geld, gewonnen durch weißen Schnee, ist recht geeignet auf osteuropäischem Markt blank poliert zu werden. Manfreds Part: Der Wäscher!

Manfred bewährt sich als treuhänderischer Vermittler – ein Königsweg für klingende frisch gewaschene Münze.

Das Feld von Hamburg aus nach Osten eröffnete jetzt seit der Wende ganz neue Märkte. Die Treuhand stützte treu verlockende Wege. Seinen Partnern galt Manfred in Südamerika als Brücke zum neuen Europamarkt/Ost.

Das Geschäftsrisiko: Einige Kugeln im Bauch. Wer denkt denn so etwas?

224

Manfreds und Freddys Part in dem Schneetransportunternehmen galt einer gründlichen Veredelung in diverse Währungen. Schnee ist schließlich weiß, und das erbeutete Geld verwandelte sich über Freds Konten in Felder, Wälder, Immobilien und was es da sonst noch so zu handeln gab. Manfreds Ideen und Beziehungen bei der treuen Hand sind Schlüssel, Höhepunkt und Vollendung.

Am Abend hätte Kennern etwas von dem geheimen Geschäft schwanen können, denn Manfred, beschwingt vom Cuba Libre, folgte summend seinem alten Berliner Ohrwurm: „Mutter, der Mann mit dem Koks ist da."

Gelegentlich lauschten alle drei mit halbem Ohr zur verschobenen Stunde nach Europa. Kein Handy klingelte. Freddys Banken sammelten still Gelder, von denen sie ja nun nicht genug bekommen können. Ihre Bleistiftfabrik harrte noch fülliger Produktion.

Schließlich vergaßen unsere Hamburger Geschäftsleute Europa, Bleistifte und Aufbauwerk Ost.

Eingehüllt in täglicher Wärme, begleitet von sonnenschillernden Kolibris, fremden Viechern und streunenden Hunden aus dem nahen Urwald, gelegentlich brüllenden Ochsenfröschen und leicht schwebenden bunten Schmetterlingen zwischen Palmen, Avocadobäumen und ewig grünem tropischen Kraut, vergeht die Zeit im weichen Bett der Faulheit.

Es liegt sich bequem am Strand im Palmenhain, wenn man die großen Nüsse im Auge behält. Eine harte fallende Nuss aus dem Struwwelkopf immergrüner Zweige am oberen Ende einer langen Palmenstange könnte jede Exkursion sofort beenden.

Junge schwarze Diener erfüllten Wünsche früh wie spät und zogen sich ansonsten unauffällig neben der Villa unter einer Art Carport hinter Plastikplanen in ihr schlichtes Heim zurück.

Auf kleinen Ausflügen nach hier oder da sahen unsere Gäste, dass es wohl die Lebensart der Schwarzen sei, in hölzernen Gartenhäuschen auf Stelzen oder am Stadtrand unter Plastikplanen zu leben. Jeder soll schließlich leben können, wie er mag. Das ist Freiheit! Schaut das nicht aus wie Müßiggang auf der Insel, deren Reichtum in fossilen Geschenken liegt? Sogar Gebirgsstra-

225

ßen im fernen Europa sind mit Asphalt überzogen, der hier als Asphaltsee, Pitch Lake, aus der Erde quillt. Europäische Straßen sollen doch glatt dahin schlängeln, damit flott auf ebenen Straßen gefahren werden kann.

Weiße im Inselreich dagegen verbergen sich gerne hinter bewachten Drahtverhauen auf bewaldeten Höhen, wo ein erfrischender Wind weht. Verständlich, denn mit derart zarter, weißer Haut ist ein Leben in Hütten oder unter Plastikplanen wahrlich nicht möglich. Das soll mal den Schwarzen afrikanischer Abkunft und indischen Hindus neidlos überlassen bleiben.

In ihrer noblen Villa oben in den Bergen über San Fernando saßen Manfred, Fred und deren Partner. Sie baldowerten emsig über Wandlungen des Schnees in Europa.

In Regalen des Treuhandladens lagen immerhin ganze Industrielandschaften, siebenunddreißig Milliarden Quadratmeter Forst und Ackerboden zu lächerlich geringen Preisen. Von ferneren Ostgebieten, jüngst erst den Russen abgerungen, ganz zu schweigen. Manfred hatte wahrlich etwas anzubieten, wonach seine westindischen Freunde lechzten.

Schätzchen vertrieb sich derweil den Tag mit ihrem Tanzboy. Sie bewunderte in einem Stadtpark entzückende schwarze Kinder mit großen weißen Schleifen im Haar. So ein Kind hätte sie gern zum Spielen gehabt.

Mit Erschaudern sah sie Leichen zwischen geschichteten Holzstapeln an einer Uferstraße brennen, hinduistische Sitte. Ihrer Totenverehrung.

Begleitet von ihrem jungen Boy schlenderte sie durch noble Geschäfte, erstand in einer Boutique ein karibisch buntes, sündhaft teures Seidenhemd für ihren Begleiter. Sie bestand darauf, dass er es gleich anziehe. Eigenhändig hätte sie ihm das Hemd gern übergestreift. Er aber verzog sich samt Pistole unter dem Arm in eine Umkleidekabine.

Durch einen Spalt im Vorhang erblickte die Dame flüchtig den muskulösen braunen Körper ihres Beschützers und stellte sich vor, wie sie ihm das Hemd ohne die störende Waffe ausziehen könne.

Sie spazierten zwischen engen, aus Plastikplanen und Brettern gezimmerten Gassen, wo es stank und aussah wie in Filmen von karibischen Seeräubern.

Im Dämmerlicht dieser Lumpenquartiere ergriff sie vorsorglich die Hand ihres Begleiters. Verkaufsbuden, Müllhaufen, Rumschenken und billige Bordelle säumten diese Seeräubergassen. Höllisch aufregend für unsere blonde Dame. Noch nie war ein so hellblondes Weib durch derart verruchte Gassen geschlendert.

Sie lief Spießruten unter kokainlüsternen Blicken aus dämmrigen Schuppen.

Ihr junger Begleiter, am Ort anscheinend bestens bekannt, gewährte Sicherheit mit seinem um die Achselhöhle etwas ausgebeulten bunten Hemd, und als Zugabe schenkte er seiner Begleiterin schweißnass intimes Vergnügen in einer Absteige.

Seine schamlos ausgebeulte Hose zeigte schon länger an, was nun kommen sollte.

Kap. 10
Wie der Herr Oberlehrer entschlossen zur Tat schreitet und seinen ebenso heroischen wie ritterlichen Kampf gegen die Zeit lehrerhaft vorbereitet.

Er schritt entschieden zur Tat, das heißt eigentlich schritt er nicht, sondern fuhr mit dem Fahrrad über seine Brücke und unter der Brücke hindurch.

In der Innenstadt radelte er durch Straßen, immer auf der Suche nach ausländischen Wörtern und gefährlichen besitzanzeigenden Schildern, „Privat" oder „Betreten verboten", „Auf eigene Gefahr".

Wie leibhaftige Hunde sprangen ihn allein schon die Gebote an, bei denen mit Hundeangriffen gedroht wurde, wenn einer es wagen sollte, dem Garten feindlich zu nahe zu treten.

Als er zweihundertsieben und drei Schilder registriert hatte, blieb er mitten auf einem Radweg stehen und grübelte. Wie soll diese Flut von feindlichen Anzeichen jemals eingedämmt werden? Das kann ich nur mit dem Mut der Verzweiflung schaffen, überdachte er stille stehend.

Ein Junge, der eben auch auf dem Radweg flott entlang raste, rief im Vorüberfahren: „Na Opa, kannst nich mehr, soll ich schieben?"

„Für dich, mein Sohn, für dich und für deine Zukunft, stehe ich hier", deklamierte er, schob sein Rad etwas zur Seite auf einen Grünstreifen und entschied sich nach kurzem Besinnen für Bomben.

Bomben von ihm gezündet, selbstlos, mit glühendem Heldenmut. Der einzige Weg, ja, verzweifelte Weg, Opferweg! Heute galt es, heute, damit der Tsunami bedrohlicher Fremdheit schon an der Grenze aufgehalten wird!

Unüberhörbar, wach rüttelnd, werden brüllende Explosionen die Zeit zum Stillstand bringen, Kapital liquidieren, Feindschaften für alle Zeit überwinden! So schoss es ihm in den Sinn.

Einige Meter schob er sein Fahrrad, fand eine etwas erhöhte Stelle, von der aus er mit dem Bein über die Stange seines Herrenrades schwenken konnte.

Nach diesem eben erlebten, erhabenen, berauschenden Augenblick der Erkenntnis seiner epochalen Tat fühlte er sich mit dem Rad fliegend dahin gleiten.

Er schwang sich also auf und suchte weiter nach Signalen des eingedrungenen Imperialismus.

Vor allem in einem angrenzenden Industriegebiet entdeckte er in manchem Leerstand versteckte Besitzungen beschildert. Vermutlich handelt es sich, so meinte er zu wissen, um Rückgaben an damals republikflüchtige Bürger oder an Adelsfamilien, die ja eigentlich als enteignet galten für alle Zeit, neureiche Geldleute, Fremde ...

Aha, hier versteckt sich das Kapital in stillgelegten Industrieflächen, schlussfolgerte er wissend und lächelnd. Von hier wird mein Kampf losbrechen.

Schild Nummer zweihundertsiebzig hatte er eben entdeckt. Oder waren es nur zweihundertneunundsechzig? Er zögerte kurz und überprüfte seine Strichliste, immer vier und einer quer, mehrfach. Er wurde allerdings bei etwa zweihundertfünfzig von dieser wichtigen Überprüfung abgelenkt, denn sein Rad senkte sich leicht und stand plötzlich platt.

Ein rostiger DDR-Nagel hatte sich im Straßenstaub versteckt und nun in den Schlauch seines Vorderrades gebohrt, Luft war entwichen. Der Lehrer stand. Was ihm zu tun blieb, war jetzt ein geordneter Rückzug.

Fast dreihundert Objekte meines Kampfes, sinnierte er nach einem Blick auf seine geheimen Notizen, fast dreihundert! Eine unerhörte Aufgabe. Ich werde mich dieser historischen Mission stellen. Ich gebe mich hin! Durch das ihm sehr vertraute Industriegebiet, in dem er nur noch Fundamentreste, auch

228

seiner ehemaligen Schuhfabrik, unter Brenneseln verborgen fand, bis zur Brücke, blieb ihm ein mühevoller Rückweg. Rundum lag in Trümmern, worauf vor Zeiten auch er stolz sein sollte. Lange Plakate kündeten seinerzeit von Tausenden, die hier mit ihrer Hände Arbeit, nicht ruhend, ein ehrliches Werk schufen. Was galt das heute noch?

Ein Weg der Trauer auf die hohe Brücke. Wie oft war er hier mit Schülern gewesen? Wie oft? Und was nun? Schutt, auf Halde gesetzte Reste von Leben, verstümmelte Heimat.

Das Rad nun schiebend, ging er vom Ort.

„An jedem Besitzschild eine Bombe", rief er leise in die Industriewüste, „an jedem Schild eine! Oh ja, oder nein?

Das wird nicht zu schaffen sein. Doch, doch und die Bomben, zum Fanal sprengende Flammen!"

Woher aber derart Zeug nehmen? Ob mir der Gartennachbar, ehemals Offizier, helfen könnte, fragte er, da er eben sich gegen sein Rad stützen musste, weil ihm war, als versagten ihm wieder die Beine wie neulich schon im nächtlichen Wald und auf der Brücke.

Von TNT Sprengstoff schwadroniert sein Exmajor und Gartennachbar aus aktiver Zeit. TNT aber kann sich nur einer im Westen besorgen, sagte sich der Lehrer, und der Westen war ja noch nicht so richtig da. Zudem, TNT explodiert heftig. Er könnte Menschen wehtun. Das aber lag ihm fern. Auf Menschen zielte sein Kampf nicht, nur auf das Kapital, auf den Imperialismus! Heftige Böller brauche ich, Böller. In jedem Silvesterding sind paar Gramm Pulver. „Das ist der Weg! Das ist der Weg!", rief er leise triumphierend.

„Im Nachbarland soll es so Kram geben für billiges Geld. Daraus könnte ich basteln und dann beginnt eine machtvolle Demonstration für die Menschheit, ein historischer Dienst. Der Beginn einer besseren Zukunft. Schwarzpulver, ja Schwarzpulver wäre genau angemessen, denn das tut dann ja auch nicht so weh, wenn einer mal in der Nähe der Bombe liefe", resümierte er halblaut und zur kopfschüttelnden Verwunderung einiger Spaziergänger.

Einen Mietwagen, Böller aus dem Nachbarland, ja, das ist der Weg beschloss er fahrradschiebend. Das ist der Weg! „Neunzehnneunzig sind wir verkauft worden. Das gilt es zu korrigieren um des leidenden Volkes willen, um der Zukunft willen, um der, um der …„

Er konnte den Satz nicht zu Ende bringen, denn eben schob er mit dem Rad an dem berüchtigten Treuhandhaus vorüber.

Hier galt es zu schweigen: Achtung, Feind hört mit! So konnte er das als junger Mann lesen von gelben Aufklebern an Telefonen, die noch aus der Nazizeit bei der Armee herumstanden. Hier hört der Imperialist nicht nur, hier sieht er, wie es zahlreiche Fernsehkameras rund um das Treuhandhaus bezeugten.

Schwer atmend, doch noch immer planbeseelt langte er in seiner Plattenbau-Siedlung an.

Was kümmerte ihn jetzt die hohe Brücke und Schuhe aller Art, die darüber laufen. Er lebte in seinem revolutionären Plan, sah eine historische Zeitenwende und erlebte, dann schon später beim Abholen des Mietwagens, Stolz auf seine Zukunft, nur Stolz.

Kapitalistenwahn hat meine Frau gerichtet, Opfer von asozialem Luxus und Tot in tausenden pro Jahr! Diese ausufernde Autoflut durchschaute unser OL.

Eine Versuchung, die nur geschaffen war, damit der Bürger hektargroße Supermärkte besuchen kann, kaufen, kaufen! Sale!, Sale!, stand da die Reihe längs, was immer das heißen soll? Raffiniert gefädelt vom Kapital! Raffiniert eingefädelt analysierte er: Man liquidiert kleine Geschäfte in der Nachbarschaft, bietet Kredite von Wucherbanken für den Autokauf und siedelt vor den Städten Supermärkte an, die nur per PKW zu erreichen sind. Wer nicht verhungern will, muss fahren, muss kaufen, Sale!, Sale!, muss sich einreihen in endlosen Konsummarsch!

Zum Sklaven solcher Konsumtempel sind wir wie auf eine Schnur gezogen, verdammt rennend in einer Endlosschleife.

Ist nicht tägliche traurige Wahrheit, dass Autofahren ungesund ist? Tausende LKW, ganze rollende Lagerhallen fahren, zum Vorteil des Gewinns und zum

Nachteil der Gesundheit aller. So hatte er gelesen. Gebilligte und kaum bestrafte Morde auf schnellen Straßen.

Totschlag hinnehmend, hoppla, das ist der Preis des Fortschritts, der nur einen Schritt fort vom Menschen ist. So ist es eben? Wo gehobelt wird …

Denkt der entfremdete Mensch nicht, fragte er sich, rollt, frisst und säuft er bloß? Zerstört er unsere Welt, die einzige, die wir haben und hüten sollten? Sale! Sale! sieht er als er zwischen tonnenschweren LKW mit seinem Mietwagen nach Hause fuhr.

„Ich nicht, nein, ich nicht", rief er sich im Stillen zu, während er, ungeübt wie er war, den Mietwagen zur Siedlung rollte. Nach einigen Versuchen schaffte er es, zwischen Autos seiner Nachbarn einzuparken ohne diese zu tuschieren. Erregt wie er war, vergaß er sein Auto abzuschließen und ging zum Aufzug. Dort fiel ihm auf, dass er den Schlüssel noch in den Händen hielt. Er stand dann und überlegte, ob er das Auto verschlossen habe. „Auto, Auto", rief er sehr laut und warf den Schlüssel auf die Erde. „Verdammte Verführung, übler Zwang!" Seine Autoschlüssel rutschten über den gefliesten Flur vor dem Aufzug. Er suchte diese im Dämmerlicht und warf sie verächtlich in die Tasche.

Für den Abend verließ ihn der Traum von Widerstandsszenarien nicht. Nach der Tagesschau griff er sich aus dem Apothekenschränkchen eine Hand voll Schlafmittel, griff zu der vom Vorabend noch geöffneten Rotweinflasche und spülte die Tabletten hinunter. „Ich nicht, nie", rief es in ihm. Stehend am Fenster ertönte ihm scharf und schreiend: Sale!, sale! dröhnend und eigenartig vermischt mit einem Lachen. Er hielt beide Hände an die Ohren. Das Geschrei verstummte aber nicht. Er drehte sich auf der Stelle. Er öffnete das Fenster. Dann fiel er erschöpft in einen Sessel. Seine Hände zitterten jetzt. Er meinte, sich selber aus einer Höhe dort unter zertrümmert liegen zu sehen. Ihm wurde übel und endlich stieg in ihm eine Dämmerung auf, die seine Sinne umhüllte.

Am folgenden Morgen erwachte unser Lehrer a. D. in Unruhe. etwas verwundert, weil er angekleidet jetzt im Bett lag. Das hätte Martha nie geduldet.

Sein Entschluss von gestern näherte sich nun der Tat.

231

Er fuhr ins nahe Nachbarland.

Mit sich führte er epochale Erkenntnisse und ausreichend Geld, hartes, begehrtes. Er kaufte und versteckte in allen Winkeln des Wagens große und kleine Böller vor den Augen neugieriger Zollbeamter. Heute ein leichtes Spiel, denn im Herbst galt der Zöllner Aufmerksamkeit den Silvesterknallern noch nicht.

Am Grenzübergang erklärte er sich zum üblichen Einkauf im Grenzland, Benzin, Zigaretten (er war sein Leben lang Nichtraucher), Dauerwurst, einige farbige Gläser (von denen Martha ihre Anbauwand im Wohnzimmer längst überfüllt hatte.) Die Gläser standen bis heute, nun allerdings mit einer Schicht Zeitstaub. Sie zu entstauben scheute er immer. Es kam ihm vor als wische er mit dem Staub seine Erinnerung an Martha weg.

„Kleiner Einkauf nur, Herr Zollbeamter", antwortete er, und zugleich meldete sich ihm ein oft geübter Ohrwurm: Die Gedanken sind frei … Wie lange liegt zurück, dass an dieser Stelle er: Genosse Zoll … gesagt hätte oder gar kein Weg zum Nachbarn führte, auch geschossen wurde? , fragte er sich beiläufig.

„Gute Fahrt der Herr."

Und schon befanden sich einige Häufchen Pulver in seinem Zugriff für ein historisches Werk, für ein revolutionäres Werk.

Zu Hause angekommen schritt er umgehend zur Planung. Er bediente sich dabei des strengen Korsetts, das er als Lehrer bei der Vorbereitung seiner Lektionen eingeübt hatte.

Schritt für Schritt ist auszuweisen und dazu die vorgegebenen Varianten von Antworten, so galt es in der Schule. Auf dem Wohnzimmertisch breitete er eine Stadtkarte aus, legte seine Notizen dazu, suchte aus einem Nähkasten, noch von seiner Gattin Martha, Stecknadeln mit farbigen Köpfchen. Signale, wie er sagte, die die Angriffsziele kennzeichneten, hatten rote Köpfchen, die für Fluchtwege gelbe. Neben jede rote Nadel stellte er einen Kronkorken zur Veranschaulichung seiner Bomben, die ja noch zu basteln waren.

Ein Röllchen Klebstreifen, farblos, ein Feuerzeug und zur Sicherheit eine Schachtel Streichhölzer vervollständigten sein Arsenal. Mit drei blauen Nadeln markierte er zuletzt sein taktisches Rückzugsversteck auf dem Angelsteg. Er

232

erhob sich, betrachtete seinen Plan und war zufrieden. Er ging dann zum Fenster, zog die Gardine vor, denn von Balkonen, des war er sicher, sahen Informanten, neue IM. Verschiedene Nachrichtendienste hatten ihn gewiss schon im Visier.

Sollten Schergen oder geheime Staatsschützer später mit Gewalt eindringen, so überlegte er, wenn seine flammende Demonstration vollbracht wäre, würde er nicht fliehen, sondern sich stolz erhobenen Hauptes den Häschern des Kapitals stellen! „Heldenmut", sprach er leise und gedehnt und noch einmal Hel-den-mut, ja, das ist Ziel. Bei diesen Worten reckte er die Brust, streckte sich um circa zwei Zentimeter. An der Innenseite der Tür stand die Höhe angekritzelt.

Für eine erkämpfte Zukunft wird er jedenfalls stehen bis zum letzten Luftholen! Die Beispiele kannte er aus zahllosen Filmen.

Das soll für ihn gelten. Nur er im Bild, aufrecht stehend! Nur er, aufrecht!

Auf Zeitungsblätter schütte er aus den Böllern gepuhltes Schwarzpulver, füllte einige Pappkapseln damit auf und verteilte diese auf der mit Nadeln gespickten Karte.

Jetzt galt aber eine Probe. Der Plan nämlich sah vor, Tag für Tag an verschiedenen Kapitalistenschildern Bomben zu entzünden.

Als Generalprobe nahm er ein Schild an dem versperrten Weg in der Nähe seines Kleingartens ins Auge. Er steckte eine rote Stecknadel auf der Karte an Ort und Stelle. Das gelbe Glasköpfchen wies einen Fluchtweg in den nahen Stadtwald, der ihm ja von seinen nächtlichen Erkundungen bestens vertraut war.

Er plante für spätere Aktionen eine Explosion immer in den frühen Morgenstunden, denn jeder zukünftige Tag der Westokkupation sollte mit einem Freiheitsfanal beginnen.

Zwei Böller von der Größe eines Tischfeuerwerks sollten im Versuch fürs erste genügen.

Zügig verstaute er Böller und Streichhölzer in seiner ehemaligen Arbeitstasche und schob die Tasche vorerst unter eine Liege, damit sie dem Staatsschutz, käme er unverhofft, nicht in die Hände fiele.

„Gewiss sind Geheimdienstler mir längst auf der Spur, Beobachter aufgestellt. Ein feindlicher Zugriff immer zu erwarten", sinnierte er.

Stadtkarte samt eingesteckten Nadeln schob er vorsichtig im Schlafzimmer unter die Betten. Man kannte schließlich unsichtbare Netze von Agenten und IM-Nachbarn landauf und landab. Sicher ist sicher.

Der verbleibende Tag verging mit dem Flicken seines Fahrradschlauches und einigen Einkäufen. Am Abend trank er einen etwas größeren Rotwein, sah ein wenig Fernsehen – wie täglich, nicht der Rede wert.

Lügenbildern, in einer absichtsvoll trügerischen, bunten Welt voller Belanglosigkeiten, erlag er schon bald nach der Wende nicht mehr. Schauspieler, so schien ihm, sind neuerdings stolz, unablässig Kriminelle zu spielen. Der normale kapitalistische Alltag!

„Nein so etwas gab es früher nicht!", sagte sich der Lehrer a. D. Vor der Nachtruhe platzierte er noch zur Sicherheit gleich zwei Wecker auf Porzellanuntertassen und schluckte noch einige Baldrianperlen nach dem Zähneputzen. Laut scheppernde Wecker auf Porzellan waren schon nötig, denn als Lehrer lag er um die geplante sehr frühe Kampfesstunde Jahrzehnte lang noch in fantasiereichen Träumen.

Feucht, dunstig, ein bisschen neblig ließ sich der neue Tag an. Bestens für das Vorhaben verdeckt im Morgengrau.

Er klemmte seine Tasche unter den Arm. Mit dem Aufzug fuhr er hinunter. Natürlich traf er auf seine Nachbarn aus der ehemaligen sozialistischen Hausgemeinschaft im engen Aufzugkasten.

„Hast die Tasche voll mit Bewerbungen. Ach so, bist ja schon raus. Da brauchst kein Bewerbungstraining mehr, musst nicht ein Dutzend Bewerbungen abschicken?", redeten sie, denn sie wussten von seinem Ruhestand und natürlich von seinem ehemaligen Lehreramt.

„Nee, will mal zum Angelsteg, da habe ich noch eine Reuse liegen", schwindelte er geistesgegenwärtig, denn das war für seine Person eine plausible Erklärung zu so früher Stunde.

„Dann Petri Heil! Mach die Tasche mal voll mit die Fische!"

„Danke, Petri Dank! Mal sehen, was sich in der Reuse versteckt hat."

Unten angekommen ging er erst aus dem Haus, gab dann den mit ihm gehenden Nachbarn an, etwas vergessen zu haben, schlüpfte zurück in den Hausflur, nur um später allein gehen zu können. Er lief dann zur Brücke und dort schnell – so schnell es eben noch ging! – die Treppe hinunter. Unter der Brücke fühlte er sich jetzt unbeobachtet. Oben auf dem Gehweg gingen erstaunlich viele Menschen zu so früher Stunde. Mancher hätte mit ihm wohl reden wollen. Aber er war mit allen Sinnen auf sein Werk ausgerichtet. Sollte er dem dort oben hastenden entfremdeten Volk sagen, dass er an ihrer Befreiung arbeite, am Ende von Ausbeutung und Knechtschaft?

Sie werden nie mehr gezwungen sein, ihre Arbeitskraft einer fremden Macht anzubieten. Dessen war er sicher. Wenn wir Glück haben, wird es ein Ende haben mit lebenslanger Ausbeutung. Zum Leben ist der Mensch geschaffen, nicht zum Rennen im Hamsterrad! Aber noch war es nicht, Zeit darüber zum Volk zu sprechen, noch nicht!

Seine Gartenanlage lag still im Morgennebel. Und wie immer, wenn er seidenen Nebelgewebes ansichtig wurde, fiel ihm der in seiner Kindheit gelernte Gedichtvers ein: „Füllest wieder Busch und Tal still mit Nebenglanz." So schön kann die Welt klingen, sagte er sich, so schön klang sie einst.

Unweit am Weg fand er das zu bekämpfende Schild. Er befestigte schnell seine Bombe unter dem Schild, hielt mit zitternden Fingern ein Streichholz an den Zündstummel. Das Zündholz erlosch aber, ehe die kurze Schnur gezündet hatte. Er griff hastig nach einem neuen Zündholz. Es zerbrach ihm in den Fingern. Das dritte Hölzchen erreichte die Zündschnur, aus der nun kleine Funken stoben. Schnell versteckte er sich hinter einem Busch. Er achtete darauf genauso zu handeln, wie es von den glasköpfigen Nadeln auf der Stadtkarte unter den Ehebetten vorgezeichnet war.

Ein eher leichter Knall sprang in den Morgen. Das Schild blieb, wo es war. Bloß ein rußiger Streifen überzog das Weiß und die Schrift. Unser Lehrer fand seinen Versuch überaus gelungen. Der schwarze Schatten wuchs ihm zur finsteren Wolke, die sich über das als PRIVAT gekennzeichnete Gebiet senken wird. So sollten sich fortan schwarze Finsternis und zersplitternde Schilder über Stadt und Kapital legen. Schluss mit der Schuldknechtschaft der Landbesitzer! Hier sind Grenzen zu ziehen. Es wird die Erde, auf der ich gehe, nicht dem Gewinn bringen, der nie den Fuß auf sie setzte!

Tag für Tag schritt unser Revolutionär von nun an geheim zur explosiven Tat. Auf seinen Notizen strich er gewissenhaft ab, in welcher Gegend der Stadt sein hallendes Signal ertönt war. Besonders heikel erschien ihm ein Einsatz in der Innenstadt, obwohl es gerade dort von Kapital nur so strotzte.

Nach einiger Zeit berichteten lokale Reporter von bedenklichen Streichen junger Leute, die der Arbeitslosigkeit wegen sich sinnlos mit üblen Demonstrationen meldeten. Die Polizei verfolge Spuren, hieß es, Schaden sei bisher nicht nennenswert entstanden. Eine Verkehrsgefährdung allenthalben.

Dazu äußerte unser Lehrer: „Typisch für die gelenkten Medien!"

Westdeutsche Professoren meldeten sich bald zu Wort. Sie analysierten ein Bedrohungspotenzial noch aus Zeiten verheerender FDJ-Indoktrination und vormilitärischen Drills auf Befehl der SED.

Daraufhin diskutierten mehrfach die Woche Abgeordnete und Wissenschaftler in Talkshows heftig über die verzweifelte Lage der Jugend in den Anschlussgebieten, über gravierende Demokratiedefizite und Perspektivlosigkeit und ebenso entschieden jeweils über das Gegenteil. Eine sehr linke Dame vom Typ Luxemburg aus dem Parlament sah als erwiesen, wie verheerend Geldmacht in den Händen einzelner eine Gesellschaft zerstöre.

Eher in der rechten Mitte stehende Politiker verkündeten beruhigende Statistiken über vorhandene Feuerlöscher, die immer bereit ständen, jedwedes Feuer zu löschen.

Zu allem Überdruss: ganz, ganz rechte, überraschend auftauchende Nazikinder brüllten von außerhalb zu Trommeln etwas, was, des Kraches wegen, nicht zu verstehen war.

236

Entschiedene Überzeugungen flatterten unaufhörlich als Plakätchen und Flyer jeweiliger Parteien in Briefkästen und Papiertonnen. Es gab so an die fünf Parteien und dem entsprechend auch fünf tiefgreifende Analysen, von denen es jeweils hieß, sie seien unverrückbar, ja alternativlos.

Häufchen ratloser, verwirrter Bürger gründeten Demonstrationen und neue Parteien. Ihnen folgten zehntausende, die alle Misslichkeiten Ausländern in die Schuhe schoben, (obwohl sie von denen noch keine vor Ort gesehen hatten.) Sie schoben auch dann, wenn diese, der Armut wegen, ohne Schuhe über das Meer gekommen waren. Sie fürchteten zudem böse religiöse Einflüsse des Islam auf ihre christliche Kirche, die sie nie aufgesucht hatten.

Repräsentanten neigten dazu, das Vaterland in schwarz und weiß, andere dazu, es in tiefrot und braun zu teilen. Hoch Intellektuelle rechneten mit Intelligenzquotienten, die sie dem einen zu, dem anderen absprachen. Ungeachtet jeglicher Vergangenheit riefen Demonstranten „Wir sind das Volk", und behaupteten nun endgültig im Besitz der Wahrheit zu sein. Wer dem nicht folge, sei bloß der Lügenpresse aufgesessen. Mit entschiedenem Heureka, erkannte unser OL-Analyst: alle Medien folgen dem Diktat einer Quotenmacht, berichten nur, was eben gerade mal in aller Munde ist.

Firmen warben indessen, des wachsenden Lärmes wegen, mit preiswerten Angeboten von Schallschutzstöpseln für die Ohren und gleichzeitig für Knallerbsen, Böller und sonstigen Krach.

Unser Geschichtslehrer schrieb gelassen jegliche Verwirrung und Verirrung seinen dröhnenden Böllern zu. Sie galten ihm als das auslösende Signal landesweit, vorerst nur landesweit.

Er zuerst wusste: Tatsächlich liegen durch seine Taten flächendeckende Verwüstungen vor, kaum überschaubare Zerstörungen, Unruhe, ja fast Aufruhr. Er selbst wisse schließlich von der Gewalt seiner Bomben!

Aber darüber zu berichten verhindere die Staatsmacht, die Zensur des Kapitals. Wer kennt nicht das alte deutsche Wort „wes Brot ich eß', des Lied ich sing", und den treffenden Satz: „Dass nicht sein kann, was nicht sein darf!"

In der Presse las er von einem Staatanwalt Worte über „ewig Gestrige", „Stasi-Seilschaften". Mehr als gefährliche Jugendstreiche stand da verlautbart, denn Staatsanwälte reden nicht, sie verlautbaren, wenn sie überhaupt etwas sagen.

Man müsse schon den Anfängen entschieden wehren, entschieden durchgreifen! Unsere Geschichte lehre, so schrieb der Herr Staatsanwalt, von Braun, von Rot, von Br ...usw. Dessen habe sich gerade ein jeder Deutsche immer bewusst zu sein!

Rundfunk, Presse und TV verfolgte der kämpfende, unbekannten Lehrer a. D. aufmerksam. Der Rundfunk und sogar das nichtsagende Fernsehen hielten ihn immerhin auf dem Laufenden über alle politischen Bedrängnisse, die er allein (!!) seinen Böllern zugute schrieb.

Ein Polizeipsychologe teilte in der Ortspresse mit, dass es nachvollziehbar sei, „wo die Arbeitslosigkeit bei dreißig Prozent liege viele sich Protesten anschlössen. Da sei zu helfen, aber auch polizeilich einzugreifen.

Solche Berichte klangen dem OL nun doch recht bedrohlich. Sie drangen ihm ein bisschen ins Mark und veranlassten unseren Kämpfer eine taktische Kampfpause einzulegen, zumal sein Pulver momentan verschossen war.

Er verzog sich aus seiner Hochhauswohnung planmäßig auf den tief im Schilfgürtel gelegenen, auf seiner Kampfkarte mit drei blauen Nadelköpfen gekennzeichneten Rückzugsort.

„Mein Versteck, mein Versteck", flüsterte er! „Hier findet mich kein noch so schwer bewaffneter imperialistischer Stoßtrupp!"

Weit im dichten Rohr, wo er so oft schon auf Hecht, Aal, Barsch oder Zander und was es da noch so gab, nächtelang gesessen hatte, fühlte er sich sicher. Und hier entwarf er bunte Bilder einer zukünftigen Welt wie Lenin einst vor Zeiten in einer finnischen Laubhütte.

Sein Angelzeug lag bereit, von zwei Ruten trieben schon bunte Posen im Wasser. Ein kleines Zelt, Isomatte und Schlafsack hatte er mit dem Fahrrad herangeschafft und ausgerollt, Proviant und Getränke standen griffbereit. Er war bereit für einen längeren Aufenthalt, in sicherer Obhut eines Meeres aus undurchdringlichem Rohr.

Laue Nacht schlich mit nebligem Grau aus dem Schilf. Eben flogen noch letzte Schwalben und Möwen über dem Wasser. Nun gaukelten Fledermäuse *ihre eckigen Bahnen über dem See. Stille herrschte. Aus dem Röhricht drang ein dumpfer Brummtopfton der Rohrdommel.*

Unser Angler blickte auf seine Posen. Diese schwammen kaum bewegt dahin, manchmal zitterte eine Pose angestoßen oder beäugt von einem Fisch, der in der Tiefe auf seiner Bahn an Wurm und Haken vorüber glitt.

Jetzt nahm der Lehrer einen kräftigen Schluck Grappa aus einer größeren Flasche, schnitt sich etwas Schinkenspeck zum Brot. Und war es zufrieden. Stille, tiefe Stille. Er warf Brotkrumen auf das Wasser und beobachtete, wie Fischkinder hastig nach Krumen schnappten.

Von seinem Steg aus konnte er auf eine Schneise freien Wassers zwischen Rohrdickicht blicken. Ein kleiner Kanal ließ bootbreit Sicht durch den Schilfgürtel. Nur von dort drohte der Häscher Angriff, das wusste er.

Grauer Dunst wob jetzt dünne Nebelfäden über das Wasser. Von fern hörte er einen Bootsmotor leise surren. Kann nur die Wasserschutzpolizei sein, sagte er sich, denn Motoren waren auf dem Gewässer verboten. Er knüpfte Bindfäden von seinen Angelruten um das linke Handgelenk, damit er merkte, wenn ein Fisch am Köder zupft und rollte sich auf seine Isomatte.

Sofort ergriff ihn Morpheus einhüllender Friede. Nach all den aufreibenden Kämpfen flogen Gedanken aus einer Traumnacht. Wirkliche wie unwirkliche Begebenheiten flochten sich zu einem Bild seiner zukünftigen Vergangenheit.

Ruhe über Welt und dunklem Wasser.

Kap. 11

Besuch in einer Mondnacht, Bericht eines Revolutionärs. Wie der Historiker und Geschichtslehrer von seiner vergangenen Zukunft berichtet.

Ein dritter Oktober muss es gewesen sein, bestimmt. Ich erlebte liegend und schlafend auf meinem Stegversteck im Röhricht eine Zukunft, tatsächlich am Dritten! Weiß nicht, ob das Zufall war!

Ein goldener Herbst mit sommerlicher Milde hielt seit Wochen über dem Land. An dem Tag, an dem (weiß bis heute nicht genau warum nun gerade

239

der 3.) für die Obrigkeit Einheitsempfänge und Konzerte geboten werden, für das gemeine Volk vom Band Sonntagsreden in ihrer wohlklingenden Belanglosigkeit ertönen, ist dann für das Arbeitsvolk ein freier Tag, jedenfalls für den, der noch Arbeit hat. Es gibt bei gutem Wetter für Groß und Klein Karussell, Zuckerwatte, Billigkleidung aus der sogenannten dritten Welt, buntes Feuerwerk, Volks- oder Blasmusik im Grünen. Auch Bier.

An jenem dritten Oktober ereignete sich allerdings etwas, was bis heute nicht recht zu erklären ist. Zu unwahrscheinlich ist derartige Geschichte in einer nun verordneten bundesdeutschen Existenz.

Was soll ich sagen: Ich sehe mich da „auf Zander" sitzen, wie Angler das nennen. Barsche oder Hechte wären mir auch recht, Aal immer.

Unbewegt steht Wasser und Schilf. Abendstille, in der sich unsereiner recht geborgen fühlt, schweigt und über das dunkle Wasser hin träumt.

Ein wenig Dunst war hingeschleiert. Nicht dass ein Herbstnebel aufgezogen wäre. Wir hatten einen sonnigen Oktober. Nur ein schwebendes Abendgrau lag über dem Wasser.

Am Himmel flog sacht milchiger Mondschein. Letzte Vögel räumten eben den luftigen Platz für Fledermäuse. Im Dämmerlicht begannen sie ihre wirren, hingeworfenen Flugbahnen über unberührtem Wasser zu zeichnen. Einzelne tupften für Augenblicke in die glatte Fläche.

Ich schneide mir eben etwas Schinkenspeck und Käse zum Brot und nehme einen kräftigen Schluck. Als ich den Kopf zum Trinken anhebe, war mir, als sähe ich ein Boot im Dunst auftauchen. Es trieb am Schilfgürtel entlang, verschwand im Röhricht, tauchte erneut auf, um gleich wieder zu verschwinden. Man reibt sich dann ja die Augen, schüttelt den Kopf, denkt an den Schimmelreiter, Fliegenden Holländer, Geisterschiffe …

Nein, nein, da treibt doch tatsächlich ein Boot. Weder höre ich einen Motor noch taucht jemand ein Paddel oder Riemen in den See. Das Boot gleitet wie von unsichtbarer Hand bewegt. Sollte da ein Informant der Polizei beobachtend über den See schwimmen? Nein, nein. Ein Spion könnte unmöglich wissen, wo ich verborgen liege! Schlief ich, wachte ich?

Selten einmal hatte ich von Geisterbooten gehört, gesehen so etwas nie. Da war mal ein Boot nachlässig festgemacht gewesen und auf eigenwilligem Weg, jemand hatte einen frechen Streich gespielt und Leinen gelockert, ja auch mal ein Unglück geschah.

Bei solch ruhigem Wasser aber lagen Boote sacht schaukelnd am Steg oder zur Seite geneigt wie schlafend im Ufergras.

Wäre Sturm, harter Wellengang, dann … Aber so?

Eben noch meinte ich, das fremde Boot deutlich gesehen zu haben, plötzlich bleibt keine Spur von ihm, so sehr ich auch über dem Wasser suche, alles grau verschleiert.

War wohl doch Trug, Traumbild?

Weiße Nebenstreifen wallen ja manchmal auf und nieder, schweben und weben trügerische Bilder. Im fahlen Mondlicht tauchen, wie von Elfenhand geführt, seidene Täuschungen auf. Leicht bewegter Dust, wie das im Norden genannt wird, ist wie geschaffen für fantastische Bilder.

Aber nein, nein, da war es wieder. Jetzt ganz deutlich, ein Ruderboot, aus grünlich-weißer Plastik. Es trieb auf meinen Angelplatz zu, ohne von Riemen gelenkt zu werden.

Ich hatte eben auf eine sich senkende, wieder auftauchende und hüpfende Pose geachtet.

Da knabbert wer am Wurm, dacht ich gerade, als das Geisterboot seitlich an meinen Steg stieß.

Mit Schreck sah ich: Es liegt ein Mensch im Boot! In der Tat, da liegt wer! Es liegt also tatsächlich ein Mann im Boot, weich gebettet wie für eine Reise liegt einer wie schlafend! Schnell ergriff ich das Boot an einem im Wasser schleifenden Tau und zog es näher heran.

Ich merkte, der da liegt atmet. Riecht er etwa nach Schnaps? Sowas kommt unter Anglern vor! Ich roch aber nichts von Fusel.

Er schien ganz friedlich zu schlafen, und im Schlaf werden ihm wohl die Riemen über Bord gegangen sein.

Ich zog dann den Kerl, leicht war er nicht gerade, aus dem Kahn auf meinen Brettersteg. Mit dem Kopf bettete ich ihn auf einer Isomatte halb im Zelt, das für den Abend aufgespannt stand.

Was nun? Stabile Seitenlage? So etwas ging mir durch den Kopf, Wiederbelebung? Aber der aus dem Boot lebte. Er atmete jedenfalls ruhig. Also schüttelte ich ihn, wischte ihm mit dem Tuch, das ich sonst nehme, um die glitschigen Aale festzuhalten, mit etwas frischem Seewasser über die Stirn. Schon kam er zu sich. Er blinzelte, rieb sich das Gesicht und sah mich ungläubig an.

„Ins Boot gelegt habt ihr mich, ins Boot gelegt, schlafend. Bist du auch einer von denen?", brabbelte er. „Ins Boot gelegt! Du wirst einfach deinem Schicksal überlassen in dem treibenden Boot, wirst abgestoßen vom Ufer, liegst in irgendeiner Strömung. Wo du ankommen wirst, weiß der Himmel, wirst vom Ufer einfach abgestoßen, wenn du endlich eingeschlafen bist. Glück, wenn du nicht vom Bodden ins Meer getrieben wirst, sonstwohin. Den Rest macht die Strömung oder Gottes Hand, wenn's so einen gibt. Na, ich war immer Marxist, glaube nich an Gott.
Gehörst du etwa auch zur Insel? Bin nich weit getrieben in der Nacht? Wo sind wir hier, Boddengewässer, See?", rief er nun recht unwirsch.
„Zu einer Insel gehöre ich nicht, hier ist der Große See, mein Angelplatz. Was für eine Insel meinen Sie?"
„Gehörst nich zu denen, die mich abgestoßen haben, die Henker?"
„Ich verstehe nicht recht, abgestoßen, was meinen Sie damit?"
„Bin ich lange getrieben? Komme aus Werder von der Insel her? Was ham wir heute fürn Tag?"
„Den dritten. Ist Feiertag."
„Feiertag, warum das, war doch früher der siebente."
„Nee ist heute der dritte."
„Warum der dritte?"
„Hat Kohl so gewollt, glaube ich. Keine Ahnung."
„Kohl, der Kanzler von euch?"
„Von der BRD oder Deutschland oder so, das stimmt."

242

„War ich doch länger aufm Wasser von Werder her. Feiertag, Feiertag? Ja, erinnere mich, der dritte, war neu, is so."

„Was sagten Sie? Werder? Insel? Hier gibt es kein Werder auf einer Insel, nur gesperrte Gebiete, Naturschutz."

„Hast den Finger druff. So isses. Könn' Sie nicht wissen, Genosse oder mein Herr, wie se heute alle sachen. Haben Sie hier im Land noch die Einheit, Bundesrepublik, ne Bonner Regierung?"

„Aber natürlich, seit Jahren schon! Die Regierung ist aber inzwischen in Berlin, ist ja die Hauptstadt."

„Erinnere mich, ach so, ja. Hab davon gehört. Stimmt, Berlin also, Hauptstadt der Deutschen Demokratischen Republik. Dacht ich mir doch. Is aber nicht unser Land, sozialistisch, wa? Kapitalisten, na damit muss ich leben. Sind unsere Feinde nun dran, na ja. Zurück darf ich erst mal nich. Gibt's hier Linke auch an der Basis?"

„Kaum, ich kenne paar, soll die geben in der Stadt. Wir brauchen so alte Linke aber nicht unbedingt. Deren Zeit ist wohl vorbei."

„Na, na, wirst dich noch wundern, ohne linkes Bein ist kein Marschieren, sagte mein Vatter immer, war ein Altkommunist."

„Glaube sowas gibt's, kann sein. Sind neuerdings auch Westdeutsche dabei, so abgehalfterte Gewerkschaftsbonzen, DKP-Leute, Altkommunisten, die ne schnelle Mark machen wollen oder den Kapitalismus, die Nato besiegen oder beides, habe ich gelesen. Kümmert mich nicht. Nicht mein Fall? Führe meinen eigenen Kampf!"

„Aha, gut so, Genosse, gegen das Kapital zählt jeder Kämpfer!"

„Nee, nee, Genosse nicht. Davon hatten wir genug! Aber sagen Sie? Woher und wieso kommen Sie mit dem Boot ohne Ruder. Ich kenne hier weit und breit keine Insel, kein Werder, außer im Naturschutz. Aber das war doch immer abgesperrt da lebt wohl keiner."

„Ja, davon weiß keiner, war ja auch früher geheim. Aber erst mal: Also die Einheitsfront unter unserer Führung war siegreich, sag ich. Aber zu Ihrer Frage: Da irren Sie sich. Sie werden das nicht glauben aber uns gibt es auf dem Wasser so wahr es mich hier im Boot gibt, hörn'se!

Die Bonner neunzig haben uns einfach vergessen. Das Stück Land, immer abgesperrt als Jagdgebiet oder Sommerfrische schon beim Kaiser, läuft jetzt sicher unter Naturschutz, betreten verboten, oder so. Na, mir als SED-Mann war das recht. Wollte die Kapitalisten sowieso nicht. Sind auf der Halbinsel abgenabelt geblieben, haben uns eingerichtet. Sind bei der Wende paar Aussteiger noch zugekommen. Das war's.

Rundum warnen Sperrpfähle, Tafeln mit Eulen drauf, auch Zäune. Paar junge Ökologen wollen sogar unser Land erweitern, stell dir das vor, mit Hausbooten oder Schilfinseln wie irgendwo im Ausland, hab vergessen ob in Asien oder Arabien. Jedenfalls im NSW. Die meinen, der Meeresspiegel steige in den nächsten Jahrzehnten, da müssen wir vorsorgen mit schwimmenden Siedlungen, oder so, is Spinnerei, denk ich. Man, kann kaum reden, der Mund is trocken, hamse einen Schluck?"

„Ja, natürlich, entschuldigen Sie. Ich war unaufmerksam. Sie sind sicher halb verdurstet, hier bitte."

„Übrigens: Ihr Ländchen ist untergegangen."

„Woll'n mal abwarten, die Geschichte spricht ein spätes Urteil, sachte mal einer, ein spätes Urteil!"

„Sie erinnern sich an Gorbatschow? Da haben sie etwas verpasst. Sie kennen den Satz: Wer zu spät kommt, den bestraft das Leben. Aber lassen wir das mal. Sie sagen, ein ganzes Stück Land sei vergessen worden? Soll heißen, Sie leben hier im See oder unweit vom Meer, wie ein paar Jäger in Sibirien oder im Urwald? Vergessen, Reservat, Gebiet, das es gar nicht gibt? Aber sagen Sie mal, warum haben Sie sich nicht gemeldet in Bonn? Einfach vergessen, das passiert einer Regierung doch nicht."

„Irrtum, paar Jäger ist untertrieben. Ist schon eine ganz ordentliche Ansiedlung. Ich war damals der Vorsitzende in meinem schönen bestens versorgten Kreis. Genosse Honecker kam hierher immer zum Jagen."

„Aha, Sie als SED-Mann wollten sich nicht melden in Bonn, mal ehrlich?"

„So kann man das nicht sagen. Wissen Sie, die da geblieben waren, sind ältere mit Haus und Garten, meine alten Genossen, treue Genossen, dacht ich

jedenfalls. Is ne andre Sache. Also, da sind noch etliche, die wir Bürgerliche
nannten auf dem Ländchen, ein Pastor, paar junge Schwärmer, Aussteiger,
Intellektuelle, Künstler haben wir auch. Die geben heute den Ton an. Wohnen
inzwischen auch welche bei uns, die in der Bundesrepublik arbeiten gehen,
Zweitwohnsitz, Sommersitz. Is irgendwie illegal und vor allem wegen der Steu-
ern, denk ich."

„Wenn, wie Sie sagen, Vergesslichkeit in Bonn der Grund ist, hätten Sie
später doch erinnern können. Oder haben Sie dort eine geheime Ansiedlung
unbelehrbarer Kommunisten? Mal ehrlich, Rückwärtsgewandte?"

„Schön wär's! Kann einer denken, stimmt, wär was für mich im Amt!
Aber wenn Beamte einmal etwas fest in Gesetze gegossen haben, wie neunzehn-
neunzig, ist das für die Ewigkeit. Beamte könn' sich von Amtswegen nie irren!
Hängen schließlich auch große Staatsverträge, mit Regierungen abgestimmt, in
Paris, London, bei den Russen und Amerikanern an der Okkupation. Alles
mit heißer Nadel eilig gestrickt mit den vier sogenannten Siegermächten. Gibt
kein Zurück. Bonn hat gesiegt und alles eingeheimst, unser schönes Land, den
Sozialismus. Wer wollte das verhandelte Einheitspaket nochmal aufschnüren?"

„Als Historiker und Geschichtslehrer kann ich das nachvollziehen, haben
Sie wohl Recht. Sie behaupten also, dort zu leben und das schon seit der soge-
nannten Wende?"

„Aha, sie lehrten die sozialistische Geschichte, gut so."

„Nein, nein, bin lange im Ruhestand und Ihre sozialistische Geschichte
war ein Märchen."

„Lassen wir das ma!", rief der Mann vom Boot und erklärte:

„Lebte, wohnte! Stimmt. Ich war Chef der SED und der LPG. Ging uns
nicht schlecht damals, oder? War doch nicht alles schlecht in der Deutschen
Demokratischen Republik!"

„Moment, Moment mal. Es kommt immer darauf an, was schlecht oder
nicht schlecht ist, wissen Sie. Ein gutes Gefängnis bleibt dann doch immer
Gefängnis!"

„Gefängnis hör ich nicht gerne. Wir waren umstellt von Feinden. Das
war's."

„Brauchen nicht darüber zu streiten, ist Geschichte. Aber mal weiter zu Ihrer Insel. Oder, Augenblick bitte. Sie haben doch sicher Hunger und Durst? Wollen Sie einen Happen dazu oder noch einen Schluck? Nach der langen Fahrt können Sie sicher eine Stärkung gebrauchen."

„Danke, danke, mit nem Schluck komm ich schneller zu mir. Is mir noch ganz trübe im Kopf und Bauch, Danke, Genosse."

„Den Genossen sollten Sie weglassen, klingt mir irgendwie unpassend, war nie einer!"

„Ach so, ja, na denn Prost. Gemeldet in Bonn, fragten Sie vorhin. Ja, anfangs haben wir das.

Vor allem die, die nicht in meiner führenden Partei waren, die betrieben das. Aber sie kriegten keine Antwort und Briefe kamen zurück, weil die Briefmarken ungültig waren. Auf manchen Briefen stand auch: Empfänger wegen Umzugs nicht erreichbar. Die hatten wohl ihre Berliner Adresse nicht hinterlassen, was weiß ich?

An Telefonen sagte eine Stimme: Kein Anschluss unter dieser Nummer. Wir waren bestimmt lange abgeklemmt. Gab bei uns aber auch ein paar alternative Ökovögel, die wollten mit der BRD nichts zu tun haben, wollten 'nen eigenen menschlichen Sozialismus oder sowas.

Na, mich ham die Naturanbeter nicht mehr gefragt. Hätte denen sagen können, dass der Sozialismus die höchste Form der Menschlichkeit ist."

„Also, ich würde das Ökosozialismus nennen, dafür kämpfe ich auch mit allen Mitteln, mache mich zum Feind oder Helden der Geschichte! Wissen Sie!", korrigierte ich schnell, obwohl ich. „Na lassen wir das …."

„Mal zurück: Sie dürfen nicht wieder auf ihre Insel, sagten Sie. Es gibt also dort Menschen, die für die gleiche Sache kämpfen wie ich. Erzählen Sie, erzählen sie! Meine Sache! Von wem wurden Sie ins Boot gesetzt. Wie kann ich das verstehen?"

„Bleib mal ruhig, Kollege! Wir brauchen Zeit, wenn ich alles erzählen soll. Zeit ham wir ja."

„Haben wir mehr als genug, sagt man. Hier, mitten im Schilf wird uns keiner stören, reden Sie nur, reden Sie!"

„Dann is ja gut! Wir lebten dort von Garten und Land, Tauschhandel. Aber mal der Reihe nach: Als das mit der Okkupation vom Westen über uns kam, saß ich in meinem Büro. Ich wartete darauf, dass der Klassengegner vom Großkapital kommt und mich verhaftet, war ja Chef und der letzte SED-Mann. Es kam aber keiner, auch kein Polizist.

Die Leute von der Insel moserten rum, standen mit Plakaten „Wir sind das Volk" vor meinem Bürofenster, bis ich auszog. Ich blieb dann zu Hause und werkelte im Garten. Gärten und Felder, das war ja unsere Lebensgrundlage geworden.

Wenn Sie auf dem Markt mal was kaufen mit dem Ökosiegel „Grüne Insel", das sind wir, davon leben wir. Da kommt nun auch wieder Geld in die Kasse. Hatten auch noch einen halblegalen Zugriff auf ´ne Müllkippe."

„Moment bitte Kippe, was meinen sie?"

„Na sowas ´ne Müllkippe für Sperrmüll. Sie ahnen gar nich, was heute die Westleute, die ihr ja nu auch seid, alles wegschmeißen, ganze Einrichtungen, Technik und sowas. Mit dem Zeugs konnten wir unsere ganze Siedlung ausstatten und noch Geschäfte machen, Sachen wie neu, technische Geräte, tadellos. Hörn sie mal, das reichte für alle und das meiste war noch tip, top. Ham sogar was nach dem Osten exportiert!"

„Und so blieben Sie dann über die Jahre unentdeckt oder lebten wie ein Indianerstamm am Titikakasee auf dem Wasser. Wollten Sie nicht entdeckt werden? Ist ja großartig. Eine Zukunft, unglaublich!", schwärmte ich und heftete meinen Blick auf die Lippen des Mannes.

„Erst war Stille rundum. Es kamen keine Anweisungen mehr von meiner Parteileitung. Die saß ja nur ein paar Kilometer weit in dem Bürohaus gleich hinter der Brücke, habe dort als junger Genosse meinen Weg zum Kommunisten begonnen. Von dort bin ich auf die Insel delegiert worden, ein Vertrauensposten. Oh ja, war ich stolz damals! Hatten ja unsere Regierenden, Politbüro und so, dort ein Jagdgebiet. Da konnte nicht jeder hin, aus Sicherheitsgründen. Na ja, damit war's dann zu Ende. Sogar Briefe kamen zurück. Aufgestempelt war: Ungültig frankiert, erzählte ich schon. Lieferungen für den Konsum blieben aus. Wir sind irgendwie echt vergessen worden auf der Insel. Uns blieb bloß die Selbstversorgung und für größere Sachen die Kippe. Ernährungsgrundlage war mein LPG-Land, äh, ich mein das Land hatten wir ja. Also meins wars ja nich, verstehst. Die bürgerlichen bei uns gründeten eine Volksversammlung, führten das Los ein als demokratisches Verfahren, behaupteten die. Jeder bestimmte mal mit und jeder vertritt nur sich selber. Das LPG-Land wurde von der Volksversammlung an alle zur Nutzung verteilt. Privateigentum gab's nich mehr. Nur zur Nutzung, nur dafür.

Ich propagierte aus meinen Erfahrungen als Kommunist: Ohne eine zentrale Führung des sozialistischen Gemeineigentums des Volkes ist kein Staat zu machen. Das propagierte ich.

Is dann aber 'ne andre Angelegenheit, die mich ins Boot brachte, später, etliches später. Geben Sie mal noch en Schluck. Danke.

So ging's dann Schlag auf Schlag. Unsre Partei löste sich auf. Fast alle älteren Mitglieder wollten nichts mehr wissen und nichts gewusst haben. Die liefen mit den anderen mit. Ja, manche gingen sogar zum Pastor in die Kirche, plötzlich. Stell dir das vor, ein Genosse beim Pastor, na dann Prost Mahlzeit! Hab' ich selber beobachtet hinter einem Vorhang von der Kneipe aus!", rief er und schlug sich auf die Schenkel.

„Später wurde festgelegt, dass jeder sogar zum Erhalt von Kirche, von Kultur und Kindern ein Drittel vom Bareinkommen zahlen sollte, so ne Art Steuer. Da hatte ich ein Problem, Kirche, Pastor und so! Aber das ging dann. Die Kirche war so was mit Kultur, versteh'n Sie, Kulturkirche nannten die das. Na dann Prost drauf, kann's brauchen."

„Ja, prosit. Was meinen Sie mit einem Drittel für Kinder?"

„Erklär das gleich. Aber sagen wir nicht besser du, wie unter Genossen? Mit Sie – das klingt so anstrengend."

„Meinetwegen, ist mir auch recht. Also du, aber nicht Genosse."

„Na gut denn, hast hier das Sagen. Da war'n drei K, Kinder, Kultur und Kirche un dafür das Drittel vom Bareinkommen. Eine drei K-Steuer. Kirche war dabei, weil die schon an die achthundert Jahre stand. Das alte Ding sollte erhalten werden, na, meinetwegen wär ein Abriss richtig. Aber ich hat' ja nichts mehr zu bestimmen.

Wer kleine Kinder hatte, konnte zu Hause bleiben für drei Jahre, Mann oder Frau. Das musste doch finanziert werden. Ich war dagegen wegen Kirche, nur wegen der Kirche, verstehst?

Kultur und Kinder – dafür Geld geben, na gut, aber bei Kirche? Die sagten und erklärten mir mal, eine Kirche wär für Kultur wichtig, für historische Wurzeln, sowas. Die wollten ein Kulturchristentum, aus Tradition und so. Alle Sakramente wurden abgeschafft, erklärten die in der Volksversammlung. Die sprachen immer von einem Kulturchristentum.

Na, ich versteh nichts davon, weiß gar nicht, was Sakramente sind, kenn nur das Schimpfwort von meinem Vatter: „Sakrament noch mal!", wenn er sauer war. Einzelne junge Leute hatten gewettert gegen die Sakramente, wollten nicht, dass der Pastor so tut, als sei er vom Herrgott bestellt, was ja jeder behaupten und keiner beweisen kann, sagten sie, en Arbeitsvertrag vergibt der ja nich. Aber einen Glauben zu haben sei wichtig, und den hat jeder Mensch, egal, wie der das nennt. Eine Kultur aus christlicher Tradition, sowas. Soll wichtig sein, erzählten manche. Is was dran mus'sch sachen. Ich glaube auch und habe Hoffnung, nenn das nur Kommunismus und so, na is' erstmal vom Kapital verdrängt.

Wir hatten dort ja auch einen Pastor. Ich meinte, für die Kultur brauchen wir doch den nich! In der Sache hatte ich die Jugend auf meiner Seite. Unsre konsequent atheistische Linie mit Jugendweihe ohne en Gott hat sich gelohnt, das war Fakt."

„Darf ich widersprechen? Sie übten Zwang aus, wollten vorschreiben, woran einer zu glauben hat, und das war das Übel. Ich war Lehrer, müssen Sie, eh du wissen. Was so geredet wurde, war sofort wieder vergessen, von wegen Jugend auf deiner Seite. Eine freie Entscheidung bestand ja wohl nur um den Preis eines Nachteils in der Ausbildung. Einen Studienplatz bekamst du auch mit der Eins nicht, wenn du nicht mit marschiertest!"

„Was heißt da Zwang. Es war doch wissenschaftlich erwiesen, dass Religion Opium fürs Volk ist."

„Auch hier muss ich korrigieren. Der Satz von Lenin heißt eigentlich: Opium des Volkes. War wohl am Ende ein Irrtum."

„Is doch egal. Die Wissenschaft hatten wir auf unsrer Seite, und die jungen Leute bei uns auf der Insel meinten auch, dass so Sakramente, so Telefonate mit dem Herrn dort oben, redeten manche, nicht zeitgemäß sind. Ne, is nich meine Welt, veraltet, und dafür Geld geben? Ich als Kommunist! Zu Weihnachten hingen bei uns zu Hause immer rote Sowjetsterne an der Tanne, ne, mit mir nich! Schon, was da alles an altem Kram in der Kirche rumhängt, Bilder, Kreuze mit dem Toten dran, so Schnitzereien. Also nee.“

„Finden sie nicht, dass das, was da so rumhängt, wie sie sagten, unsere Kultur ist, in Kunst gefügte Gedanken unserer Vorfahren seit zweitausend Jahren, unsere Geschichte, die wir achten sollten?“

„Ja, ja, wird immer erzählt. Was heute wichtig ist und immer wichtig war, ist nicht die alte Geschichte, nur der Klassenkampf isses, Kampf gegen Ausbeutung und Globalisierung sozusagen!“

„Vergiss den Klassenkampf. Heute gibt es andere Formen des Aufbegehrens. Mal zurück zu den drei K. Gab es bei Ihnen viele Kinder?“

„Ja, glaube ne Menge. Hab die nicht gezählt. Aus dem Alter, wo man Kinder macht, bin ich ja raus, haha. Der Staat braucht Kinder, is ja klar, sonst stirbt er. Guck dir mal heute die BRD an, was früher drüben war, Westen, da hat keiner mehr Zeit und Geld für Kinder. Bezahlst sogar dafür, dass die in die Schule gehen. Wer das meiste Geld hat, kriegt die beste Schule. Was soll das? Wo soll das hinführn?

Wir hatten früher die sozialpolitischen Maßnahmen in der DDR. Ne Menge Geld für Familien, für Kinder. Das hatte der Parteitag beschlossen. Kinder kosten ja was.

Über so soziale Fragen wurde auf der Insel regelmäßig diskutiert, manchmal auch bei Regen in der Kirche, na, ging nicht gerne rein, unterm Kreuz kannst nich reden, nich frei reden. Kommt dir vor, als ob da einer zuguckt von irgendwo, weiß auch nich. Auf dem Versammlungsplatz, wo das normalerweise beim Wetter lief, war mein Platz.

Eine Fläche war dort angelegt wie eine Freilichtbühne. Manche Bürgerliche konnten reden, mussch anerkennen, als sagten sie Gedichte auf, mit so Rhythmus, redeten mit Ihrem Gereime, glaube die nannten das Elegien, von Gerech-

250

tigkeit und absoluter Gleichheit. Dass Gleichheit als Voraussetzung für Demokratie sein muss, dass Gerechtigkeit aus absoluter Gleichheit im Recht entspringt.

Alle obrigkeitliche Macht wurde abgeschafft! Die Gemeinde ist die höchste Form der Staatsorganisation, alles drüber kannste einsparn. Der Bürger vertritt sich selber, hieß das. So Parolen tönten über Schilfgürtel und Insel. Keine zentrale Führung, nur regional, wo die Leute wissen, was ist.

So kanns nie gut gehen, mein ich! Darauf fress'ch einen Besen drauf. Mich fragte aber keiner mehr, is dann so.

Hätte denen auch ohne Gereime gesagt, dass Freiheit und Gleichheit nur von einer starken parteilichen Ordnung des Proletariats durchgeführt und garantiert werden können. Nur ein Genosse kann ein bewusster Bürger sein, und so. Wir haben noch manche Genossen, die das Archiv unserer sozialistischen Geschichte verwalten."

„Entschuldige mal, wie das, ein Archiv?"

„Das lass dir gesagt sein, unsere Genossen tragen alle Worte des Sozialismus und Kommunismus vergraben im Herzen, sei mal sicher!"

„Na gut aber lass mal den Genossen, lass doch mal die bewussten Genossen zu Hause. Du sprachst von Gereime, Elegien. Das war im alten Griechenland durchaus üblich, diese würdige Form Texte zu sprechen."

„Ja, Elegien, sachte ich doch. Würdige Form, sachte ich. Darf ich da mal lachen, würdig kann nur eine kämpferische Propaganda sein, mein ich.

Also die beschlossen Verteilung von Land an alle. Stell dir das vor. Das ist doch gegen jede historische Erfahrung aus Zeiten des Aufbaus der Deutschen Demokratischen Republik! Ich rief denen zu, war ja nach Hause geschickt, also übern Gartenzaun rief ich: ‚Enteignung und zentrale Führung des gesellschaftlichen Eigentums mit individuellen Anreizen für alle muss unser Ziel sein!' Davon wollte aber keiner mehr 'was hör'n.

Wenn ich manchmal am Abend im Vorgarten stand und Reden hielt zu meinen früheren Genossen, dann gingen die einfach weiter, wollten nicht hör'n auf die Stimme der Partei. Ich hatte mir sogar ein Rednerpult aus der Parteileitung mitgenommen und im Vorgarten aufgestellt hinter schön blühendem

*Phlox und Sträuchern. Das Einheitszeichen mit den zwei Händen hatte ich
vorsorglich abgemacht. Aber hinter Blumen sah das sowieso keiner.*

*Weißt du, ich brauchte so'n Pult zum Festhalten und für 'nen Text. Ich
muss den Text vor der Nase haben, sogenanntes freies Gerede is meine Sache
nich, dafür das Pult hinter Blumen un so.*

*Stell dir vor, die hatten auf der Insel alle Führungsgremien abgeschafft,
kein Repräsentativsystem mehr von führenden Parteien und Persönlichkeiten,
die das sagen haben und immer Bänder mit Scheren zerschneiden, Bäumchen
pflanzen, Kindergärten besuchen und so. Auf der Insel sollte jeder mitreden.*

*Nee so was aber auch. Und wer überprüft ihre Reden, ehe sie auf das
Volk losgelassen werden, habe ich gefragt? Sag mal, wie das gehen soll ohne
parteiliche Kontrollorgane?*

*Jeder Bürger vertritt sich selbst, hieß die Parole, sachte ich schon. Kein Bür-
germeisteramt, keine Führung, kein Präsident, keine Landesvertretung, keine
obere Regierung, keine Parteileitungen mit ihren Apparaten! Nur immer der
Bürger, gerade der vom Los bestimmt war. Das geht schief, rief ich übern
Gartenzaun, das geht schief, Prost auch!"'!*

*„Ich kenne so etwas aus der Geschichte von den alten Griechen, klingt inte-
ressant, was du erzählst!"*

*„Die griechischen Genossen sind ja dann auch im Klassenkampf nicht wei-
ter gekommen. Die sozialistische Geschichte wird mir Recht geben, ihr werdet
sehn, rief ich unermüdlich aus dem Vorgarten."*

*„Du sagtest vorhin etwas von Losentscheid", fragte ich. „Wie ist das zu
verstehen?"*

*„Jährlich wurde gewählt und ein Los entschied darüber, ob einer 'nen Posten
bekommt oder nicht. Irgendeiner aus dem Volk. Stell dir vor, was passiert, wenn
die vom Bundestag oder Landtag jährlich wechseln sollten, wenn jeder aus
dem Volk mal gefragt wäre!"*

*„Wie wurde das denn finanziert, interessiert mich mal, braucht einer ja
Zeit für, die er dann nicht für das Arbeitseinkommen hat, wollte ich wissen?*

*Geld, tausende, Diäten, sowas gab's bei uns nich, hatten ja auch nich so viel
Geld in der Tasche. Gab nur Mindesteinkommen für das Wahljahr. Es hieß,*

die mit dem Jahresamt sollten sehen, wo die Grenzen sind, zur Armut, zum Reichtum oder so, sollten einen Begriff haben von oben und unten, verrückte Ideen, wa?

Bei uns saßen die sogenannten Vertreter des Volkes nicht das halbe Leben lang gut versorgt im Parlament rum. Da ist was dran, muss'ch zugeben. Lohnte sich ja nicht, ewig da oben zu sitzen, wenn's nur Mindesteinkommen gibt in dem Jahr. Wäre das heute so bei euch in der Bundesrepublik, dann riefen alle Abgeordneten Feuer. Die Welt geht unter, die meinten aber nur ihre Brieftasche brennt. Wenn jeder auch noch arbeiten müsste und sich nich hinter Bergen von Papieren verstecken kann. Wer liest denn son Zeug?!"

„Meine Bundesrepublik würd ich das nicht nennen und das heißt jetzt auch Deutschland! Wenn ich dich noch mal berichtigen darf!"

„Egal, weiß schon, Lehrer is' Lehrer. Bei uns auf der Insel sollte keine obrigkeitliche Macht gelten, hieß es. Also nur jeweils einen Polizisten mit einem Dienstrad, sowas gab es in unserem kleinen Ländchen, denn es lebten dort ja nicht nur Bürger mit so Flügeln auf'm Rücken, wenn du verstehst was ich meine", rief der Herr grinsend und reckte seinen Arm zur Flasche.

„Grundlage unserer Demokratie sollte nur immer der Losentscheid sein", erzählte er weiter, nachdem er die Flasche in Reichweite abgestellt hatte. Jeder Bürger ist beteiligt, hatten sich junge Alternative ausgedacht. So wie das bei uns in der DDR mit der Nationalen Front war."

„Das ist ja wohl ein böser Witz, was du da erklärst. Deine Nationale Front war ein Befehlsempfänger für die SED! Ein Haufen unter Befehlsstand. Ich weiß das, gehörte ja dazu in der Blockpartei."

„Aber klar, verstehst nich? Eine Partei muss doch die Führung haben un sachen wo's lang geht. Is doch bei euch auch die CDU, oder?"

„Lassen wir das, erzähl besser, wie das Gemeinwesen organisiert ist. Muss sich ein jeder unbedingt beteiligen?"

„Nu, da hatte jeder seine Marke am Haus, Hundemarke nannte ich das. So ähnlich wie heute überall eine Hausnummer. Die sprachen von Runenzeichen, warn an jedem Haus, an allen Sachen von dir, am Vieh, auf der Weide, am Gerät und so. Also bei mir nich. Ich hatt Hammer und Sichel an der

Hauswand neben der Tür. Alles, was dir gehörte hatte son Zeichen. Also wer zu einem Posten kam fürs Jahr, den hatte dann das Los bestimmt. Das Los war ein Hölzchen mit deinem Zeichen. Wurd das aus dem Beutel gezogen, dann galt das. Stell dir vor. Ich kenne einige in der Nachbarschaft, die wollte ich nicht als Anführer haben, das sag ich Ihnen, eh dir. Prost nochmal denn."

„Augenblick bitte. Gib mir mal die Flasche. Danke. Sagtest du nicht, jeder Bürger vertrete sich selbst, hätte keine Macht über andere. Dann gibt es doch keine Anführer"

„Ja, so hieß es. Ich kenne aber die Verführung, wenn du erst mal an der Spitze stehst, dann …"

„Entschuldige. Es gab doch gar keine Spitze, erklärtest du eben."

„Egal wie, ich traute der Sache nich. Das Volk braucht immer einen Führer. Man sieht das doch heute. Bei euch regiert doch nur das Geld. Was die Geldsäcke und Industriebosse sagen, wird gemacht, so ist das. Parlamentarier sind bei euch Nickfiguren, die ihr gutes Einkommen rechtfertigen, weil sie sich ständig auf Geheiß der Industriebosse Vorschriften ausdenken, die keiner braucht. So, wie krumm eine Banane sein soll, eine Gurke und wie viel Schokolade in Osterhasen kommt. Dass Osterhasen in dem Sinne auch Weihnachtsmänner sind. Also hör mal. So Bestimmungen kommen sogar aus Brüssel, da habt Ihr doch so ne Oberregierung oder irgendwie Führer. Versteht das einer? Wir auf der Insel konnten darüber nur lachen. Woll'n die euch veralbern?"

„Da schütze uns Gott vor. Aber, sag mal weiter, wie war es auf der Insel mit der Wirtschaft, mit Geldsachen, Banken?"

„In dem Ländchen? Da saß gleich der mit viel Geld noch aus der alten Zeit als Finanzchef auf dem Posten. Ich dacht schon: Kapitalismus, Geldmacht! Aber den Platz muss immer einer mit altem Vermögen haben, hieß es, denn, wenn der sich irgendwie verspekulierte, dann musste er mit seinem Vermögen herhalten für den Schaden. Dieser Posten wurde nicht mit dem Los und nicht jährlich besetzt. War ne Ausnahme. Das war mal gar nicht so verkehrt. Musste ich anerkennen, war nich verkehrt, wenn der Bankchef haften muss. Der wurd in ner Volksversammlung mit Murmeln bestimmt."

„Mit Murmeln, was soll das heißen?“

„Komm ich später noch drauf zurück. Erst mal zum Bankfach. Der Bankdirektor hatte unser Geld vom Handel mit Gemüse, Fleisch, Kartoffeln, Sperrmüll und dem Ökozeug, zu verwalten. Nur aufbewahren, nicht rumzocken.

Später ist tatsächlich ein Bankdirektor mal ins Boot gesetzt worden, wie ich jetzt. Aber bei dem war das gerecht. Der hatte bei einer Landesbank außerhalb, also bei euch im Bundesland, Geld angelegt, und das war durch Spekulationen fast ganz verschwunden. Der musste zahlen mit seinem Vermögen und ist auch noch ins Boot gesetzt worden. Hatte fünf Jahre Anlegeverbot.“

„Anlegeverbot? Wie kann ich das verstehen?“

„Der durfte nicht mit entscheiden. Sein Haus und Garten, was ihm geblieben war für die Familie, konnte er bewohnen, wenn er wollte, aber ohne Bürgerrechte. Bei mir wär das nach zehn, is aber politisch unrecht begründet, mussch sagen!“

„Wie man das nimmt, verstehe“, korrigierte ich. „Und ihre Familie, äh deine?“

„Die können bleiben, wenn sie wollen, kann sie auch besuchen oder eben da wohnen, wie ich schon sachte. Öffentlich mitreden darf ich nich, kein Amt und so, kein Los, nicht öffentlich auftreten, keine Murmeln.“

„Kleine Murmeln, Murmeln, sind doch kleine Glaskugeln, hab ich richtig verstanden?“

„Hör'n Sie mal weiter, is richtig verstanden, sachte das schon. Allgemein bekamen alle Bürger ab 16 mal ein Amt mit Losentscheid für ein Jahr. Nur bei Finanzen war der Posten für längere Zeit mit persönlicher Haftung, erwähnte das.

„Ist ja interessant. Wie war das mit gemeinnützigen Arbeiten, Straßen reinigen, alten Leuten helfen, Kinder betreuen und so?“

„Kam alles aus dem Lostopf. Wurde dein Zeichen gezogen, hattste die Arbeit für die Zeit, ging Reih um. Rat oder Parlament überwachten das im Jahr. So ging das auch mit dem erarbeiteten Gewinn. Die machten das wie in der Deutschen Demokratischen Republik – ach ich hör das so gerne, richtig Melodie in dem Titel! – mit den Genossenschaften unter der Führung der Plankommission.“

„Also bitte, muss ich wieder unterbrechen. Solche Vergleiche solltest du lassen!“

„Ne, ne, hör mal wie das lief: Alle erwirtschafteten Produkte wurden verkauft, davon aber abgezogen, was einer vorher als persönlichen Bedarf zu Hause verwendete für Essen und Trinken. Konnt' auch Reet fürs Dach sein, Bauholz, sowas. Mit deinem Zeichen, genauso ein Zeichen wie an deinem Haus, war das immer alles gekennzeichnet. Jedes Vierteljahr gab es sowas wie 'ne Ausschüttung. Der Finanzchef nannte von seinem Überblick über die Gesamterträge einen ausdividierten Gesamtanteil und von dem aus wurde der jeweilige persönliche Bedarf abgezogen. Wenn du wenig verbraucht hattest, was ja von Familie zu Familie unterschiedlich ist, wurde dir das zugute gerechnet. Der Erlös minus die KKK-Steuer wurde dann verteilt an alle.“

„Und hattet ihr auch so etwas wie ein Parlament, das bestimmte, oder kontrollierte?“

„Ja, ja, das gab es oder gibt's ja noch, gab es jedenfalls als ich ins Boot musste. Alle Bürger vertraten sich in einer Volksversammlung, erklärte ich schon. So etwas wie Funktionäre gab es nicht und Beamte, die waren nur zeitweilige Briefträger des Volkswillens. Sogenannte Volksvertreter gab es also nicht. Jeder war nur sein eigener Vertreter und konnte seine Meinung äußern. Mehrheit entschied am Ende. Das konnt' jeder an den Glaskugeln sehen. Es regierten immer fürs Jahr ein Rat der Fünfzig, fünfundzwanzig Frauen und fünfundzwanzig Männer. Immer nur für das Jahr. Letztes Jahr fehlte uns eine Frau, hatten nur vierundzwanzig. Da hat eine Oma einfach ihre Enkeltochter mitgebracht, niedliches Kind, sehr hübsch, hieß Eunomia. Komischer neumodscher Name.“

„Erlauben Sie mal: Neu ist der Name nicht, kann ich erklären. Der ist eher sehr alt, kommt vom Griechischen. Weiß ich zufällig noch aus der Schule. Eunomia, ich glaube sie war eine Tochter des Zeus. Ihr Name stand für eine demokratische, natürliche Ordnung, der Name heißt auch Ordnung.“

„Sind hier nich in Griechenland, sind in der Deutschen Demokratischen Republik!“

„Können Sie vergessen. Um es in einer volkstümlichen Art zu sagen: Der Laden ist dicht für alle Zeit, verstehst du?“

256

„Is noch kein Ja und Amen gesagt, wenn'ch mich mal der Kirchenworte bedienen soll. Woll'n wir mal sehen. Schmerzlich der Verlust, denk immer noch daran, kommt vielleicht mal wieder in der Geschichte des Fortschritts."

„Nun, besser nicht, solch ein Experiment endete für einige tödlich!"

„Genosse war'n se nich, wie ich höre, von wegen tödlich, das war Westpropaganda!"

„Bitte mal weiter im Text."

„Also ich habe wegen der Eunomia gegen Kinderarbeit beim Rat der Fünfzig und bei der UNO protestiert. Die haben mir aber nicht geantwortet. Kam ja noch hinzu, dass so ein hübsches Kindergesichtchen Murmeln einsammelt, wie bei euch das Mode is mit geschönten Wahlplakaten. Stimmen sammeln, bei uns Murmeln. Das ist eine unlautere Beeinflussung in der Umgebung rum und macht am Ende die Leut noch dumm, dichtete ich. Wollt mich auch mal im Lyrischen versuchen, sozusagen Elegien und so. Mir ham die Leute dann ein Plakat illegal vor das Haus gehängt. Sah ich immer vom Wohnzimmer aus, weiß deshalb den Text noch: „EUNOMIA! Raues glättet sie, macht der Gier ein End, Freveltat schwächt sie, sie endet die Werke der Zwietracht, endet schmerzlichen Streites Bitterkeit."

„Sehr schön gesagt. Du redetest aber ständig von Murmeln, was hat es denn damit auf sich?"

„Ja, ja, komm gleich dazu. Einmal im Jahr gab es eine Gesamtberatung des Volkes. Ich sagte dazu immer ein Murmelschmeißen."

„Was bitte?"

„Murmeln schmeißen, ja. Na, wenn wichtige Fragen zur Entscheiden standen, zum Beispiel Anschluss an die Bundesrepublik, Einführung der D-Mark, Vergabe von freiwerdendem Land, was immer unentgeltlich war, nie zu kaufen oder zu verkaufen, dann musste jeder befragt werden. Wir hatten dazu immer ein Volksfest. Zum Haushalt und zum Bürger gehörten ja sowieso immer vier Murmeln, eine rote, eine grüne, eine gelbe und eine schwarze."

„Entschuldigen Sie bitte, wenn ich unterbreche. Murmeln? Kinderspielkram? Hatten wir früher zum Spiel auf der Straße. Ist das Ihr Ernst? Oder: Partei-

257

en tragen bei uns Farben. War das bei Ihnen etwa ähnlich, gab es bei ihnen Parteien, die Farben tragen?"

„Nee, nee, Parteien gab es ja nicht, leider. Meine machtvolle Partei mit ihren Gliederungen fehlte mir, fehlte mir immer. Da gäbe es immer eine angeordnete Flut roter Murmeln! Ich brauche unter mir ein Volk, das zu lenken und zu leiten ist, verstehst du. Ah, Sie oder du also. Na, is so. Wenn sich jeder selber vertritt brauchst du keine Parteien mit langen Programmen wie Wunschzettel zu Weihnachten, hieß es. Das war später mein Problem. Mein Proletariat blieb unsichtbar, weiß auch nich, wo das geblieben war.

Aber hör mal weiter. Jeder Bürger ob groß oder klein bekam also immer vier Murmeln, eine rote, eine grüne, eine gelbe und eine schwarze."

„Haben Sie, oder hast du, Verzeihung, deine Murmeln noch, würd ich gerne mal ansehen?"

„Nee, ich musst die ja abgeben als ich ins Boot kam. Hätt sie gern behalten. Das sind aber Murmeln wie du die kennst, einfach Glas in den verschiedenen Farben.

Die Murmeln wurden, wenn eine Frage gestellt war, als Antwort in die Mitte des Dorfplatzes geworfen. Der älteste von den Fünfzig vom Parlament sozusagen stellte die Frage. Der durfte nich lange reden, nur die Frage erklären, sonst hätte der ja noch parteiliche Überzeugungsarbeit vorgebracht, so Propaganda. Nee, das nich.

Manche brachten die Fragen sehr schön in eine Gedichtform. Bei der Abstimmung war dafür grün, dagegen rot und Enthaltung schwarz. Für geforderte Änderungen gab's Gelb, verstehste? Ganz einfach ohne langes Gerede. Ein Wurf, eine Meinung und fertig.

Du kennst doch die großartigen Reden, Wahlversprechen, bunte Plakate, sowas hier bei euch. Es war bei uns sogar verboten, mit raffinierten Reden andere zu beeinflussen, rumzukriegen, verstehst? Manchmal gab es regelrecht raffinierte Texte. Da musstest du aufpassen. Es gab kein Zwang, keine Parteidisziplin, Fraktionszwang, sowas. Ein Wurf und fertig.

In der BRD bekommt sicher die meisten Stimmen, wer das größte Plakat hat. Was soll das? Habe das mal von Amerika gesehen im Fernsehen von

euch. Da werden die Bürger ja regelrecht mit Plakaten, Geschrei und Gegenge-
schrei in Massen umgetrieben. Das soll wohl Demokratie sein, ich weiß ja nich.
Es muss ja nicht der auch den großen Verstand haben, der die größte Kasse hat
oder am lautesten schreit. Von Anstand gar nicht zu reden! Der hat nur das
meiste Geld eingesammelt, denk ich."

„In Ihrer, ah deiner, SED-Zeit damals, war das allerdings gänzlich ohne
Verstand, nur Gehorsam? Wenn ich mal wieder dazwischen reden darf."

„Nee, nee, das ist eine Unterstellung, muss ich entschieden zurückweisen. Wir
rotteten die Feinde des Volkes aus, Proletariat regierte, so war das, so war das!"

„Ist ja nun vorbei, lohnt nicht darüber zu streiten. Erinnere dich,
Eunomia, heißt Ordnung und diese Ordnung: ,Endet schmerzlichen Streites
Bitterkeit.' Verstehst du?"

„Gut denn, oder nich gut, mal weiter. Auf der Insel galt für jeden die inne-
re Bereitschaft und das Recht unbedingter Teilnahme, so etwa stand es in unse-
rer Inselverfassung. Gib mal noch en Schluck, Danke.

Jeder war dabei. Jeder brauchte dafür auch so Überwindung. Konnt einer
nicht gefällig reden, egal, nicht sehen, nicht hören oder laufen, egal. Eine Mur-
mel werfen, das konnt er."

„Bekamen Kinder auch …?"

„Na ja, ab 16, die Jugend. Aber klar. Jugend muss ja auch leben und wollen
was vom Leben, da müssen sie doch mit entscheiden wie früher bei uns die FDJ."

„Also FDJ, das ist ja wohl blanke Verdrehung der Tatsachen. Die durften
doch nur Murmeln in das von der SED vorbestimmte Loch schmeißen, FDJ
sollte Handgranaten schmeißen, nicht Murmeln, um das mal klar zu stellen."

„Na, na. Keine Falschmeldungen ja, mein ja nur so im Prinzip. Auf diese
Unterstellung brauche ich einen Schluck. Gib nochmal die Flasche."

„Es gab auf der Insel demnach keine Abgeordneten, keine Berufspolitiker?"

„Nein, die waren nach der Wende gleich abgeschafft. Neue bestimmte man
mit dem Los, erklärte ich schon, die Fünfzig."

„Und blieb dann der Garten liegen, das Feld brach, wenn jemand das Los
gezogen hatte? Wovon lebte derjenige, den das Los bestimmte, der musste doch
sicher verwalten, abheften, ordnen, überprüfen ein Jahr lang?"

„Nein, nein, ein Geld gab es natürlich. Habs vorhin schon mal erwähnt, ein Mindesteinkommen. So wie bei Ihnen das Arbeitslosengeld. So in der Höhe. Es galt die Regel, dass eine Besoldung immer für das Jahr am Mindesteinkommen bemessen war. Damit kam jeder für die kurze Zeit vom Jahr hin. Kannste dir sowas vorstellen? Aus dem Fernsehen hörte ich, dass ihr hier eine Arbeitslosenhilfe habt, was für das Wichtigste im Alltag reichen muss. So ähnlich kannste das denken. Wenn dein Los gezogen war, brachtest du ein Opfer für die Gemeinschaft. Das war nu wirklich Solidarität. Prost nochmal."

„Entschuldige, das ist ja recht aufregend! Ich hatte wohl nicht richtig zugehört. Ist alles sehr unwahrscheinlich, fast ein Traum, entschuldige."

„Ja, ja, der Traum vom Sozialismus!"

„Ohne deine Partei hätte das vielleicht etwas werden können, hoffte mancher!"

„Aber nich doch, weist, die Partei ist das Zuhause, musst nur an die Weisheit des Proletariats glauben."

„Glauben? Das Wort passt nicht in die Sache. Eher ging es um Sollen, du solltest dies und das, immer Sollen, nie Wirklichkeit."

„Egal wie. Auf der Insel half jeder jedem, wenn's knapp wurde mit der Ernte oder so. Im Garten, auf dem Acker wächst ja alles auch, wenn du nicht immer daneben stehst.

Na, was meinste dazu, da wär euer Bundestag leer wa, für die paar Groschen findet sich keiner im hohen Dienst. Wär das Parlament leeres Kino, sag ich mal. Na ja, ist ja sonst auch meistens leer. Siehste im Fernsehen."

„Mag sein, mag sein. Apropos Fernsehen. Erkläre bitte. Wie ist das mit der Kultur. Das interessiert mich denn doch. Nur Kugeln schmeißen reicht wohl nicht. Sage mal, wie war oder ist das mit, Theater, Ausstellungen, Fernsehen, Kino?"

„Theater war frei für alle. Wir hatten ja die KKK-Steuer, wie wir das nannten. Für Kirche, Kultur und Kinder die Abgabe. Theater, Kino, auch Studium außerhalb, da brauchte keiner was zu bezahlen, weil das doch von allen geschaffen war und für alle wichtig ist."

„Studieren in der Bundesrepublik ist doch sicher teuer"

„Nee, das war wie in meinem echten Sozialismus der Deutschen Demokratischen Republik. Wer studieren wollte, bekam dafür Geld, das er auch nicht zurückzahlen musste. Mit 'nem guten Beruf zahlte der ja später zum Beispiel KKK-Steuern, und so kam das Geld wieder rein. Was er gekostet hatte, war ja nur ein Vorschuss, zinsfreier!"

„Oh gut. Nun nochmal zur Kultur, Theater, Orchester. Wer finanzierte so etwas?"

„Na, ich sagte doch schon KKK. Das eine K war für Kultur. Fernsehen hatten wir meistens nicht. In einer Volksversammlung flogen in die Mitte oft nur schwarze und rote Murmeln, wenn es um Fernsehen ging.

Volkswille war, die meisten Sendungen, außer Nachrichten, nicht zu übertragen. Sie wissen doch, Murmelnschmeißen. Warum sollten wir bezahlen für Sendungen, die bloß alberner Unfug sind oder Krimis jeden Tag als wär' das Land voller Verbrecher, nee?

Wegen allgemeiner Inhaltslosigkeit und Geschmacklosigkeit blieb der Schirm oft grau. Unerwünscht waren realistische Kriminalfilme sowieso, und dann bleibt ja kaum noch was außer Naturfilmen, Ratespielen und so blödsinnige Bespaßung, entschuldige mal. Sowas machten wir auf der Insel selber.

Na, ja, wer unbedingt son Quatsch sehen wollte, der konnt sich eine Schüssel kaufen, warn aber wenige. Wir hatten ja auch noch die Kirche. Da gabs immer wieder Veranstaltungen, Musik mit der Orgel, aber auch Theater, Lesungen und so. Die redeten vom Kulturchristentum, wie ich schon erklärte. Der Pastor war ja sowas wie bei uns früher ein Kulturfunktionär. Na, versteh nichts davon mit Christentum.

Wir hätten das im Sozialismus gerne abgeschafft, aber was machste dann mit den Kirchen, die überall rumstehen?"

„Mit dem Abschaffen hattet ihr euch arg übernommen. Ist nicht so leicht abgeschafft, was zweitausend Jahre besteht und mit Geboten den Alltag regeln kann, wenn einer will. Aber das Wort Kulturfunktionär stört mich, lass das besser in der Vergangenheit."

„Wie meinste das?"

„Ein Wort hat gewöhnlich einen Gehalt, Inhalt. Es könnte sich beim Wort auch etwas denken lassen. Funktionär, wie einer funktioniert als Maschine etwa, wenn du mich verstehst. Der Pastor sollte eher eine soziale Funktion haben, weil die christlichen Gebote unser Leben bestimmen seit Jahrhunderten. Aber, erzähle mal weiter. Wie war das mit Theater?"

„Ja, ja christliche Gebote, mus'sch ma anmerken. Da war immer eine bürjerliche Macht hinter, mus'sch mal sachen. Ach so Theater", sagte der Herr nun mit alkoholtrübem Blick und leicht rollender Zunge. „Aber ja. Das Tehe …, Theatr frachste. Na, auf dem Markt oder bei schlechtem Wetter im Saal der Gaststätte oder in der Kirche wurden Stücke gespielt oder gelesen. Immer am Geburtstag der Künstler gab's ein Stück. Also Goethe, Schiller, Lessing, Kleist, Brecht solche, immer am Geburtstag. Mit Ausstellungen machten wir das ähnlich. Ich forderte sozialistischen Realismus, so Gedichte von Weinert oder Becher, wie sie in der sozialistischen Schule üblich waren, Sowjetliteratur, sowas. Das brachte mir nur nen Haufen rote Murmeln. Na, das Volk weiß es eben nicht besser.

Es traten auch an bestimmten Tagen Redner auf die Bühne, erzählte schon davon, die lieferten sich Duelle mit Worten zu bestimmten Themen, manchmal in schönen Worten, lange Gedichte, wissen Sie. Mus'sch anerkenn. Rededuelle waren berühmt bei uns. Die Reden durften aber keine aktuellen politschen Anspielungen enthalten, damit das Murmelschmeißen nicht manipuliert wurde. Gab nur alljemeine Themen, ethische und moralische, Philosoph'sches, manchmal auch Kulturreligiöses, wenn der Pastor redete, denkch mal. Na man musst' ja nicht immer hin und damit wollt'ch mich nich befassen.

Manches war mir ja zu hoch, was so geredet wurde, mit so komischen, hochgestochenen Sätzen. Obwohl ich mich doch vierzig Jahre auch mit Reden versucht hatte, war nich meine Welt. Aber früher lebte oft im Volk einfach nich der richtige sozialistische Wille. Wär ja nich zum Zusammenbruch 90 gekommen, wenn … "

Sein Reden klang nun als sei er nahe am Weinen. Ob das am Verlust oder am Alkohol lag, war nicht zu erkennen.

„Moment bitte, nicht der richtige Wille im Volk, sagtest du. Euer Staatsgefüge brach zusammen, weil eure Worte ausgehöhlt waren vom Diktat. Die Sprache ihrer Parteibonzen war nur angeordneter Schall. Da ließ sich absolut nichts bei denken! Nur so hat dein Wort Zusammenbruch den richtigen Inhalt. Für uns Bürger lebte genau der rechte Wille, eine Befreiung, verstehst du?"

„Nee, nee, wir in den Parteiorjanen kannten bloß die Geheimnisse der Werbung nicht, das wird's sein, muss'ch mal richtig stellen, ah richtch stelln. Ich erkannte nämlich bald, mit so Werberaffinesse, Reklame, konntest du, merkte ich bald, konntest Leute auf die Seite ziehen. Mit so hübschen Gesichtern, halb nackten Weibern. Ja das erkannte ich. Mit hartem Geld auch. Unser Aluminiumgeld war einfach zu leicht."

„Was meinst du mit auf die Seite ziehen, wenn ich fragen darf."

„Na, überzeugen, wie früher vom Sozialismus, dass die mitmachen und treu zur Fahne stehen, die Murmel so werfen, wie ich oder die Partei für richtig halten. Gebündelt eben. Nicht nach der unplanbaren Meinung des eijentlich doch unwissenden Werfers."

„Manipulieren, meinen Sie. Wenn ich erinnern soll, ist nicht viel geworden mit deiner Fahne. Du erklärtest zudem eben, dass alle Funktionen oder Posten mit Losentscheid bestimmt waren. Dann spielt es doch keine Rolle, ist ja Zufall. Beim Losentscheid, wie du sagtest, spielt das dann ja keine Rolle."

„Hast du Recht, stimmt auch wieder. Ich denk manchmal noch in parteilich strengen Kategorien, stimmt. Hätt mehr auf Stimmungen hören solln und die dann für die Partei verwenden als lenkende Kraft. Die Partei versprach doch eine gute Zukunft für alle. Reich mir doch mal den Schinken, brauch 'ne Grundlage für den Schnaps."

„Hier bitte, schneid dir was ab."

„Manche lernen eben nie!", stellte ich eben resigniert fest. „Mich interessiert nun aber noch, hatten oder hattet ihr auch eine Justiz, dritte Kraft, Gericht. Wer urteilte bei Verfehlungen"?

„Gut, dass du danach fragst. Ich merkte bald, gerade hier is eine Lücke für überzeugende Reden. Vor Gericht, das lief auf derselben Bühne wie das Theater, da kannste so richtig. Sah ich 'ne Lücke. Die Sache mit den Murmeln verhinderte ansonsten, dass einer das Blaue vom Himmel für eine Zukunft versprach, die kommen soll. Kennste von den Wahlen in der BRD. Mit dem Mittel des Theaters, erkannte ich, da sah ich eine Chance.

Es gab ja kein Staatsanwalt, jeder durfte sein Anliegen vor das Volk bringen auf der Freilichtbühne. Wenn aber jeder persönlich agieren sollte, dann konnte er das mit Worten, klug oder nicht, je nachdem. Ich wollt ja unbedingt für eine kommunistische Zukunft ene Bahn öffnen, zurück auf meinen Sessel. Klare Führung anordnen zum Wohle des Volkes.

Da sah ich eine Chance und eine Lücke, sach ich schon. Mit raffinierten Worten! Konnt einer gefällig reden, sogar Hochdeutsch, wie früher vielleicht der Schnitzler im Schwarzen Kanal, dann ergab sich eine Chance."

„Ach Gott immer diese Rückfälle! Augenblick, Augenblick bitte. Darf ich mal Zweifel anmelden. Mit deinem Schwarzen Kanal, das war dumm für Dumme. War nichts klug, war reiner, arglistiger Schwindel."

„Egal, is' immer eine Mehrheit zu schaffen in 'ner Geschichte. Ich hatt jedenfalls 'nen Plan mit der Führung durch bunte und überzeugende Vorführung, ums Mal poetisch zu sachen.

Die privaten Fernsehsender bei euch mit der Reklame machen das vor oder welche mit gefälligen Rednern in Parlamenten, Wahlwerbung, Propaganda.

Seh' das manchmal. Die schwatzen dir doch glattweg irgendeinen Mist auf und du merkst das gar nicht. Die halten dich am Fernseher fest für jede Menge Werbung. Zeigen dir Abenteuer im Urwald, die überhaupt nie wirklich sind, du staunst, während Darsteller gemütlich ne Menge Geld kassieren, was aus der Werbekasse sprudelt. Macht alles nur der raffinierte Schnitt, Verführung, die Farbe, der Ton, bisschen Sex, raffiniert, wa?

Kommt aus Amerika, ham wir früher verflucht, Imperialisten un so. Das mal nebenbei.

Ich dachte, von der Methode kann ich im politischen Kampf lernen, sah mir genau an, wie die das machen. Musst nur immer mit heimlichen, leicht perversen Gefühlen oder Peinlichkeiten und Superlativen arbeiten und bunt, grell bunt, Tränen, Fleisch, Erotik.

Was du versprichst ist immer das Beste, Größte, traumhaft Begehrteste und so. Musst Versprechungen liefern, dass einer könnte, wenn er nur wollte, Ruhm, Geld, über Nacht berühmt, son Kram wie in Amerika. Was dann jeder Dummkopf natürlich versuchen will wie beim Lotto. Es könnte ja sein, dass … Sowas glauben am Ende Kinder und Schwachköpfe, wie ich schon sachte. Aber so hast du ene Mehrheit."

264

„Bist ja recht in Eifer geraten. Erzähl weiter von deinem Propagandamanöver. Noch einen Schluck?"

„Ja, danke, der Wodka macht revolutionären Jeist!"

„Ist ein Grappa."

„Was is'n das?"

„Ein italienischer Schnaps."

„Gabs früher nur im Intershop, na egal. Das Geld fürn Intershop hatten nur die führenden Genossen. Prost! Ich hatte mir also Westwerbung angesehen. Man, der Grappo dreht aber durch!"

„Grappa bitte, mit „a". Nimm vielleicht ein Stück vom Speck dazu."

„Ja, danke. Dann eben dreht der mit „a", jut! Au Backe! Mal weiter.

Bin mit der Werbemethode vors Volk jetreten im Theater zum politischen Wettstreit, wollte die rumkriegen und eine bewährte, klare Einparteienordnung des Volkes errichten, wie es sich jehört. Sollt Volkswille sein, Mehrheitswille, revolutionärer, verstehste? Mit dem Ziel trat ich auf die Bühne.

Erst hatt ich Beifall und Lacher, aber wie! Ich war überzeugt, allein durch Reden die fragliche Sache als Zukunft ausmalen zu könn. Merkste? Überzeugende Reden sinds, nich Wahrheit oder son Zeugs, wirksame Worte un Bilder, verstehste?

Berge von grünen Murmeln sah ich im Geiste zu mir fliegen, wenn wieder eine Volksversammlung ist.

Einer rief sowas akademisches, ‚mein Bemühen entbehre jeder politischen Ratio' dazwischen. Das ging aber im Gejohle unter. Von den intellektuellen Klugscheißern im Theater sach ich heute nach vierzig Jahren Versuch immerhin, lass ich mich nich aus'm Konzept bringen. Ich wusste ja, was noch kommt, so als Höhepunkt. Es war Zeit für eine neue sozialistische Inszenierung. Ich meine, meine, man der Grappa sollte wirken, nich' der Schnaps sollte.

Meine Worte müssen wirken wie die Presse zu DDR-Zeiten. Habe denen sogar, um ihnen endlich mal die Augen zu öffnen, als Beweis meiner Unterdrückung als Kommunist auf der Insel, das war der Trick, habe denen eine Verletzung am Bein vorjeführt, musste dafür die Hose runter lassen. Da ging was ab.

Wir hatten extra vorher noch geübt mit der Hose. Passende Unterwäsche dazu, dass sich was Männliches abbildet drunter. Meine Worte:

Niederschlug man mich, den Bürger, umstellt war ich von manchem Würger, wollt mir den Standpunkt rauben, sollte euren Worten glauben.

So dichtete ich. Hatte extra geübt dafür. Bei Weinert hab ich gelernt wie das geht mit Dichten! Jawohl!

Da war ein Geschrei. Jeder konnt meine Wunde sehen am Bein in Großaufnahme! Habe denen erklärt, dass mir Feinde des Fortschritts von früher mit Messern bei Nacht und Nebel die Wunde zugefügt haben, Überfall, Überfall! Hat es auf der Halbinsel seit neunzig übrigens nie gegeben. Umso wirksamer meine blutende Wunde.

Egal also. Ich habe den Finger in die Wunde gelegt und Blut vorgezeigt. Das gefällt den Leuten, wenn's nicht am eigenen Bein is.

So Unglücke, Unfälle, Katastrophen seh'n die gerne. Und ich habe gefordert, wenn Feinde der Zukunft mit Messern bei Nacht losgehen auf Bürger, sollte mir erlaubt sein, mit dem Knüppel zurück zu schlagen!

Haste gehört? Feinde der Zukunft!

War wohl ein Fehler in der Rechnung, grüne Murmeln flogen nicht.

Paar alte Genossen hatte ich aber vorher schon heimlich bei mir auf dem Hof gesammelt. Solche, die gern ihre Ordnung wieder herstellen wollten, ihr Amt wieder besetzen wollten, weil Demokratie ihnen zu anstrengend war.

Kurz gesagt, wir hatten heimlich eine Knüppelgarde jegründet. Jeden Morgen war bei mir hinterm Haus Appell. Jeden Morgen wurde die DDR-Fahne gehisst und meine Knüppelgarde vereidigt. Vergatterung nannten wir das, wie bei ner Armee.

Eines Tages aber konnt'n wir unsere alte DDR-Fahne nich mehr finden, war uns geklaut worden, denk ich. Wir konnten den Appell und Fahneneid nich durchführ'n. Weiß bis heute nich, wer die Fahne jeklaut hat; standen noch eine Weile auf dem Hof hinterm Haus rum, dann sind alle nach Hause gegangen.

Meine Genossen Duckmäuser, sag ich mal ehrlich. Die feige Bande sagte, sie müssten im Garten oder auf dem Acker arbeiten, ernten für den Markt am Donnerstag.

266

Frisches Gemüse kontra Revolution, sach ich. Frisches Gemüse, Bio, für ne Revolu …, sowas.

Ich nehm mal noch en Schluck. Das war bitter, sach ich dir, sehr bitter! Na, ja. Prost!

Irgendeiner aus der bürgerlichen Gegnerschaft ist später noch dahinter gekommen, dass meine Wunde am Bein nicht von Feinden sondern von meinem Ungeschick kam. Ich hatte mir beim Sensen im Grasland selber ins Bein gehackt. Sensen ist ja nich einfach, wenn einer immer im Parteibüro saß. "

„Und dann?"

„Terroristische Gemeinschaft hätch gegründet. Die Strafe? Zur Strafe musste ich vor unsre Volksversammlung auf dem Markt.

Es gab als strengste Form der Verachtung ein Zettelgericht. Da kommt mir jetzt noch das Zet oh, das Zittern. Nichts mit Murmeln. Abgerissene Zettel verwendeten die, fast Klopapier!"

„Bleibe mal ruhig, nimm einen Schluck. Prost erst mal, Zettelgericht? Was meinst du damit?"

„Na, es wurden Zettel, so Prost auch, wurden einjesamm … einjesammlt, so Papier, sach ich, Papier. Man, der Schnaps hat paar stolze Prozente, jeu, jeu! Zettel mit Namen und Hauskennzeichen vom Übeltäter, bei mir so Hammer und Sichel. Die nannten das Verfahren Ostrakismus, oder ähnlich. Das Wort, Ostra … und Dings da, vergesse es immer wieder, das Wort soll Griechisch sein. Kenn mich nich aus mit Griechsch, Russsch wär eher, na ja, is auch nich mehr, wasset mal war, egal. Wenn die Mehrheit deinen Namen aufgeschrieben hatte, so aufjeschriem, dann war das Urteil beschlossen. Du bekamst zehn Jahre oder fünf, weniger hatten wir nie. Hatten mir zehn verpasst! Noch am selben Tag wurde ich in Begleitung der ganzen Volksversammlung ins Boot gesetzt. In der Nacht abgestoßen. Jetzt bin'ch hier. Das war's. "

„Moment bitte. Lass mich überlegen. In der Schule lernte ich einst Latein und auch ein bisschen Griechisch.

Ostrakon heißt Schale, glaube ich. Kann auch Tonscherbe heißen. War die Rede von einem Scherbengericht im alten Athen, so 500 oder 600 vor der

Zeitrechnung etwa, Scherbengericht, nicht Zettelgericht, Papier war damals ja nicht verfügbar wie heute. Man ritzte den Namen des Angeklagten auf eine Tonscherbe, und wer am meisten genannt wurde, musste außer Landes für eine bestimmte Zeit. Erinnere mich daran, denn wir spielten das natürlich sofort auf dem Schulhof.

Namen von Lehrern kratzten wir in den Sand oder auf Zettel. Was Kinder ebenso treiben."

Plötzlich spürte ich auf meinem Angelsteg einen kühlen Wind vom Wasser her. Der Windhauch blies meine Traumbilder ins Rohr, wo sie verschwanden wie am Abend das Boot unter Nebelfäden verschwunden war.

Ich blickte mich um. Kein Boot lag am Steg, kein Mensch weit und breit.

Könnt grüne Murmeln werfen, so sicher sah ich den Mann im Boot noch vor wenigen Augenblicken.

Mich fror jämmerlich. Die Nacht hatte ihren dunklen Schirm über dem Wasser aufgespannt. Sterne glitzerten, angeheftet blank am Himmel. Kühler Morgenhauch zog vom See her. Mit gespreizten Fingern der rechten Hand strich ich mir durch das Haar, rollte mich in den Schlafsack, legte den Kopf auf eine Tasche und schlief wohl sofort wieder ein. Neben mir kullerte eine leere Flasche. Auf schwarzem Wasser tanzten Posen sacht, Angelschnüre hingen schlaff gebunden an meinem linken Arm."

Kap. 12

Wie der Herr auf dem Angelsteg ein hoch gerüstetes Polizeikommando erlebte. Er sich im Kampf wähnte, der ihn in täuschenden Gewahrsam verbrachte. Ein letztes Mal in Freiheit sah er die Dame mit den hohen Absätzen.

Er erwachte erst wieder, als ihn jemand an der Schulter rüttelte: „Aufwachen, mein Herr!", rief eine männliche Stimme. „Ihre Angelpapiere bitte."

Noch eben war er nur im Traum so ganz bei sich allein. Jetzt blinzelte er in eine gleißend weiße Morgensonne. Geblendet, halb noch träumend, meinte er Uniformen zu sehen. Von einem Schnellboot sprangen schwer bewaffnete Gestalten, schwarz glänzende Taucher schwammen zwischen Posen. Helme, dunkle Masken, wie er es in Filmen gesehen hatte, Maschinenpistolen, Schlagstöcke und gläserne Schilde umringten ihn. Erstaunt sah er, was die Gestalten alles an Zeug am Gürteln hängen hatten. Er sprang auf und rief: „Explosionen, mein Werk! Ich kämpfe für die Zukunft. Ich stelle mich Ihnen zum öffentlichen Gericht. Soll die Welt erfahren, wie Entrechtete für eine Zukunft zu streiten wissen!"

„Schon gut Opa, die Angelscheine bitte mal", sagte einer der zwei Wasserschutzpolizisten auf dem Steg.

„Ich will gestehen, Bomben gelegt zu haben. Alle Welt hat den Donnerhall vernommen, alle Welt soll nun auch erfahren, wessen Hand den Himmel erschütterte."

„Zeigen Sie uns vielleicht erst mal ihren Angelschein, mein Herr."

„Ja, ja, mein Herr. Herr, Herr das kenne ich. Kapital bemäntelt revolutionäre Taten, will verschweigen, wie des Volkes Seele leidet. Ich kenne die Macht ihrer Worte und Bilder. Was ist schon Papier? Hier sind Papiere. Aber Bürokratie und Justiz verstecken, wollen unseren Kampf nicht anerkennen! Es geht um mehr als um ein paar Fische. Es geht um den großen Fisch, den Haifisch Kapital, den historischen, will ich akzentuieren! Ich erwarte gelassen der Gewalten Härte! Überkomme mich Staatsmacht, Gewalt im Rohr! Ich stehe aufrecht!", rief er und streckte in Erwartung eiserner Handfesseln seine beiden Arme hin, als wollte er Kniebeugen machen.

Der zweite Polizist hob vom Steg aus die gänzlich leere Grappaflasche auf und zeigte sie grinsend seinem Kollegen. „Wolln wir den Opa mitnehmen, der fällt uns sonst noch in den Bach, so blau wie der ist."

„Wenn du meinst."

„Ja, tun Sie Ihre Pflicht, tun sie ihre Pflicht! Blau sind Himmel und Zukunft. Ich erwarte sehenden Auges jede Konsequenz der Entfremdung. Ich stehe nach langem Gespräch in Schilfhalmen aufrecht, habe erkannt, was sich in Unendlichkeiten webt!", rief der Angler, der noch immer mit vorgestreckten Armen leicht schwankend da stand.

Gemeinsam verstauten die zwei Polizisten Angelutensilien und den noch immer mit vorgestreckten Armen stehenden Angler in ihrem Boot. Einer der Polizisten versuchte, die noch immer steif vorgestreckten Arme etwas hinunter zu drücken. Sie blieben steif und so fuhren sie mit dem Angler im Boot zurück zur Wache. Er bestand darauf im Boot zu stehen, was die Polizisten veranlasste, dem Herrn ein Sicherungsseil um den Leib zu winden.

„Ja, ja bindet Volkes Macht, hohe Macht in Ohnmacht hin gewendet!"

Was die Polizei später auf dem Revier zu ermitteln suchte, blieb ein Verkehrsunfall an einer Kreuzung. Eine Art Silvesterknaller war an einem Schild neben der Straße krachend und qualmend gezündet worden. Ein eben vorüberfahrender junger Mann verriss vor Schreck das Steuer, so dass er gegen ein neben ihm fahrendes Auto stieß. Beide Autos standen schnell, wurden aber noch von nachfolgenden PKWs einige Meter weiter gestoßen, Blechschäden summierten sich. Sachschaden blieb nun aufzuklären, kein Personenschaden zum Glück. Nur der Schreck und der übliche morgendliche Stau neben einigen Kosten waren zu beklagen.

„Ich gestehe unumwunden, mahnende Signale in den Morgenstunden zelebriert zu haben. Sie zielten auf den globalen Imperialismus. Auf der Straße zur Arbeit fahrende Kollegen sollten nicht gefährdet werden, wenngleich das Kapital zu strafen ist. Kapital, dass junge Menschen in entfremdete Arbeit zwingt, hörig macht mit Geld und entfremdet vom Prozess der Arbeit, vom Produkt der Arbeit und am Ende neidvoll vom Mitmenschen. Ich werde …"

„Herr Zeuge, entschuldigen Sie bitte, wenn ich Sie unterbreche. Was ich protokollieren muss ist, wie es zu dem Verkehrsunfall kommen konnte, ihr Vortrag in allen Ehren. Sie erklären also, an der Kreuzung einen Böller gezündet zu haben?"

„Ja zukunftweisend, wenn Sie als Wachmann der Staatsmacht jedenfalls noch so weit Verständnis für kämpfende Mitmenschen haben, sei Ihnen Dank ausgesprochen, Dank im Namen eines entrechteten Volkes und die Bombe …"

„Gut, gut. Können Sie bestätigen, dass Sie an der Stelle einen Böller gezündet haben und der von Ihnen verursachte Krach vermutlich eine Verkehrsstörung verursacht hat? In dessen Folge sind verschiedene Blechschäden entstanden", erläuterte nun der Polizeibeamte, nahm seine Mütze ab, wischte sich Schweiß von der Stirn und versuchte vorgebeugt über die Tastatur des PC die richtigen Buchstaben zu treffen.

„Nun, Böller? Das reicht nicht, Wolken schwarzen Rauches und Trümmer. Alles, was dem Kampf gegen den Raub unseres Volkseigentums dient, werde ich unterschreiben, koste es, was es wolle. Ich setze mein Leben im Kampf, Geist und Leben für die Befreiung der Menschheit."

„Ist ja gut, mein Herr. Hier geht es aber erst mal nur um einen Blechschaden für die Menschheit."

„Danke, Herr Polizeiobermeister, danke für ihr Verständnis, nur revolutionäre Kraft bringt uns Befreiung. Sie waren gewiss schon in unserer versunkenen alten Heimat im Amt."

„Leider nicht, mein Herr, Neunzig lief ich noch in Hamburg Streife."

Plötzlich wurde die Tür zum Revier aufgestoßen. Eine Dame stürzte erregt in das Zimmer. Sie trug eine helle Kostümjacke, mit Strass verzierte Jeans und dazu cremefarbene Schuhe mit gefährlich hohem Absatz: „Mein neuer Mercedes ist gestohlen worden, ein schneeweißer", rief sie! „Also da fährt man in den Osten, um beim Aufbau zu helfen, und dann das. Empörend, empörend!"

„Bleiben Sie mal ruhig, meine Dame. Wir werden das gleich prüfen, erklärte der den Oberlehrer vernehmende Polizist. Mein Kollege wird sich ihrem Anliegen sofort annehmen", sagte er weiter und sah verwundert, das sein Klient, der ehemalige Oberlehrer, plötzlich die noch immer gestreckten Arme senkte und nach unten auf die Beine der Dame starrte.

„Sehen Sie die Pumps, die hellen, neuen, ich meine auf der Brücke, auf der hohen Brücke liefen … Die sind es, die! Da ist das Kapital in Verkleidung, das Kapital", flüsterte er. Der Beamte erhob sich etwas, sah über die Rampe auf die cremefarbenen, hohen Pumps mit Pfennigabsätzen.

„Mal weiter mit dem Unfall, mein Herr", sagte er eben in die Beschwerde der Dame hinein, die unbeeindruckt rief: „Nein, ich bestehe darauf, dass sofort eine Streife die Diebe jagt. Sie können ja nicht weit sein!"

„Bitte gedulden Sie sich einen Moment, mein Kollege wird sich sofort ihrem Anliegen annehmen."

Ein junger Beamter war inzwischen hinzugetreten. Er notierte Autokennzeichen, Marke und so weiter, während die Dame vor dem Tresen im Revier unruhig hin und her stakte.

„Einen Augenblick bitte!"

„Oh Gott, die Diebe sind längst über alle Berge. Die Diebesbanden aus dem Osten! Man kennt das aus dem Fernsehen. Bei uns in Hamburg wäre das nicht passiert, kann ich nur sagen. Also nein, unerhört! Sie sollten sich mal Krimis im TV ansehen, da geht es aber fix, sage ich Ihnen."

„Wo hatten Sie geparkt?", fragte jetzt der junge Polizist.

„Vor einer großen Kirche im Zentrum, was weiß ich, wie die Straße heißt. Da ist eine Apotheke, sind Arztpraxen."

„Ja, danke", sagte nun der Polizist, griff zu einem Telefon und rief verschiedene Stellen an.

„Ja, ja, dacht ich mir schon, danke", sagte er nun und zu der aufgeregten Dame gewandt: „Tut mir leid, meine Dame. Sie standen im Parkverbot. Dort dürfen nur Rettungswagen und Krankentransporte halten. Tut mir leid, ihr Auto wurde abgeschleppt und steht unversehrt auf dem Autohof. Ich schreibe Ihnen die Adresse hier auf, bitte."

„Das ist ja unerhört, unerhört! Gibt es denn hier gar keine vernünftigen Parkplätze! Sie werden von meinem Anwalt hören, also unerhört!", rief sie schon in der Tür stehend.

Inzwischen war unser Oberlehrer in einem Büroraum verschiedenen Damen und Herren vorgestellt worden. Er wiederholte, dass er zu seinen Taten stünde und eine Änderung der Welt nun erwarte. „Ich stehe!", rief er wiederholt: „Ich stehe!"

Die Gespräche, besser Verhöre, zogen sich noch Stunden hin, Amtsarzt und Gericht wurden bemüht, und der Geschichtslehrer a. D. fand sich wenig später in einer geschlossenen Abteilung der Psychiatrie wieder. Ärzte und Gericht hatten eine vorübergehende Unterbringung verfügt, eine akute Gefährdung läge vor, Selbst- oder Fremdgefährdung sei nicht auszuschließen, hieß es.

Für den Angler war der Ort die erwartete Inhaftierung, Hochsicherheitsverwahrung. Beschwichtigend, so erkannte er, nannte sich die Station des Krankenhauses, in die er wieder mit vorgestreckten Armen gebracht wurde: Fakultativ geschützte Station.

„Tarnung, nur Tarnung", rief er.

„Ja, Klinik für seelische Gesundheit, da muss ich Lachen, wo es nichts zu lachen gibt. Verwahrung denkender und andersdenkender Bürger, Hochsicherheitsverwahrung erlebe ich! Ha, fakultativ analysierte er sofort, das ist die bösartige Schönfärberei des Kapitalismus, wie sie täglich in den Medien verbreitet wird, um das Volk dumm zu halten. Fakultativ erinnerte er, dem eigenen Ermessen, Belieben überlassen, Wahlfreiheit, da muss ich kämpfen, unablässig. In welchem kapitalistischen Land wäre es dem Bürger überlassen zu leben, wie er mag, zu handeln, wie es die Befreiung der Menschheit erfordert.

Mit mir leiden „fakultativ geschützt Menschen" in Verwahrung, nur weil sie meinten, ihren inneren Stimmen folgen zu müssen, ganz ausgefüllt sind von Befehlen, die aus der Welten Zustand kommen. Weil sie die Welt der Tiere und Pflanzen innig liebten, mit ihnen vertraut redeten. Sie litten darunter nicht grün zu sprossen wie ihre Freunde in Feld und Wald. Ihnen wird verwehrt über Wasser zu gehen, mit Steinen zu reden.

Ja, sie bekamen Weltgifte gespritzt, wenn sie stolz verharrten, was ihnen ein Abbild der ermüdeten Wirklichkeit ist, nur saßen oder schaukelnd ihre aufgerufenen Gedanken pflegten, in eine noch von keinem Menschen je gesehene Weltall-Leere blickten. Sie riechen, sehen und hören aus der Welten Übel die Gerüche des Untergangs, dem zu wehren ihre inneren Stimmen befehlen. Sie sind nicht der unvollkommene Selbst, nein, sie sind mehr in ihrer übermenschlichen Kraft. Sollen auch sie laufen wie Milliarden im Mäuserad?

„Ich verkünde endlose Ziele, endloser Ziele folgen, fakultativ, ha, ha! Wir rennen in einem Fliegenglas, ausweglos, und nur wir vermögen einen Weg zu weisen!", schrie er den Pflegern ins Gesicht. Er erkannte seine „Pfleger" schließlich als Wärter, ja bewaffnete Wärter im Hochsicherheitsknast.

„All meine Leidensgenossen und Genossinnen hier schmachten unter der Macht des globalisierten Imperialismus, leben unter Verschluss von einer Welt, die unserer Opferdienste bedarf, die Befreiung ersehnen."

Er sah um sich Frauen und Männer, von denen er wusste, dass sie wie er durch Bilder hindurch flohen, abprallten an einer feindlichen Realität, verbraucht worden waren und nun unter Verschluss vegetieren. „Sie allein sind die Weisen des Jahrhunderts, ihr allein", rief er laut auf dem Flur der Klinik.

Kein ersehntes fernes Wurmloch im All stand ihnen nun erreichbar, die bessere Parallelwelt verborgen hinter tristen Alltags Gefangenschaft, hinter Imperialistenmüll. Uns zwingt das Kapital wie eine verbrauchte Münze, abgenutzt wertlos zu werden, depravierend hinzugehen, jenseits jeder Tat!

Versperrte Fenster und fehlende Türklinken bestätigten seinen Verdacht. Zur Tarnung trugen überall Wachmannschaften Kleidung wie in einem Krankenhaus.

Wir aber werden weiter Befehlen gehorchen, die nicht der Welt des Kapitals entweichen!

Unsere Stimmen weisen in eine neue Sphäre. Ihnen zu folgen ist unsere Heldenpflicht für alle Zeit, alle Zeit!

Zurück zu meinem Alltag 1994

Februar

Noch im Winter mit der Kinderschar in den Bergen, Riesengebirge. Dort fanden wir Schnee, der sich bei uns rarmacht. Mit den großen Töchtern auf dem Hang um die Wette gekurft.

14. März 1994

Ein paar Notate aus gewöhnlichem Alltag: Unser Dezernent für Ordnung und Sicherheit findet, dass der Aufruf „Bunt gegen Braun" eine Unruhestiftung ist.

Rechte planen momentan nicht zu demonstrieren, meint er zu wissen. „Die Linken suchen nur einen Vorwand, Unsicherheit zu schaffen."

Bubis, der Vorsitzende des Zentralrats der Juden, wird von NS-Veteranen Volksverhetzer genannt.

Ich fragte meine Kollegin, wie sich eine Praktikantin, die ich empfahl, in der Arbeit mit psychisch kranken Bürgern anstellt. Antwort: „Die kannste ins Gas schicken."

Wir haben einen neuen Oberbürgermeister. Mit Hilfe der PDS gewann die SPD. CDU hat das Rennen verloren.

Von der CDU heißt es mit ideologisch eingefärbten Wörtern: Nun werden die Westinvestoren, (die sich bisher kaum meldeten) in Scharen weg bleiben! Eine liebe Partnerstadt West legt eben mal die Partnerschaft auf Eis.

Der juristischer Berater von „drüben" kündigt. Er könnte die nötige Loyalität dem OB gegenüber nun nicht mehr aufbringen. Ist das bundesdeutsche Demokratie? Muss ich mich wohl erst noch daran gewöhnen, dass viele unterschiedliche Stimmen durch den ungeteilten Himmel schwirren?

7. Mai 1994

Aus einer Wochenzeitung: Unser letzter deutsche Kaiser sagte zum Umgang mit Juden: „Das Beste wäre Gas." Eine Zeichnung glücklicher Deutscher in einer „gereinigten" Stadt, daneben das Pogrom alle Straßenlaternen Galgen, Geschäfte vernagelt …, lange vor 1938.

1984 erklärte eine Freundin meiner damaligen Frau, die in Leningrad (St. Petersburg) studiert hatte: „Du hängst ein Schwert über das Kind." Unsere Tochter heißt Judith. Antisemitische Tradition in Europa.

20. Mai 1994

Besuchte meine frühere Familie. Schmerzlich, Kinder und Haus so fremd zu sehen. Da ist ein neuer Mann. Die Möbel stehen anders. Normal, und doch kleine Stiche. Meine Tochter ist fröhlich, der Sohn faul und eigenwillig (wie immer). In der Schule verweigert er sich beharrlich den Geboten der Lehrer, die gestern noch ganz andere Worte redeten. „Die haben uns schon zu viel erzählt!" Im Kindergarten nannte er Erzieherinnen Entzieherinnen.

Meine ehemalige Frau erzählte von einem jungen Mann, für den sie vor Gericht bürgen wollte. Der Junge ging gerne mit Freunden „Neger aufklatschen". Es kam nie zu einer Gerichtsverhandlung. Für ihn bürgte der Staatssicherheitsdienst und gewann einen IM.

In meiner „Akte der Stasi" entwarf Leutnant Fleischer 1989 den Plan, mich unter dem Decknamen „Ambition" zu ähnlicher Mitarbeit zu pressen. Mich hätte eine Disputation mit dem uniformierten Mephisto gereizt.

PS: Ein vertrauter Bildhauer aus dem Nachbardorf, oft unser Gast, diente über Jahre als IM.

Sommer 1994

Beschwerden von Eltern erreichen mich. Wir waren früher immer im Sommer vierzehn Tage in einem Ferienlager, heute ist das nicht mehr möglich, sagen die Eltern „meiner Kinder". Unsere Tagesstätte heißt nun Schule, und Lehrer, so wird mir vom Ministerium berichtet, haben Anspruch auf die Ferienzeit wie alle Schulen und Kinder. Erzieherinnen allein dürfen mit den Kindern mit schweren Behinderungen nicht in die Ferien fahren, sagt eine Verordnung. Wir hatten vor der Wende nie eine so großzügige Ferienzeit in Anspruch genommen, waren jedes Jahr in einem Ferienlager! Das gibt es nun nicht mehr.

1995

Alkoholismus ist ein Problem. Zu Zeiten der DDR, fast ein Tabuthema, wurde getrunken bis in höchste politische Kreise (Politbüro), ohne Worte und billig.

Eine Heimstadt für den Hilfsverein soll gemietet werden. Das Haus liegt etwas außerhalb. Im Liegenschaftsamt heißt es: „Die jüdischen Erben des Grundbesitzes leben über die Welt verstreut und deren Anwälte traktieren die Stadt mit bösartigen Briefen."

Hier werden die per se unschuldigen Wörter „traktieren" und „bösartig" im Satz zu Verbrechen.

18. Februar 1995

Sprache im Büro. „Andenken" hat sich nun etabliert. Ich hörte das Wort schon in Nachrichten. „Gekämpft" wird um alles im Leben. „Volksläufe" gab es reichlich, „Volkswandertage", Goebbels erfand seinerzeit gar „Suppentage". Alle wollen unablässig alles „vernetzen" oder „Entscheidungsketten" bilden. „Sozialhilfeempfänger", „Arbeitslose", „Behinderte" sind eine besondere Gruppe wie „Asylanten", „Ausländer" und „Wohlstandsasylanten".

Heute sagte ein Mitarbeiter: „Wir müssen eine knallharte Immobilienpolitik auf die Schiene setzen!" Diese Worte hatte ich nicht „auf dem Schirm". „Ankurbeln, Anleiern, Anschieben, Anstoßen, Durchziehen" sind Technizismen, die ausdrücklich nicht auf Technik zielen. Da wird ein „Konjunkturmotor angekurbelt". Phrasen wuchern, obwohl gerade heute dank der Elektronik kaum noch etwas zu kurbeln oder zu leiern ist. Wie kommt es zu einem solchen Sprachphänomen? Wird der Menschen zu Funktionen von Dingen?

Auf dem „Weg" zum Begriff, wird das Ikon (Wort) bestimmt von Merkmalen des Dinglichen.

Wie will einer eine Diskussion „anschieben"? Fast plötzlich gibt es überall nur noch „Bereiche". Das Haus hat keinen Eingang mehr sondern einen Eingangsbereich, Bereich wird überall angehängt. Lebensbereich, Sportbereich, Fußballbereich, Sicherheitsbereich (das geht wohl noch an), Asylbereich, Gesangsbereich, Schulbereich, Pflegebereich – endlos … Psychologisch interessant. Mag der Schreiber sich nicht konkret festlegen, will sich aufblähen? Irrt er haltlos im „Bereich" umher und findet keine Tür?

26. Februar 1995

Mein lieber Sozialamtsleiter erklärte heute in einem Gespräch, es ging um Arbeitsplätze für Menschen mit psychischen Behinderungen: „Solche Behinderten können wir in der öffentlichen Verwaltung nicht anstellen. Das ist dem Publikum nicht zuzumuten!"

1. März 1995

Ein Heim für asylbewerbende Bürger aus dem Balkan und aus arabischen Ländern ist weit außerhalb der Stadt mit Containern aufgestapelt worden. Ohne Rücksicht auf religiöse und familiäre Beziehungen „wohnen" die Gäste in Enge. Ein Mitarbeiter erklärt „wissenschaftlich": „Untersuchungen bei Ratten hätten gezeigt, dass soziale Spannungen, ja Aggressionen wachsen, wenn zu wenig Raum für die Individuen vorgegeben ist."

Noch im März Winterurlaub im Gebirge, Beskiden, auf slowakischer Seite. Wollte mit den Kindern um die Wette den Hang hinab fahren. Kann kaum noch mithalten. In der Nähe steht eine gewaltige Befestigung aus dem Krieg. Ist hier der Kampf um den Dukla-Pass gewesen?

Ich komme nicht ohne Erinnerungen an den Krieg durch die Zeit. In allen Ländern suche ich Spuren. Sehe ich einen Betonklotz, frage ich mich, ob hier ein Bunker war.

Es ist Sonne, sauberer Pulverschnee und mich ziehen Assoziationen in den Krieg meiner Kindheit.

23. April 1995

Der „Hartmannbund", konservative Vereinigung der Ärzteschaft, möchte den Grundbesitz von etwa 500 Hektar zurückübertragen haben. Am Ort war die „Reichsärzte-Führungsschule". Wer beteiligt war an Vergasungen, medizinischen „Experimenten" wurde hier „rassehygienisch" geschult. Fachwissenschaftler erklären: Fast die Hälfte aller Ärzte wären bis 45 Mitglieder der NSDAP gewesen. Hartmannbund tritt später vom Ansinnen zurück. Er möchte nun doch nicht Rechtsnachfolger von „rechts" sein. Können wir von unserer Geschichte „zurücktreten"?

Datum vergessen. 1995

Bekomme in Ablichtungen „meine" Stasiakte zugeschickt. Es sind nur Aktenblätter, Briefe, Meldungen, Berichte sind nicht erhalten. Sie wurden gewiss vom Reißwolf geschnitzelt. Mit Decknamen sind die vier „Freunde" benannt als „Gildemeister", „Paul Fiedler", „Tamara" und „Bertrand". Sie beobachteten mich auf Schritt und … So etwa „Paul Fiedler", ein toller Deckname. P.F. ist eine Romangestalt von Jochen. Noch im Sommer 89 wurde bei „Stasis“ vorgeschlagen: „1. Vorbereitung der Kontaktaufnahme zu Ambition (Deckname, V. K.) im Zusammenhang mit der Gewinnung für eine inoffizielle Zusammenarbeit mit dem MfS.“

Das ist der machtvolle (?) Nominalstil. Wer Substantive aneinander reiht, klingt siegreich. Zur „Kontaktaufnahme“ kam es nicht mehr. Meine IM tauchten unter, der Stasigeneral schoss sich im Keller eine Kugel in den Kopf.

Sommer 1995

Lese in den Tagebüchern von Viktor Klemperer. Sein Buch „LTI“ hatte ich lange schon gelesen, immer wieder. Im Osten galt „LTI“ als Rezeptbuch für geistige Hygiene. Klemperer schrieb, nach einiger Beobachtung unseres sozialistischen Sprachgebrauchs, man könne nun ein „LQI“ schreiben, Sprache eines „Vierten Reiches“.

Ist denn keinem aufgefallen, dass nichts gewonnen ist, wenn erst der eine den anderen „ausrottet“ und dann der andere den einen? Tausende Beamte noch am Werk sind, „unschuldige Schreibischtäter“?

4. Januar 1996

Erste Erkenntnisse aus der Notatesammlung der Jahre. Auf der Suche nach den Grenzen meiner Welt, die meine Sprache zieht. Ich suche eine Sprache. Ist EINE Sprache nicht schon falsch? Das Sprechen meiner Sprache ist meine Art zu leben, ist Teil meiner Handlung, und da alle jeweils handeln, wie es ihres Sinnes ist, erscheinen Sprachen in verwirrender Vielfalt.

Mich beunruhigt diese Vielfalt der Sprachen. Wir kannten bisher eine gewünschte und wussten wozu wir uns be- oder abkehren sollten. Heute? Leben wir zweisprachig, Privatsprache zu Hause, im Dienst die (vermeintlich) geforderte?

10. Januar 1996

Könnte Erasmus von Rotterdam helfen: „Alles, was ich sage, sei Gespräch, nichts davon sei ein Rat. Ich spräch nicht so kühn, wenn man mir folgen müsste." Nein. Er wirft mich nur zurück auf eine Ungewissheit, auf Wissen, auf Glaube, auf meine Grenze!?

12. Januar 1996

Heute sagte mir der Personalchef des Hauses, er habe die Reservisteneinsätze der NVA gerne mitgemacht. (Leutnant der Reserve). Dagegen zu sein hätte „keinen Sinn gemacht", hätte nur Schwierigkeiten im Betrieb gebracht. „Wir sind ins Gelände gezogen und haben uns einen schönen Tag gemacht. So schlecht war das gar nicht."

27. Januar 1996

Der Bundespräsident bestimmt den 27.1., den Tag an dem Auschwitz befreit wurde, zum nationalen Gedenktag. Sehr gute Tat!

Februar 1996

Ich „habe Rücken". Eigentlich war wieder eine Reise in den Schnee geplant. Meine Bandscheiben zwischen L4 und L5, da irgendwo, machen einen Schmerz, der mich dummerweise zum Lachen anregt. Bekomme Physiotherapie und gehe deshalb in einer Zeit, in der man gewöhnlich zur Arbeit ist, etwas steif durch die Straßen.

Mir wächst langsam ein Gefühl zu, zur Unzeit durch die Straße zu wandern. Die Leute an den Fenstern werden denken: Noch so einer von den Arbeitslosen. Einer über 50, der wird keinen Platz mehr finden. Investoren aus dem „Westen" halten sich rar. Und sie wollen junges Volk.

Schlendern am Vormittag. Vielleicht noch Bier trinken am Tag vor einer Kaufhalle (heißt nun Supermarkt) … Mich quälen meine Beobachtungen gewürzt mit Vorurteilen. Wir beschäftigen in unserem Verein allein 200 arbeitslose Bürger (ABM) mit öffentlichen Aufträgen, die wir mühsam zusammenbetteln. Was sollte ich denen sagen, die am Fenster stehen …

Unnötige Entschuldigung und bohrende Wörter, bundesdeutsches Über-Ich …

Ich gehe schneller, möglichst zielsicher. Die Mitlast wird geringer. Zu Hause setze ich mich an den jüngst erworbenen PC. Erst nun verlassen mich bedrückende Gedanken.

Die Zeitungen melden ca. 20% Arbeitslose! Parteien üben sich in Beschwichtigungen, Hinweisen auf die Zukunft (wir sollen), es melden sich Schönredner und „Miesmacher" (Vorsicht, LTI-Wort). Wer in der Opposition ist, findet das Wetter schlecht, wer regiert sieht Sonnenschein am Horizont. Vielzahl an Stimmen verwirrt. Was soll ich glauben? (E. von Rotterdam: Alles, was ich sage sei Gespräch …)

Sieh aus deinem Fenster!

CDU-Funktionäre aus dem Stadtparlament finden, dass ich als Mitarbeiter im Büro des Oberbürgermeisters nicht nebenbei, oft in der Freizeit, einen Verein leiten dürfte. Wir beschaffen mit Arbeitslosen Arbeit für Arbeitslose, Michas Idee in der allgemeinen Trübsal, kehren die Krümel unter dem kapitalistischen Tisch zusammen. Der OB wird aufgefordert „zu unterbinden". Danke, es kümmerte ihn nicht.

5. März 1996

Besuche endlich die Synagoge in Berlin. Mein winzig kleiner Anteil (1000 DDR-Mark mit meiner damaligen Frau zusammen unter ihrem Namen, dem gemeinsamen Familiennamen Koseleck) am Aufbau des Hauses stiftet mir eine wohltuende Beziehung zu dem

Haus. Schwer bewachte Polizisten stehen vor dem Eingang. Sie beobachten mich, der ich nur näher treten will, um die Ziegel zu berühren. Es ist ein schöner Tag. In einem Innenhof des Restaurants nebenan setze ich mich. Das tue ich gern. Nur ein Glas Wasser und ein paar freundliche Worte, wie es das früher einmal gegeben haben soll. Hier und jetzt fühle ich mich geradezu abhängig von einem freundlichen Wort. An meinem Tisch sitzen Franzosen, da bleibt es beim freundlichen Blick. An einem Verkaufsregal finde ich Ansichtskarten, freche, besinnliche, hübsche. Ich kaufe eine knallrote mit dem Text: „Civis sind keine Mörder". Wieder zu Hause im Büro hefte ich die Karte innen an meine Bürotür neben der Abbildung des Genoms und einigen Vokabeln italienisch. Zwei Tage später ruft mich der CDU-Kreisvorsitzende an: „Sie haben ein Plakat mit politischer Propaganda gegen die Bundeswehr an der Tür."

„Woher wissen Sie das? Waren Sie hier?"

„Das tut nichts zur Sache."

„Ich kaufte die Karte übrigens neben der Synagoge in Berlin."

„Das ist ganz egal. Politische Demonstrationen sind im öffentlichen Dienst untersagt."

„Woher wissen Sie von der Karte? Sie waren doch nicht in meinem Büro?"

„Das tut nichts zur Sache! Es wurde mir gemeldet."

„Wer bitte fand sich da meldepflichtig?"

„Das ist ganz gleich. Jeder Mitarbeiter muss politische Demonstrationen …"

„Es steht auf der Karte Civis, nicht Soldaten."

„Die Einzelheiten interessieren mich nicht. Jede Demonstration gegen unsere Bundeswehr ist zu unter … Sie ist Garant unserer …" und so weiter.

Ein Anruf später: „Der Amtsleiter des Sozialamtes hat Sie angeschissen beim Dezernatsleiter wegen einem Plakat in ihrem Büro. Vielleicht können Sie das schnell beiseiteschaffen." Diese Karte hing dann

Monate lang an meiner Tür, ergänzt um denkbare Übersetzungen: Civis, der Bürger, (ital., nach römischem Bürgerrecht: Civis romanum sum). Eine Medienstiftung, „Bürger sind keine Mörder". Tolle Quellen, alte Sprachen. Wer sich ihnen nähert, entdeckt Welten.

6. Mai 1996

D. bittet um Hilfe. Er muss für Bafög nachweisen, dass er wegen Stasi-Verfolgung erst so spät zum Studium kommt. Er ging nach zahlreichen geheimen Vorgängen der Stasi in N. seinerzeit von uns weg nach dem Süden. Mit der Hoffnung auf „Untertauchen". Das kirchliche Heim im Süden führte ihn vom „Regen in die Jauche". Die Personalchefin der Einrichtung war eine IM, was sich erst nach 90 offenbarte.

Vorsorglich eingesperrt war er eben mal, noch in unserer sozialistischen Großstadt, weil Helmut Schmidt mit der Eisenbahn an dem Abbruchhaus, in dem er mit Freunden wohnte, vorüberfuhr. Der Sicherheitsdienst sah die Gefahr eines Plakates am Fenster. (Das galt für die gesamte Strecke von Berlin bis nach Güstrow). Wenn ich nun schriebe: Er wohnte in einem Haus, an dem der Bundeskanzler vorüber fuhr. Was erklären diese Worte einem Bafög Beamten?

Ich schrieb. Sie verstanden. Er bekam.

1980 bis 2010 – Unterwegs, dokumentiert in Zusammenfassung

Besuche in: Stettin, Prag, Moskau, Leningrad, Budapest, Wien, Kopenhagen, Helgoland, Frankreich, Italien, Schweiz, London, Port of Spain und San Fernando auf Trinidad usw.

Ich blieb immer auf der Suche nach Menschen mit Behinderungen und Zeugnissen des Krieges. Schweiz, Zermatt mit dem Matterhorn, (ital. Cervino). Mein Traumberg seit der Kindheit. Auf den Wegen in die Länder fuhren wir oft an Betonbefestigungen vorüber. Meine Gedanken beherrschten überall Spuren des Krieges.

In der Schweiz vor allem „untersuchte“ ich Menschen genau, als trügen sie irgendwelche Male. Sie saßen an einer Kasse, hinter dem Ladentisch …So saßen sie auch, als wir in den Luftschutzkellern hockten. Sie lebten hier, wie ich sie heute sehe. Kein Krieg, keine Sirenen. Aber es war doch von 39 an Krieg überall, ein verheerender Krieg, drohende Flugzeuge am Himmel! Hier lebten alle ihr Leben, wie es ein Herrgott fügte.

In Frankreich fand ich bittere Erinnerungen an die Resistance (ital. Resistanza). Ich meinte den le maquis, (ital. la macchia) gesehen zu haben. Jenen geheimnisvollen Buschwald, in dem Partisanen sich versteckten. Die Gedanken fesselten mich. Fuhr ich nur um zu sehen, dass es trotz des Krieges Menschen gab, überall?! Fast hundert Jahre nach dem War, Guerra, krig, háború …Treiben mich eingebrannte Erinnerungen durch die Länder?

11. August 1996

Wir registrieren täglichen Bürgerschwund. Neunzigtausend lebten einmal hier. Wer jung ist sucht Arbeit „Drüben“. Unsere Stadt galt als ein aufgeblasener sozialistischer Kampfesort. Wir alle „brachten“ dem bäuerlichen Norden nun mal die Kultur der Arbeiterklasse. Das geschah unweit (35 Kilometer) der Stadt, die einmal Sitz Mecklenburg-Strelitz'scher Herzöge war. Fünfundsiebzigtausend Neubürger, so heißt es, sind mit ihren Betriebsgründungen in wenigen Jahrzehnten zugezogen worden. Hier galt das leere, aus Trompetenrohren tönende Wort „machtvoller Aufbau“. In der Ukraine gibt es ein Sprichwort: Wenn die Fahnen flattern, ist der Verstand in der Trompete.

Wenn ich von Berlin her nach Hause fuhr, merkte ich etwas von geplanter „sozialistischer“ Willkür. Zwei wichtige Bahnstrecken zur Ostsee führen genau um die neue „Großstadt“ herum. Alleen und Wege richten sich nach uralten Wegen einer ländlichen Kultur, nicht nach ideologischen Träumen.

2. September 1996

Heute war die Eröffnung einer kleinen Abteilung im Rathaus, in der schwerbehinderte Bürger Arbeit, soziale Kontakte und Einkommen finden.

Zur Eröffnung war kein Vertreter der CDU gekommen. Ein ausgesprochen mitteilungsfreudiger gehörloser junger Mann erklärte, zeigte, erzählte uns, er wolle unbedingt Geld verdienen, um einmal nach Afrika zu fahren. (Sein Gebärdenzeichen für Afrika ist ein mit Daumen und Zeigefingen angedeuteter Nasenring).

9. Juni 1996

Damit wir nie vergessen, welche Rolle Deutschland in der Welt spielte, sangen Fußballanhänger bei einem Freundschaftsspiel in Polen: „Wir sind wieder einmarschiert."

22. November 1996

Ein neuer Kollege beginnt seine Arbeit. Er sei Homosexuell, wird gesagt.

Eine Kollegin fragt in einer Kaffeepause, ob man „dem" gefahrlos die Hand geben könne?

30. November 1996

Im Gesundheitsamt soll eine Hygiene-Verordnung kursieren, die vom Jahre 38 ist und die Unterschrift eines A.H. trägt. Diese VO ist Teil von Unterlagen, die uns eine Partnerstadt für den Aufbau der Verwaltung überlies. Was haben wir da nicht alles aus dem Westen bekommen?

Kapital, berghohe Bürokratie, Begriff, Wort, Ding. Lässt sich daraus ein Drudenfuß bilden (Ein fünfzackiger Stern)? Im Faust verwehrte ein solches Zeichen Mephisto den Rückweg.

1. Dezember 1996

Im Sozialausschuss des Stadtparlaments streut der Herr Amtsleiter wirksame Worte: Er beschwert sich über „Ausländer". „Sie sind arrogant, stinken, sind aggressiv und wollen nur unser Geld. Sie halten sich nicht an die Auszahlzeiten. Wenn am Mittwoch von 11.00 bis 11 Uhr dreißig Geld ausgezahlt wird, kommen „die" erst 11.35." Er hat nun angewiesen, dass ein Mitarbeiter am Mittwoch den Parkplatz beobachtet. Kommt ein Ausländer mit Auto, bekommt er kein Geld.

Im gleichen Ausschuss berichtet der Schulrat, dass es unmöglich sei Ausländerkinder zu unterrichten. Sie können kein Deutsch, und wie soll ein Lehrer unterrichten, wenn die Kinder fünf verschiedene Sprachen sprächen?

Mauer aus Worten.

Ich erinnerte mich eben an meinen Besuch in London. Dort saß ich zwischen Kindern aus aller Welt beim Theaterstück in der Turnhalle. Der Schuldirektor gab mir ein Blatt, auf dem ein dutzend verschiedenen Sprachen standen. Mir unbekannt z. B. Urdu oder Paschto. Er sagte: Das sind die Kulturkreise, mit denen unsere Lehrer umzugehen lernen.

27. und 30. Januar 1997

Meine Laune ist „zum Zügel schießen lassen". Am 27.1. wurde Auschwitz befreit. Über Millionen Menschen ermordet. Das ist uns anzurechnen. In der Zeitung wird von einer Leitkultur geschrieben und von einem „Deutschtum". Schreiber fürchten um unser „Deutschtum". Ich verstehe diese Worte nicht, es führte eigentlich zu einem Begriff, der überbordend gefüllt ist mit Merkmalen bester Kultur und gewissenlosester Grausamkeit. Warum griffen wir in die undenkbarste, schrecklichste Kiste? Begreifen wir mit unserer Leitkultur, dass zu ihr auch Jesu Bergpredigt gehört und „Liebe deinen

Nächsten"? Gepredigt wird seit zweitausend Jahren, gehört wird nicht! Wer kann und eben am rechten Platz sitzt, betrügt und lügt zu seinem Vorteil. Das ist die tägliche Werbung, politische Schönreden und bunter Betrug. Etwas vorspielen, was nicht der Wahrheit entspricht und nur dem eigenen Vorteil gilt. Einer nimmt sich Millionen, der andere hat kaum zum Überleben genug. Ist das Deutschland? Ist das die Zukunft derer, die 1990 mit so grünen Träumen hinzu gewonnen wurden? Nahm uns der „Mantel der Geschichte" den Verstand?

4. Februar 1997

Der europäische Adel trifft sich jährlich zu einem Ball. Eine Dame der Gesellschaft sitzt im Rollstuhl. In „Herrscherhäusern" wird erregt diskutiert, ob diese Dame am Ball teilnehmen könne? Man entschied: Nein.

Das gilt mir als späte Rechtfertigung der Französischen Revolution! Da sang jemand etwa: Haut dem Adel die Schippe auf den Arsch …

5. Februar 1997

Werner ist gestorben. Zuletzt sah ich meinen Nachbarn vor zwei Wochen. Ich hatte genug vom Büro und den DB-verfügten Wegen, die oft eher Umwege sind. Demokratie, ein mühevolles Geschäft, in dem jeder seine Worte einbringen kann. Ich ging in die Stadt eine Kleinigkeit zu essen. Ein sonniger Tag. Mit einem Schüsselchen Erbsensuppe ging ich zu einer Bank.

Als ich mich eben setzen wollte, sah ich Werner. Grindig im Gesicht, vom Alkohol gezeichnet, wollte ich nicht bei ihm sitzen. Werner sah enttäuscht mit bettelnd-bittendem Blick zu mir und sagte: „Warum setzt du dich nicht zu mir?" Ich nahm meine Schüssel und setzte mich ihm gegenüber.

288

Aber der Stein war geworfen. Mich ekelte, und Werner tat mir unendlich leid.

Ich schämte mich, denn Werner hatte keinen Menschen mehr an seiner Seite.

Ein Nachtrag

39. Sitzung des Sozialausschusses. Ausländer, das Problem? Wir haben einen Gast. Gesagt wird, er sei „Restjugoslawe" (tolles Wort!). Es gibt laut Gesetz Aufenthaltserlaubnis, Aufenthaltsberechtigung, Aufenthaltsbewilligung, Gestattung und Duldung.

Es leben 422 Ausländer ohne die Asylbewerber hier, 110 Vietnamesen, 44 Russen, 23 Polen, 19 Ungarn, 20 Griechen, 12 Dänen und 14 Chinesen. 317 Personen bitten um Asyl, 107 Armenier, 51 Jugoslawen, 77 Türken und 65 Iraker.

Das ist zusammen weniger als ein Prozent unserer Bewohner. Der CDU-Dezernatsleiter und sein Amtsleiter entwarfen Horrorszenarien, „Heuschreckenplage".

Tausende waren vom Innenministerium angekündigt, Unterkünfte in Turnhallen (und wo sollen unsere Kinder Sportunterricht halten?) …

„Wir werden eine Überfremdung erleiden. Unsere Leitkultur …" 317 Bürger bitten um Asyl. Das sind 0,422 %, und „die Moslems auch noch …".

Hilfreich (?) war die Anmerkung einer Dame von einem Kulturverein: „Wir wollen künftig freilaufende Ausländer zu Gesprächen einladen."

10. Februar 1997

Ein Praktikant berichtet: Der Herr Professor von „Drüben" weigerte sich in dem Raum zu sprechen, weil er die DDR-Stühle so abgrundtief hässlich fand.

12. Februar 1997

Eine Familie aus dem Irak besucht mich. Da Herr H., Ausländerbeauftragter, nicht im Haus ist, fanden sie mein Büro. Der Mann lebt mit vier Kindern in Düsseldorf, sie, die Mutter, mit den anderen drei Kindern hier. Das Ehepaar ist seit 1983 verheiratet. Vor sechs Monaten hat die Familie einen Antrag gestellt zusammen zu wohnen.

Bis heute kam keine Antwort. Ich sah die Heiratspapiere: Hasim M., Sohn des Said, und Chenar A., Tochter des A. aus Minerva, Hasim zahlte 5000 Irak-Dinar als Vormitgift, wird bezeugt von Ali Ahmed Jubal, Richter am … Helfen kann ich nicht, zuhören und verstehen, die Grenzen! Weiterleiten, weiterleiten ff. (Angaben zur Person verändert).

4. März 1997

Ein kurdischer Bürger ist überfallen und übel zugerichtet worden. Im örtlichen Krankenhaus ließen die Ärzte, so hieß es, den Übersetzer nicht mit in das Behandlungszimmer. Sie haben ihn barsch und unfreundlich abgewiesen. Das ist seit der „Wende" ein christliches Haus (neuer Name!?).

Noch vor Jahren berichtete mir die Kreisärztin: Alle Chefärzte im Haus sind Genossen.

Ein z. b. V. (zur besonderen Verwendung) Kollege beschwert sich, dass in Kirchen Ausländern Asyl gewährt wird. Das sei ein Gesetzesbruch. Untersuchte ich die Wörter in ihrer Sinnanwendung im Satz, öffnen sich mir Jahrzehnte der Irrungen und Wirrungen. (an Schlimmeres mag ich nicht denken.)

Ostern

Ein christliches Fest ist das nicht mehr. Die Läden sind voller Schokoladeosterhasen und die EU legte in einer Schokoladenverordnung fest: Schokoladenweihnachtsmänner in dem Sinne sind auch Schokoladenosterhasen.

Ein bürokratisch verborgener Wortsinn betrifft die Bestandteile der Schokoladenmischung für beide „Gestalten". Unser Amtsleiter definiert seinen Begriff „Menschlichkeit": „Wenn ein Obdachloser zu mir kommt und Geld für einen Schlafsack haben will, bekommt der einen Platz im Obdachlosenhaus. Das ist für mich Menschlichkeit!"

26. März 1997

Ich plage mich mit der ungewohnten Stimmenvielfalt. Stelle fest, dass jeweils von der Partei, der man nahe steht, die rechten Wörter kommen. Das war früher ein Flipper-Übel. Darf denn jeder eine eigene Meinung verkünden, ziehen wir nicht am selben Wagen? Die CDU zählte heute nicht zu meinem Gespann. Wie kommt so etwas zustande? Die Grenzen meiner Sprache sind die Grenzen meiner Welt. Aber es gibt auch eine andere Welt!

Die neue Welt der Wörter ist oft lästig, es dauert und dauert mit Entscheidungen, weil jeder aus seinem Senftopf zutragen darf. Das soll besser sein?

3. Mai 1997

„Treffendes" Bild. „Eine Mitarbeiterin des UN-Hilfswerkes tröstet ein ruandisches Kind, das seine Eltern sucht", steht unter dem Bild. Die UN-Mitarbeiterin trägt an ihren tröstenden Händen Gummihandschuhe und darüber noch Plastiküberzüge bis zu den Ellenbogen. Also „Zivilisationskondome". Welche Sprache spricht das Bild? Ich bin unsicher, ob ich das heute so sehen darf, soll, muss. Wieso „darf"? Dürfen doch immer. Haben wir das Fass „Afrika" zum Überlaufen beraubt? Nun laufen zahllose junge Afrikaner nach Europa. Evolutionärer Gang, nach Marx, führt (volles Fass) zu einer Entladung-Flucht! Was Großeltern raubten und Konzerne bis heute rauben, holen sich die Urenkel persönlich in Europa ab.

15. Juni 1997

Film gesehen, Terror, „Schleyerfilm". Böser Mord an einem derer, die uns (der Jugend) nicht Worte gestanden über ihre NS-Vergangenheit. Es kursieren beständig Wörter, Phrasen über die Zeit des „dritten Reiches", Erinnerungen alter Männer gehüllt in ihre Worte, die doch sagen: Ich habe … Was denn nun?
Schweigen und wieder fremde Wörter.

4. Juli 1997

Mit meinem Sohn nach Island geflogen. Er wollte gern Vulkane sehen. Eine interessante Insel ohne Soldaten und nur ein paar Polizisten. Wir lebten in einem Duft von Schwefel zwischen Feldern wie Schlacke aus einem Eislebener Hochofen. Wärmeleitungen aus der Erde sogar unter dem Gehsteig. Geysire schießen im Minutentakt kochend heiß in die Höhe.

15. Juli 1997

Mich begeistern Sätze mit geistvoller Wortfolge: „Ein Kreter sagt, alle Kreter lügen. Die Dosis macht's, dass das Ding giftig sei." Der Satz eines Rabbi: „Der Glaube Jesu eint uns, der Glaube an Jesus trennt uns:"

20. Juli 1997

Peter, Kreistagspräsident der CDU in einem Nachbarkreis, verkam in den letzten Monaten mit Alkohol in einem Abbruchhaus, nachdem er als Stasi-Mitarbeiter enttarnt war. Vermutlich(?) galt er dem Sicherheitsdienst als IM „Bertrand". Traurig. Soll ich ihm übel nachreden?

28. August 1997

Ein Staatsanwalt sagte heute im Präventionsrat: „Die Drogendealer sind in der Regel schwarzer oder normaler Hautfarbe." Worte sind Zeichen!

20. Oktober 1997

Noch ein toller Satz: „Nicht nur in Deutschland ist die Macht geistesschwach und der Geist ohne Macht." Ein echter Flippersatz.

26. Oktober 1997

Im Sozialausschuss war wieder das schwelende Feuer der „Ausländerprobleme" zu hören. Ein paar junge Gäste von „Pro-Asyl" waren erschienen. Ich hoffte auf Flipper, Redevielfalt, Bewegung, Widerspruch. Der Herr Vorsitzende (PDS) entzog ihnen das Rederecht. Als wären sie nie da gewesen, blieb von ihnen kein Wort. Als die neuen Gedanken gegangen waren, ging der Ausschuss seinen bürokratischen Gang. Neue Worte blitzten beim Dezernatsleiter (CDU) ab. „Die Verwaltung ist verpflichtet, Gesetzesvorgaben gewissenhaft einzuhalten." Meine Nachbarin sagte: „Das klingt wie Eichmann."

31. Oktober 1997

Der Vatikan korrigiert unsägliches, mörderisches Wort: „Wurzeln des Antijudaismus im christlichem Umfeld." Jan Pawel spricht neue Worte. Hoffentlich überlebt er.

19. November 1997

„Die Asylbewerber geben keine Ruhe!", sagt der Amtsleiter am Beginn der Sitzung. Er schwenkt einen Kassenzettel vom Gutscheinkauf. „92 Mal kaufte ‚der Ausländer' also Mehl, 24 Stück Seife … Das ist täglicher Bedarf, also ich weiß ja nicht. Wenn ich so einen im Büro rieche,

rieche ich Knoblauch und nicht Seife, haha, meine Damen und Herren. Wovon leben die Leute? Vom Geschäfte machen. Junge Ausländer auf der Suche nach der besseren Wurst!"

„Und das von unserem Geld!", ruft jemand dazwischen. Ein Algerier, ein übler Messerstecher, ist der Schrecken im Heim. „Ein verurteilter Ausländer will das Heim in Brand stecken! Da meldet sich kein Freundeskreis. Aber ich will mal keine emotionale Äußerung mehr machen. Wir haben keine Gesetze, mit denen man solche kriegen kann, habe das sogar über die Psychiatrie versucht. Die machen heute sowas nicht mehr mit."

Damen und Herren sitzen betroffen. Dem Amtsleiter fallen die Schultern herab. Er senkt den Kopf über seine Papiere. „Das sind keine Gäste. Das sind Kriminelle, muss ich mal sagen!"

„Und ein Castor-Gegner wird sofort verhaftet!", stellt der Vorsitzende (PDS) fest.

8. Dezember 1997

Bin ewig müde, vor allem im Büro. Schliefe ich dort an Nachmittag ein, wäre die folgende Nacht schlaflos.

Erhielt heute einen fragwürdigen Motivationsschub. Der Herr Ministerpräsident hat sich angekündigt. Es wird jeder Stein umgewendet und geordnet. (Bei der Armee wurden sogar die Bordkanten weiß gekalkt, wenn sich ein General ansagte). Festgelegt wird auch, dass das restliche Essen vom Besuch dem Obdachlosenhaus geschenkt wird. Ist das nicht lieb? Müsste auswandern. Auf nach Italien! Arno Schmidt schriebe: Geni-talien).

10. Dezember 1997

Asylverfahren sollen in einem Vierteljahr abgeschlossen sein. Kommt es zu gerichtlichem Streit, dauert das Verfahren einige Jahre. Ein Herr Said möchte Zahnersatz einklagen. Er wird Jahre ohne

Zähne leben müssen. In Afrika kauen die Enkel dem Opa harte Speisen vor. Wäre das nicht ein Weg? Herrn Saids Enkel leben aber in einem anderen Bundesland und er unterliegt einer „Residenzpflicht" (tolles Wort, voller Obrigkeit!). Er darf das Land nicht verlassen. Jahre werden vergehen, Jahre! Ein Beschwerde-Bericht erreicht Abgeordnete ohne Zensurbarriere. Die SPD sagt: Muss das sein? Die PDS sieht bösen Kapitalismus am Werk. Die CDU sieht unser deutsches Nest beschmutzt. Wenn dann einer von uns Flippern sagt, er schäme sich für Deutschland, ist er ein Nestbeschmutzer, der, …was nun …mit ihm?

19. Dezember 1997

Sondersitzung: Wissenschaft qualifiziert unsere Abgeordneten. Der Herr Professor schlägt vor: „Arbeitspflicht für Sozialhilfeempfänger, Meldepflicht und Weitergabe aller Daten an Polizei, Ordnungsamt, Schuldnerberatung, Arbeitspflicht, Kürzung der Gelder bei Arbeitsverweigerung, Arbeitsunwillige …:" Halt, halt! Da fällt mit ein: „Informationsdienst, Rassepolitisches Amt der NSDAP-Reichsleitung vom 20.6.1942. Punkt 2 „Wer arbeitsscheu ist, trotz Arbeitsfähigkeit schmarotzend von sozialen Einrichtungen lebt, der …"

Mal nachlesen, was unsere Väter und Großväter in solchem Fall für Worte fanden! Es blieb nicht beim Wort.

Ich verlasse das hohe Haus, Urlaub mit „Buongiorno due, Lezione sedici" und einem Schluck vino rosso. Familienfeier, Besuche … Geschenke schon gekauft?

2. Januar 1998

Morgen ein Sohngeburtstag! Ich wandere ein Stück im Winterwald: Solo dieci kilomeri und möchte keinem Menschen begegnen. Depressiv?, aber nur Menschen betreffend. Im Wald hänge ich Vokabeln an Bäume. Komme ich hier wieder längs, erinnere ich mich des Wortes. Eine italienische Allee. Hätte auch gern eine englische Allee gehabt. Mit Englisch ist mir das trotz Volkshochschule nie gelungen. E. ist wohl keine Sprache? Allerdings: Ich liebe Shakespeare, dann aber in einer Übersetzung und da weiß man ja nie, ob diese seinem Wort entspricht?

7. Januar 1998

Mein Geburtstag. Wie immer bekomme ich irgendetwas geschenkt. Keiner kann mir glauben. dass ich an diesem Tag nur eine Kerze brennend und ein Stück Kuchen zu Hause haben möchte. Am Telefon höre ich den ganzen Tag ritualisierte Worte. Wie man das eben so hält.

27. Januar 1998

Wieder der Tag „schwarze(r) Milch der Frühe" (P. Celan). Allein die Erinnerung peinigt nach Jahrzehnten. Sonntags in der Kirche erlebte ich größte Erschütterung allein deshalb, weil ich wieder keinen Platz für den Hut in den Kirchenbänken fand. Ich dachte: Ach wär ich doch ein Jude, dann könnte ich den Hut aufbehalten. Bei dieser inneren Rede überfiel mich erschütternd: Als jüdisches Kind, Jahrgang 39, hätte ich keine Lebenserwartung gehabt und keine Idee der Welt hätte mich retten wollen, „schwarze Milch der Frühe".

5. Februar 1998

„Ich war in Stellung bei einer Familie in Fürstenberg", erzählte eine Frau aus der Kirchgemeinde. „Wir wohnten in einer Villa in der Nähe vom Lager. Der Herr war Doktor. Er musste Frauen im Lager totspritzen. Darüber darf ich nicht reden, sonst werde auch ich totgespritzt, sagt der Doktor. Die Lagerfrauen mussten einen Gang lang gehen und verschwanden dann. 1945 hat der Doktor sich und die Familie umgebracht. Die Tochter hätte ich doch zu mir nehmen können. Man muss doch helfen. Aber darüber durfte ich nie reden. Der Herr war ein guter Mann. Er hätte das alles nie gemacht, wenn er nicht gemusst hätte.

22. März 1998

Junge Familien sollten aus der Asylunterkunft ausziehen. Wohnungen stehen leer. Im Heim sind ständig ethnische und religiöse Spannungen. Das ist den Kindern nicht zuträglich. „Das Amt" erklärt: Es gibt strenge Vorschriften einer Billigmöblierung. Da sind Küchen nicht vorgesehen. Wenn wir einen Stuhl mehr kaufen als es Vorschrift ist, verlieren wir die gesamte Finanzierung (Stuhl oder Teppich wäre noch eine Frage).

„Küchen in gutem Zustand organisieren!", rufen junge PDS Abgeordnete dazwischen. Der Amtsleiter lehnt sich zurück. Er grinst und redet: „Was meinen Sie, wie anspruchsvoll unsere Gäste sind. Mit Schrott können Sie denen nicht kommen. Die Herrschaften sind verwöhnt. Ha, ha, ha"

PS: Linke Jugend richtete eine Wohnung her und half einer Familie beim Umzug. Ein christlicher Verein gab ihnen mit seinem Namen Deckung. Sobald Bürger oder Vereine sich demokratisch einmischen, versagen Strategien der Bürokratie. Es öffnet sich eine Quelle neuer Worte. (Vereine zu gründen, Quelle neuer sinnvoller Sätze, war in der DDR wie in der NS-Zeit nicht gestattet!). Leider:

Ein paar Wochen später kommen Beschwerden aus dem Hochhaus. Die fremde Familie habe kein Schild an der Tür, es stinkt im Haus. „Wer weiß, was die für Essen kochen! Fünf Kinder rennen im Haus und reden vollkommen unverständlich! Und Hausdienst machen die Ausländer auch nicht."

10. Juni 1998

Innenminister war im Rathaus. Es riecht noch immer nach Wahlkampfschwefel. Öffentlich trat er nicht auf. Einer seiner Gesinnungsfreunde mit einem rechten Touch, so erzählte mir ein Kollege der CDU, wollte unbedingt schon 1990 auf dem Marktplatz reden. Er glaubte sich umjubelt von „befreiten Bürgern der Sowjetzone". Es kostete Mühe ihn von seinem Vorhaben abzuhalten. Mindestens eine Kiste Eier konnte gespart werden.

5. Juli 1998

Die Rabbinerkonferenz der Bundesrepublik erinnert „Gebietskörperschaften" (was für ein tolles Wort!) daran, dass diese zuständig seien für die Pflege jüdischer Friedhöfe. Zumeist sind das leere Felder hinter Zäunen oder Mauern. Auf Stadtkarten sind sie längst mit christlichen Kreuzen okkupiert.

12. Juli 1998

Einzelne, die über Botschaften 1989 geflohen waren, kommen zurück. „Da drüben bleibst du fremd."

August 1998

Urlaub in einem anderen Land, Bilder die Tatsachen machen. Frankreich und Norditalien. Sofort sind meine Gedanken vom Tag in die Vergangenheit geglitten: Ist hier mein Bruder lang gefahren? Ist, wer mir begegnet, Kind derer, die am Straßenrand standen, die litten, zu Tode gekommen sind …Versteckten sich hier die Männer und Frauen des Risorgimento in den Bergen? Meine Gedanken bestimmen, was ich sehe. Wir fahren über ligurische Berge, enge Straßen, Tunnel und Kurven. Wer zuerst hupt hat Vorfahrt. Hier schimpfen Norditaliener auf die Hungerleider aus dem Süden. Wer früher Kommunisten wählte, wählt heute „Lega Nord". Wörter fliehen ihrer tatsächlichen Verwendung in metaphysisches Nirwana. Herrliche alte Dörfer und Kastanienwälder über tausend Hügeln. Endlich das Mittelmeer, eintauchen in unsere griechisch-römische Kultur.

3. September 1998

Ausführlich widmet sich der Personalrat dem traurigen Schicksal einer Kollegin aus dem Sozialamt. Sie habe nur einmal einem Afrikaner die Hand gegeben und nun leidet sie an Hepatitis. Worte legen fest: Hepatitis kommt von dem Afrikaner, obwohl es kein Redner so formuliert hatte, erkennt fast jeder ein afrikanisches Übel. Was Worte alles vermögen!? Tragen wir Quellen üblen Urteils (Vorsicht Phrase!) in uns, abrufbar vom Wort?

September 1998

Eine Wahl, und das bringt Hoffnung. Kohl, Kanther, Hinze entlassen in Geschichtsbücher. Für mich ein Segen. „Grüne" sind dabei. Das wird eine Zukunft geben, wenn es gelingt, den alten Beamtenapparat an die Kandarre zu bekommen. Aus Kreisen der PDS wird berichtet, manch gedienter Beamte schleiche um neue Obrigkeiten wie Faust und Mephisto um Gretchen und Marthen. Üble Nachrede. Lebenslang treue Beamte gehören zum Treibstoff demokratischer Ordnung. (Na, sicher bin ich mir nicht, ob? Aber ich lerne.)

3. Oktober 1998

Urlaubsfotos von unserer Tochter aus Israel. Junge Männer waschen Schafe genau an dem Graben, wo Abraham Schafe wusch. Rundum Steine, Geröll von gelb bis ocker. Zwischen den Steinen blutrot eine zerdrückte Coladose.

9. November 1998

Mit dem Oberbürgermeister an der Stelle, an der bis 1938 eine Synagoge stand. Am Gedenkstein liegen Blumen, eine Kerze brennt. Eine Hand voll von den verbliebenen vielleicht 60 000 Bürgern gedenkt.

Ein Schriftsteller macht auf sich aufmerksam, indem er davon redete, es werde „Auschwitz instrumentalisiert". Man müsse die unsäglichen Bilder nicht immer wieder zeigen. Bilder sind flach, fern …

Solange die Deutschen nicht bereit sind, „in den Worten zu leben", müssen Bilder immer wieder genannt sein, erklärte mir ein jüdischer Psychiater aus Serbien.

17. Dezember 1998

Unsere Ausländerbehörde hat ein schwieriges Problem. Ein Flüchtling aus der Türkei möchte nach Hause. So etwas ist im Verwaltungsverfahren nicht vorgesehen. Wie will er mit 80 DM Taschengeld und Gutscheinen zum Einkauf die Reise bezahlen? Welches Amt darf eine Rückreise finanzieren? Unser Bürovorsteher sagt: „Der Türke hat den Weg hierher gefunden. Er wird sich auf die Socken machen müssen."

Zeigte ein Beamter Einsicht und gäbe Geld, ohne dass eine Verordnung dafür besteht, verstieße er gegen den § 266, den Untreueparagraphen. Das ist nicht ohne Sinn, denn die Gelder, die er verwaltet, sind Steuergelder von uns allen!

24. Dezember 1998

Ein älterer Herr kommt in die übervolle Kirche. Schon an seinem Gang und seinem Habitus war zu vermuten, dass er durch das soziale Sieb gefallen ist. Dauergäste, so um die 70 Jahre alt, und ungezählte Familien mit Kindern beäugen ihn. Ihre Blicke deuten schon an, was geschehen kann. Der Mann redet undistanziert laut in die Liturgie hinein, worauf unser hünenhafter Küster ihn mit körperlichem Nachdruck aus dem Gotteshaus schob.

Ganz ähnlich erlebte ich ein mich erregendes Verhalten der „Kirche" am 31.12. Hier war es ein angetrunkener Mann. Er wollte lauthals kommentieren, was da so geschah. Ein dienstfreier Pastor und der Küster schoben den Herrn in die Winterkirche, was vielleicht erst einmal recht war? Später kam der Pastor mit dem Mann „gezähmt" zurück.

Ich fand beide Vorgänge gemeinsam mit meiner Frau (Pastorentochter) einigermaßen unerhört. Wer ist in einem Gotteshaus Hausherr? Für den Gemeindebrief schrieb ich eine Flipper-Notiz: „Kein fauler Friede (Luk.12, 51; 14,26-27). Glaubt nicht, dass ich gekommen bin Friede in die Welt zu bringen! Nein, ich bin nicht gekommen Friede zu bringen, sondern Streit." Soweit die Worte des Herrn Jesus. Darf sich eine Gemeinde stören lassen? (Ich meine sogar: Friedlich weiter schlafen!).

Jesus hätte vermutlich, wie beim Tempel, hier die Gemeinde aus dem Haus vertrieben ... Was führte diese beiden Männer vom Rand der Gesellschaft gerade an den psychisch so schwierigen Tagen in eine Kirche?

1999

Habe vergessen, wann? Kathrin ist gestorben. Als sie noch bei uns war, zeichnete ich vor Jahren eine Übersicht ihrer Anfälle. Bis zu vierzig in einem Monat und zumeist „große generalisierte Krämpfe". Sie lebte nicht mehr im Ort.

20. Februar 1999

In einer Talkshow schilderte ein Reporter die jüngste Hinrichtung in den USA. Er hat zugeschaut mit vierzig Journalisten. Vorher war ein Gespräch über einen Liebesfilm, dann eines über den schrecklich gefährlichen Schnee in den Alpen, danach ein Interview mit einer Gewichtheberin. So flattert unser Leben über den Schirm.

27. Januar 1999

Wir gedenken der vielen ermordeten Juden! Am Geburtstag der jungen Mutter, den wir wohl begingen.

25. Februar 1999

Wieder ein Fähnlein Kurden vor dem Rathaus. Diesmal Frauen mit ihren Kindern. Sie protestieren lauthals, Schrifttafeln schwingend. Sie rufen laut etwas, was hier kaum ein Mensch verstehen kann. Bilder von Öcalan. Wer kennt den Mann?

Auffällig waren die Pausen zwischen ihren Parolen. Es ertönte ein Handysignal und darauf folgte ein Protestspruch, der dann vom Wind getragen verschwand, bis wieder ein Handy klingelte.

Offenbar inspirierte eine „Zentrale" die Worte. Sie zerstreuten sich bald. Ein PDS-Abgeordneter, den ich im Haus traf, sagte: „Einige Sozialhilfeempfänger haben sich über die Kurden beschwert – gerade die!"

8. März 1999

Das Ende des Krieges liegt bald 60 Jahre zurück und noch immer wird um Entschädigungen für Zwangsarbeiter gefeilscht. Wem Unrecht geschah, dem obliegt die Beweislast. Wie viele leben noch? Wer findet vergilbte Papiere? Kaum ein deutscher Konzern ist ohne Schuld, Kirchen, NS-Vereine, Verbände, alle profitierten.

Ich erinnere mich an „Barbarossa", unseren Spielfreund im Stadtwald, Zwangsarbeiter in der Zuckerfabrik (?) aus Frankreich. Er zeigte uns, wie man mit Ziegelsteinen einen Ofen bauen kann. Wir brieten mit ihm gerupfte Spatzen am Draht.

Ich erinnere mich auch des polnischen Mannes auf irgendeiner Bahnstation nahe Poznan, der mir Bilder zeigte von seiner Zwangsarbeit in Suhl. Es sei ihm dort die beste Zeit gewesen. Zu Hause bei uns arbeiteten junge Mädchen aus den Niederlanden, Belgien als Hilfen für meine Mutter. Ich erinnere mich nicht mehr genau, aus welchen Ländern sie kamen. Schuhe und Hemd halfen sie mir anzuziehen, Erde im Garten mit einem alten Kinderwagen verteilen. Mitunter saßen meine Schuhe am falschen Fuß, Ziegenfüße störten mich kaum.

Meine Schwester Arbeitsmaidenführerin schimpfte über die ausländischen Hilfen. „Zu Hause schlafen die in Kohlenkästen, decken sich mit Zeitungen zu und hier geben sie an, die feinen Damen!", höre ich sie reden. Für eine NS-Kameradin galten nur deutsche Frauen. Es wird nicht allen „dienstverpflichteten" in Deutschland halbwegs gut gegangen sein!

Eine ihrer Gesinnungsgenossinnen trieb Treue und Folgsamkeit (oder Angst) so weit, dass sie bei Nacht im Kerzenschein mit eigenem Haar einen Riss in ihrer Uniform flickte. „Die deutsche Uniform ist der Rock des Führers!": Ideologie plus Phrase, eine gefährliche Mischung. Butter aus Dänemark, so verkündete Göring oder Goebbels, sei für das deutsche Heldenvolk. Dänen können Margarine essen! Kurz, wir alle lebten von deren Arbeit, aßen Kartoffeln, die sie sammelten und bekamen Brot, das sie buken.

Gäben nun die 80 Mio. Deutschen, sagte ich mir, nur einen kleinen Teil (1 DM = 80 Mio. DM), so könnten wir Segen stiften beim Eintritt in das gemeinsame Haus Europa.

Mich erreichte der Gedanke vom Historiker Mommsen nachhaltig. Es wäre nur eine Geste, aber von jedem eine kleine Anerkennung, Bekenntnis, von jedem, ausnahmslos! Was für eine psychologische Wirkung, welche …

Bücher könnten darüber geschrieben werden, ich sehe Kinderbücher mit gebenden Händen, die erklären können …

Halt, halt! Der Gedanke ist noch immer das, was nicht genügt. Ich verfasse und schicke einen Brief an die Zeitung und an Abgeordnete der SPD. In meiner Umgebung fand der Brief keine Resonanz. Im Haus sagte eine Kollegin auf dem Flur: Wenn wir Geld herzugeben hätten, wäre das nun kein guter Vorschlag.

31. März 1999

Der Geschäftsführer der SPD vom Landtag schreibt. Er könne sich an einem solchen Vorhaben beteiligen. Der Herr Ministerpräsident wünscht mir Erfolg. Die PDS-Fraktion findet den Vorschlag gut, möchte aber, dass die Opfer der bundesdeutschen Strafjustiz, Opfer des Kalten Krieges und des Imperialismus beteiligt würden. Es sei eine Schande dass Konzerne ...(Worte, die hier denkbar wären, fast endlos findet ein Jeder dazu, Parteisprachspiel!). Erwartet ist, dass Worte der CDU fehlen. (Ich pflege ein anderes Sprachspiel, Vorsicht, Vorurteil)

Zuletzt schreibt mir das Bundespräsidialamt, das hohe Amt eines Präsidenten auferlegt diesem ein besonders hohes Maß an Zurückhaltung (höher geht's nicht, mit welchem Zollstock bitte wäre zu messen?).

So wird das Unternehmen nichts werden. Wie soll ich ein achtzig millionstes Teil, der weder Tennis noch Fußball spielt, nicht Schlager singt, noch von Verlagen ernst genommen wird „das Volk" erreichen?

Ein großes Medium mit Bildern? Nein, besser nicht. Ich schreibe also dem „Vorwärts".

Der mir auch deshalb sympathisch ist, weil er mit Witz die letzte Umschlagseite „Rückwärts" nennt. Das Blatt wird landesweit vertrieben, allen SPD-Genossen, paar hunderttausend (?), werden reagieren, einige!

31. März 1999

Erfreulicher DDR-Witz: Ein Gewerkschaftsfunktionär nahm die sogenannte „Besucherregelung" in Anspruch und fuhr also „in den Westen". Von dort schickte er eine Karte mit den Worten: Nachdem ich den „Westen" gesehen habe, ziehe ich es vor, im besseren Teil Deutschlands zu leben."

Sofort wurde seine Parteigruppe zusammen gerufen, sein Schritt „auf das Schärfste" verurteilt, Verrat am Sozialismus sein Büro Stasi-versiegelt, die Familie vom Geheimdienst aufgesucht …

Eine Woche später stand der Kollege verwundert vor seiner versiegelten Bürotür. „Habt ihr meine Karte nicht bekommen?"

12. April 1999

Der „Vorwärts" beißt an. Ein landesweiter Aufruf soll erscheinen. Sie schicken mir einen Textentwurf. Ich plane eine Stiftung, rede mit einer Bank, sortiere ein Kuratorium …

Nur eine Mark von jedem Bürger. Ich möchte nur anregen. Was wäre mit dem Geld in der Umgebung Deutschlands zu schaffen, freundliche Zuwendung, Eingeständnis in Demut …

15. April 1999

Unser früherer wissenschaftlicher Mitarbeiter im OB-Büro kommt mit einem Blatt schwenkend über den Flur gelaufen: „Da, lesen Sie. Sie wollten mit das nicht glauben. Die Juden machen uns nur Schwierigkeiten!"

Womit er über den Flur flatterte ist eine Stellungname zu einem städtebaulichen Rahmenplan. Mitgeteilt wird, es handle sich um ein Areal des früheren jüdischen Friedhofes. Seinerzeit erzwangen die Nazis eine Umbettung. Ein jüdischer Friedhof kann nie bebaut werden.

„Na, was sagen Sie dazu?"

„Das ist eine Aufforderung zu Toleranz und Anstand."

4. Mai 1999

Im „Vorwärts" ist ein Solidaritätsaufruf erschienen. Mommsens Begriff der „nationalen Ehrenpflicht" wird als tragend genannt. Zu der Verantwortung deutscher Industrie käme eine Anteilnahme der Bevölkerung. Das erschien vieltausendfach, großartig!

6. Mai 1999

Anruf von einem Herrn aus Mannheim. Es trifft sich seit Jahren eine Gruppe, die gleiches im Sinne hat. Der Herr sagt: „Wir haben schon aller Welt endlos davon geschrieben, geworben, in Landtagen, im Bundestag, bei den Parteien. Es interessiert in Deutschland nicht. Ich wünsche Ihnen Glück."

10. Mai 1999

Eben ein Anruf aus Duisburg von einer Frau. Sie sagt, es habe gewiss keinen Sinn, von der SPD in der Sache etwas zu erwarten. Sie hat selbst schon lange Kontakt in die Ukraine. Dort sind leider viele Gelder für Zwangsarbeiterinnen und Zwangsarbeiter beim Konkurs einer Bank verschwunden. Petra Kelly und H. Bastian hatten still aus eigener Tasche Gelder überwiesen. Leider hat hier in N. noch keiner meiner SPD-Genossen reagiert. Einige sehe ich täglich. Haben sie die Zeitschrift nicht wenigstens durchgeblättert?

Heinrich Böll sagte: „Das Maß der Verbrechen war zu groß, da bleibt ein Rest, der bis heute unverteilt ist."

3. Juni 1999

Eben war bei mir im Büro ein Herr aus dem Irak. Er versteht den Brief von seinem Anwalt nicht, möchte nur wissen „Ist gutt oder schlecht?" Er möchte mit seiner Familie zusammenleben, kommt aus dem Land der Kurden. „Ist nich gutt, wenn Mama, Papa und Kinder getrennt, Familie muss zusammen sein. Was sonst Familie?" Ich konnte ihn beruhigen. Der Brief bestätigt die Prozesskostenhilfe und andere Formalien.

21. Juni 1999

Der Krieg auf dem Balkan ist vorbei. Gut, sehr gut. Aber der Kampf um das Kosowo polje wird ein Herd bleiben. Einheitsruhe gab es einige Zeit unter Tito. Unruhe schwelte auf dem Balkan schon immer. Religionen spielten keine schlichtende Rolle. Schrecklich, wenn Religionen Menschen zu Hass und Mord bringen. Spricht diese Tatsache gegen Religionen?

27. August 1999

Nach einem Urlaub in Badalucco. Herrliche alte Dörfer in Ligurien, Wälder voller stachliger Esskastanien, baden im Mittelmeer.

Ich verfolge zu Hause mit Interesse die Diskussion um provozierende Reden eines jungen Philosophen. Sehen wir uns das großartige Erbe unserer führenden Köpfe in Kunst und Wissenschaft an (Kant, Hegel, Lessing, Schiller, Goethe, Heine u.a.) und zugleich den Gang, fragwürdigen, bösartigen Gang unserer Geschichte, kommen dann doch Zweifel am Humanismus. Er mag leben als philosophische Kategorie, als Fundus für Predigten und Sonntagsreden. Diese segeln gelegentlich über das Parteienland in bunter Vielstimmigkeit. „Ende des Humanismus!" In Büchern wird er ein papierenes Leben fristen.

Nicht nur in Deutschland ist die Macht geistschwach und der Geist ohne Macht.

13. September 1999

Recht oft kommen Briefe von „Ostarbeitern" vor allem aus der Ukraine in der Stadtverwaltung an. Es möchte bitte bestätigt werden, dass er/sie hier zur Arbeit verpflichtet waren. „Unter Betreuung der Wehrmacht", heißt es oft. Wie alt mögen die Schreiber sein? Leben sie noch, wenn der „Beamtenweg alle Aktenlagen" geprüft hat. Können Ansprüche vererbt werden? Ein deutsches

Kind kann den „Vertriebenenstatus" von den Eltern erben (bösartiger Trick oberster Revanchistin im Bundestag). Ist ein Anspruch aus Sklavenarbeit auch vererbbar?

5. Oktober 1999

Als der Kosowo-Krieg war, demonstrierten SED-Rentner und PDS-Sympathisanten jeden Donnerstag gegen den Nato-Krieg. Im Moment wäre zu demonstrieren wegen des Mordens in Tschetschenien, Unruhen in Dagestan, Unterdrückung der Uiguren, kriegerischen Treibens zwischen Pakistan und Indien (beide Atommächte!), Krieg in Afghanistan … Ich sehe keine Claqueure mit Transparenten, höre keine Phrasen (hoch, hoch, die internationale Solidarität!). Macht mich nicht heiß, was nicht zu meinem Sprachspiel gehört?

13. Oktober 1999

Eine Kollegin schildert ihre Angst vor islamistischem Terror. Sie wünscht rechte Kräfte „wie in der Schweiz und in Österreich". Die für Ordnung sorgen könnten. „Wo kommen wir hin, wenn nun schon auf unsere Kosten in Schulen Islamunterricht erteilt wird. Andere mit einer Wehrmachtsausstellung durch das Land reisen, obwohl 20 % der Bilder Fälschungen sind."

„Alle kommen und wollen unser Geld", pflichtet ein Kollege bei, „die Zwangsarbeiter, die Juden. Und was macht Israel mit den Palästinensern?"

27. Oktober 1999

Ich schrieb dem „Vorwärts" von der überwältigenden Nicht-Teilnahme an unserem Aufruf. Drei Bürger von 80 Millionen teilen das Bekenntnis zur Schuld, wollen helfen. Nur eine Mark von jedem. Ein Softeis weniger beim Bummel als Anteilnahme am Unrecht! Soll ich lachen oder weinen? Oder soll ich erkennen, dass die Welt noch lange nicht in Frieden leben kann.

Die Redakteurin vom „Vorwärts" schreibt: „Nein, mit so wenig Resonanz hätte ich niemals gerechnet. Sind die Deutschen wirklich so egoistisch und haben keinerlei Mit-Schuldgefühl. Denken so viele nur an sich, so wenig an andere??? Es ist deprimierend …"

1. Januar 2000

Schöne neue Welt?

Für mich beginnt der „Ruhestand", in dem ich Zeit zum Nachdenken habe. Zwei Sprachspiele bestimmten meine letzten zehn Dienstjahre. Zwischen „blühenden Landschaften" und „Mühen der Ebene" lebe ich.

Wo bin ich?

Epilog I

Bundeskanzler Dr. Helmut Kohl hielt am Vorabend des Tages der Deutschen Einheit über Rundfunk und Fernsehen am 2. Oktober 1990 folgende Ansprache:

Liebe Landsleute!

In wenigen Stunden wird ein Traum Wirklichkeit. Nach über vierzig bitteren Jahren der Teilung ist Deutschland, unser Vaterland wieder vereint. Für mich ist dieser Augenblick einer der glücklichsten in meinem Leben; und aus vielen Briefen und Gesprächen weiß ich, welche große Freude auch die allermeisten von Ihnen empfinden.

An einem solchen Tag richten wir unseren Blick nach vorn. Doch bei aller Freude wollen wir zunächst an jene denken, die unter der Teilung Deutschlands besonders zu leiden hatten. Familien wurden grausam auseinandergerissen. In den Haftanstalten waren politische Gefangene eingekerkert. Menschen starben an der Mauer.

Das alles gehört glücklicherweise der Vergangenheit an. Es soll sich niemals wiederholen. Deshalb dürfen wir es auch nicht vergessen. Wir schulden die Erinnerung den Opfern. Und wir schulden sie unseren Kindern und Enkeln. Solche Erfahrungen sollen ihnen für immer erspart bleiben.

Aus dem gleichen Grunde vergessen wir auch nicht, wem wir die Einheit unseres Vaterlandes zu verdanken haben. Aus eigener Kraft allein hätten wir das nicht geschafft. Viele haben dazu beigetragen. Wann je hatte ein Volk die Chance, Jahrzehnte der schmerzlichen Trennung auf so friedliche Weise zu überwinden? In vollem Einvernehmen mit unseren Nachbarn stellen wir die Einheit Deutschlands in Freiheit wieder her.

Wir danken unseren Partnern, wir danken unseren Freunden. Wir danken insbesondere den Vereinigten Staaten von Amerika, allen voran Präsident George Bush. Wir danken unseren Freunden in Frankreich und in Großbritannien. Sie haben in schwierigen Zeiten stets zu uns gehalten. Sie haben jahrzehntelang die Freiheit des Westteils von Berlin geschützt. Sie haben unser Ziel unterstützt, die Einheit in Freiheit wiederzuerlangen. Ihnen bleiben wir auch künftig in Freundschaft verbunden.

Dank schulden wir auch den Reformbewegungen in Mittel-, Ost- und Südosteuropa. Vor gut einem Jahr ließ Ungarn die Flüchtlinge ausreisen. Damals wurde der erste Stein aus der Mauer geschlagen. Die Freiheitsbewegungen in Polen und in der Tschechoslowakei haben den Menschen in der DDR Mut gemacht, für ihr Recht auf Selbstbestimmung einzutreten. Jetzt gehen wir daran, eine dauerhafte Aussöhnung zwischen dem deutschen und dem polnischen Volk zu verwirklichen.

Wir danken Präsident Gorbatschow. Er hat das Recht der Völker auf den eigenen Weg anerkannt. Ohne diese Entscheidung hätten wir den Tag der Deutschen Einheit nicht so bald erlebt.

Dass dieser Tag schon jetzt kommt, ist besonders jenen Deutschen zu verdanken, die mit der Kraft ihrer Freiheitsliebe die SED-Diktatur überwanden. Ihre Friedfertigkeit und ihre Besonnenheit bleiben beispielhaft.

Wir Deutschen haben aus der Geschichte gelernt. Wir sind ein friedens-, wir sind ein freiheitsliebendes Volk, und nie werden wir unsere Demokratie den Feinden des Friedens und der Freiheit schutzlos ausliefern. Für uns gehören Vaterlandsliebe, Freiheitsliebe und der Geist guter Nachbarschaft immer zusammen. Wir wollen zuverlässige Partner, wir wollen gute Freunde sein. Dabei gibt es für uns auf der Welt nur einen Platz: am der Seite der freien Völker.

Gute Nachbarn wollen wir auch im Innern sein. Aufgeschlossenheit für den Nächsten, Achtung vor dem Andersdenkenden und Verbundenheit mit unseren ausländischen Mitbürgern gehören auch dazu. Unsere freiheitliche Demokratie muss von Vielfalt, von Toleranz, von Solidarität geprägt sein.

Solidarität müssen wir vor allem als Deutsche jetzt untereinander beweisen. Vor uns liegt – jeder weiß dies – eine schwierige Wegstrecke. Wir wollen diesen Weg gemeinsam gehen. Wenn wir zusammenhalten und auch zu Opfern bereit sind, haben wir alle Chancen auf einen gemeinsamen Erfolg.

Die wirtschaftlichen Voraussetzungen in der Bundesrepublik sind heute ausgezeichnet. Noch nie waren wir besser vorbereitet als jetzt, die wirtschaftlichen Aufgaben der Wiedervereinigung zu meistern. Hinzu kommen Fleiß und Leistungsbereitschaft bei den Menschen in der bisherigen DDR.

Durch unsere gemeinsamen Anstrengungen, durch die Politik der Sozialen Marktwirtschaft werden schon in wenigen Jahren aus Brandenburg, aus Mecklenburg-Vorpommern, aus Sachsen, aus Sachsen-Anhalt und aus Thüringen blühende Landschaften geworden sein.

Die wirtschaftlichen Probleme, dessen bin ich gewiss, werden wir lösen können: gewiss nicht über Nacht, aber jedoch in einer überschaubaren Zeit. Noch wichtiger ist jedoch, dass wir Verständnis füreinander haben, dass wir aufeinander zugehen. Wir müssen ein Denken überwinden, das Deutschland immer noch in ein „Hüben" und in ein „Drüben" aufteilt.

Über vierzig Jahre SED-Diktatur haben gerade auch in den Herzen der Menschen tiefe Wunden geschlagen. Der Rechtsstaat hat die Aufgabe, Gerechtigkeit und inneren Frieden zu schaffen. Hier stehen wir alle vor einer schwierigen Bewährungsprobe. Schweres Unrecht muss gesühnt werden, doch wir brauchen auch die Kraft zur inneren Aussöhnung.

Ich bitte alle Deutschen: Erweisen wir uns der gemeinsamen Freiheit würdig. Der 3. Oktober ist ein Tag der Freude, des Dankes und der Hoffnung. Die junge Generation in Deutschland hat jetzt –

wie kaum eine andere Generation vor ihr – alle Chancen auf ein ganzes Leben in Frieden und Freiheit.

Wir wissen, dass unsere Freude von vielen Menschen in der Welt geteilt wird. Sie sollen wissen, was uns in diesem Augenblick bewegt: Deutschland ist unser Vaterland, das vereinte Europa unsere Zukunft.

Gott segne unser deutsches Vaterland

Epilog ll

(nach Bundeskanzler G. Schröder, Entscheidungen; Hoffman und Campe; 2006; Seite 52f)

… Als sich 1989 ein für alle Mal der Eiserne Vorhang hob und den Blick auf eine Welt freigab, die seltsam erstarrt schien, hatte kein Mensch damit gerechnet, dass die Vereinigung friedlich, ohne dass auch nur ein einziger Schuss fiel, zu erreichen sein würde. Selbst als sich dies vor unseren Augen zutrug, betrachteten wir das Ereignis eher mit Skepsis. Restlos westdeutsch sozialisiert hatten wir uns, außer in wohlfeilen Sonntagsreden, längst von dem Gedanken verabschiedet, dass eine Einheit beider deutscher Staaten beinahe über Nacht eintreten könne.

Miteinander, nicht das gewohnte Nebeneinander, war die fremde Aufgabe der Zeit. Nun, da die Nachkriegszeit anscheinend vorüber war, stellte sich heraus, dass auf ein Miteinander kaum einer vorbereitet schien. Es gab verblendenden Jubel über die Heimkehr eines verlorenen Sohnes, mit dem man nicht recht etwas anfangen konnte. Die Nachkriegszeit war bei weitem nicht beendet. Das Glück, dass heute viele Menschen empfinden, wenn sie des 9.11. gedenken, wich schon bald der Frage: Und was nun?

Nichts sollte mehr so bleiben wie es sich in der rheinischen Republik so bequem in sattem Wohlstand zurecht geschaukelt hatte. Politische Ratlosigkeit baute sich auf. Regierungen winkten mit Portokassen, Industrie und Handel schickte Konfitüre, Schokolade, Bananen und Gebrauchtwagen Richtung Osten. Das half mal für eine überschaubare Zeit, galt aber als Ersatz für konstruktive Politik als unbrauchbar. Irrtümer wuchsen zwischen Geschwistern, Ost und West, und begannen eine neue Mauer aufzurichten. Auf der Höhe der Zeit profilierte sich keine der bundesdeutschen, zwischenzeitlich durch Ostbürger aufgefüllten, regierenden Parteien.

Freundlich naiv wirkten Versuche sozialdemokratischer Länderregierungen, im Austausch nach Vereinendem und Trennendem zu suchen.

Sinn füreinander belastete auf unbestimmte Zeit Kohl und seines Finanzministers Geldgeschäfte aus der Portokasse.

Wir kaufen den DDR-Laden mit Geld aus irgendeiner Kasse und sähen für blühende Landschaften irgendwo irgendwas.

Westdeutsche Überheblichkeit verbrauchte sich bis heute nicht restlos. Der Osten, treuhänderisch zerlegt, lebte von den reichen Brüdern und Schwestern.

Zaghaft begann eine Annäherung.

Runter gekommene Altstädte im Osten profitierten von geliehenem Geld und vom besseren Latex. Neue Straßen entstanden, Autobahnen wurden ins Visier genommen.

Bisschen neidisch blickte der westdeutsche Bürger aus Schlaglöchern seiner älteren Straßen auf den Aufbau Ost.

Da tat sich eine Menge, eine glänzende Menge.

Für südliche Länder unserer Heimat – es waren die reichsten unter den 16 – Hessen, Baden Württemberg und Bayern tat sich dann doch etwas zu viel des Guten.

Sie zogen vor Gericht, denn das sie nun auch noch für Kranke im Osten, gar ehemalige Kommunisten, einen Ausgleich zahlen sollten, ging ihnen ja nun wirklich zu weit. Sie zogen also mit Getöse vor das Bundeverfassungsgericht und verloren!

Derweil trafen in zahllosen Gesprächen, stramm antikommunistisch Politiker der rheinischen Republik auf DDR Bürger, in deren Haus neonazistische Schreihälse sprossen. Hatte es bisher im Osten geheißen, die Nazis seien alle 1945 in den Westen gegangen, stellten überraschte Bürger fest, dass bis zu ihren Kindern laute Naziparolen und Übeltaten drangen.

Eifrig rannten in der Westdemokratie verkapselte Rechtsaußen in die neuen Länder. Sie witterten üble Morgenluft.

Demokratische Gegenwehr sollte sich erst noch kultivieren und sie kultivierte sich im vermeintlich antifaschistischen Teil der Welt.

Von all dem hatten wir alle 1989 kaum eine Ahnung in unserem Vereinigungsjubel. Die gemeinsame Fahne flatterte über allen. Das muss dann erst begriffen werden und in den Mühen der Ebene alltags bedacht.

Nunmehr trat Deutschland, aus allen Himmelsrichtungen beargwöhnt, als 80 Millionen Volk in die Arenen der Welt.

G. Schröder

Volker Keßling,

geb. 07.01.1939 in Zöschen/Merseburg als 12. Kind der Familie.

Ab 1945 Besuch der Zentralschule Artern. Lehre als Forstfacharbeiter. Sportsoldat, 1959 Deutscher Mannschaftsmeister im Biathlon, Armeemeister im Mehrkampf.

1960 bis 61, Bauhilfsarbeiter in Rostock.

1961 bis 64, Studium am Institut für Lehrerbildung in Weimar.

1964 bis 66, Lehrer an den Sonderschulen in Rossleben und Bad Frankenhausen.

1967 bis 69, Studium der Sonderschulpädagogik an der Humboldt Universität zu Berlin

Bis 1974 Direktor der Sonderschule Artern. Übersiedelung nach Neubrandenburg. Leiter von Tagesstätten für geistig schwer behinderte Kinder und Jugendliche, Fachberater beim Bezirksarzt.

Erste Veröffentlichung 1980, Tagebuch eines Erziehers. 6 Auflagen bis 89, ca. 70 Tausend. Aufnahme in den Schriftstellerverband 1987. 1990 Austritt aus dem Verband. 1989 bis 91 pädagogischer Leiter des Förder- und Pflegeheimes der Diakonie, Weitin. 1991 bis zum Ruhestand Behindertenbeauftragter im Büro des Oberbürgermeisters der Stadt Neubrandenburg.

Bisher erschienen:

Tagebuch eines Erziehers, 1980, Verlag Neues Leben

Rene ist mein Bruder, 1986, Kinderbuchverlag Berlin

1990, Jungbrunnen Verlag, Wien/München

Rene und die 66, 1992, Jungbrunnen Verlag, Wien/München

Tod in Kruscherow, 1997, Verlag am Park, Edition Ost

LQI, Ein Kindheitstrauma, 2002, edition frischer, Frankfurt/Main

Das Mikadoprinzip, 2006, BS-Verlag-Rostock

Draussen am See, 2006, BS-Verlag-Rostock

Abrechnung – Eine Deutschstunde, 2011, Verkannten Verlag Berlin

Märchen von edlen Steinen, 2014, BS-Verlag-Rostock

Das Skelett unter dem Marktplatz, Neubrandenburg 2016, mecklenbook

Mit Pferdefuß und Hühnerbein, Sagen und Legenden aus Deutschlands Norden, 2018, BS-Verlag-Rostock